ACORDO DE NÃO PERSECUÇÃO CIVIL NO ÂMBITO DA LEI DE IMPROBIDADE ADMINISTRATIVA

MATEUS CAMILO RIBEIRO DA SILVEIRA

Prefácio
Maurício Zockun

ACORDO DE NÃO PERSECUÇÃO CIVIL NO ÂMBITO DA LEI DE IMPROBIDADE ADMINISTRATIVA

Belo Horizonte

2024

© 2024 Editora Fórum Ltda.

É proibida a reprodução total ou parcial desta obra, por qualquer meio eletrônico, inclusive por processos xerográficos, sem autorização expressa do Editor.

Conselho Editorial

Adilson Abreu Dallari
Alécia Paolucci Nogueira Bicalho
Alexandre Coutinho Pagliarini
André Ramos Tavares
Carlos Ayres Britto
Carlos Mário da Silva Velloso
Cármen Lúcia Antunes Rocha
Cesar Augusto Guimarães Pereira
Clovis Beznos
Cristiana Fortini
Dinorá Adelaide Musetti Grotti
Diogo de Figueiredo Moreira Neto (*in memoriam*)
Egon Bockmann Moreira
Emerson Gabardo
Fabrício Motta
Fernando Rossi
Flávio Henrique Unes Pereira
Floriano de Azevedo Marques Neto
Gustavo Justino de Oliveira
Inês Virgínia Prado Soares
Jorge Ulisses Jacoby Fernandes
Juarez Freitas
Luciano Ferraz
Lúcio Delfino
Marcia Carla Pereira Ribeiro
Márcio Cammarosano
Marcos Ehrhardt Jr.
Maria Sylvia Zanella Di Pietro
Ney José de Freitas
Oswaldo Othon de Pontes Saraiva Filho
Paulo Modesto
Romeu Felipe Bacellar Filho
Sérgio Guerra
Walber de Moura Agra

FÓRUM
CONHECIMENTO JURÍDICO

Luís Cláudio Rodrigues Ferreira
Presidente e Editor

Coordenação editorial: Leonardo Eustáquio Siqueira Araújo
Aline Sobreira de Oliveira
Revisão: Vinícius Fernandes
Diagramação: João Oliveira

Rua Paulo Ribeiro Bastos, 211 – Jardim Atlântico – CEP 31710-430
Belo Horizonte – Minas Gerais – Tel.: (31) 99412.0131
www.editoraforum.com.br – editoraforum@editoraforum.com.br

Técnica. Empenho. Zelo. Esses foram alguns dos cuidados aplicados na edição desta obra. No entanto, podem ocorrer erros de impressão, digitação ou mesmo restar alguma dúvida conceitual. Caso se constate algo assim, solicitamos a gentileza de nos comunicar através do *e-mail* editorial@editoraforum.com.br para que possamos esclarecer, no que couber. A sua contribuição é muito importante para mantermos a excelência editorial. A Editora Fórum agradece a sua contribuição.

Dados Internacionais de Catalogação na Publicação (CIP) de acordo com ISBD

S587a   Silveira, Mateus Camilo Ribeiro da
        Acordo de não persecução civil no âmbito da Lei de Improbidade Administrativa / Mateus Camilo Ribeiro da Silveira. Belo Horizonte: Fórum, 2024.

        269 p. 14,5x21,5cm

        ISBN 978-65-5518-647-5

        1. Direito administrativo. 2. Improbidade administrativa. 3. Acordo de não persecução civil. 4. Consensualidade. 5. Direito administrativo sancionador. I. Título.

                                                                    CDD: 342
                                                                    CDU: 342

Ficha catalográfica elaborada por Lissandra Ruas Lima – CRB/6 – 2851

Informação bibliográfica deste livro, conforme a NBR 6023:2018 da Associação Brasileira de Normas Técnicas (ABNT):

SILVEIRA, Mateus Camilo Ribeiro da. *Acordo de não persecução civil no âmbito da Lei de Improbidade Administrativa*. Belo Horizonte: Fórum, 2024. 269 p. ISBN 978-65-5518-647-5.

AGRADECIMENTOS

Aprendi com meus pais, Charles e Ana Lucia, que a educação e a busca pelo conhecimento são fundamentais na nossa vida. É por meio delas que abrimos nossos horizontes, amadurecemos e podemos retribuir à sociedade o ensino compartilhado. Ensinaram-me pelo exemplo diário: uma trajetória profissional de anos dedicados à docência universitária no Estado do Piauí. Este livro deve-se, portanto, a eles, que, além de servirem como norte, apoiaram e tornaram esse caminho possível. Não alcançaria quaisquer das pequenas conquistas ao longo da vida, senão em razão do apoio e amor incondicionais, sempre presentes.

À Procuradoria-Geral do Estado de São Paulo, agradeço a contribuição para a conclusão da pesquisa que antecedeu este livro, na esperança de que os aprendizados colhidos possam servir, também, ao aprimoramento da atuação do órgão. Agradeço também aos amigos da Procuradoria, que me incentivaram nesse percurso e enriqueceram as reflexões com suas ideias e experiências.

À Pontifícia Universidade Católica de São Paulo, por me acolher desde o início da Graduação em 2008, vindo do Piauí, depois no Mestrado e no Doutorado. A PUC-SP foi, por anos, uma escola e uma segunda casa. Fica aqui registrado o agradecimento a todos os Professores que compartilharam seus conhecimentos, sobretudo do Direito Público, e que contribuíram para o refinamento das ideias abordadas no livro.

Por fim, faço especial agradecimento ao Prof. Dr. Maurício Zockun, meu eterno orientador, por me proporcionar muito além do que poderia esperar em anos de orientação na Pontifícia Universidade Católica de São Paulo. Fui orientado na pesquisa científica com muito respeito, paciência e profundidade, e os frutos disso estão vertidos neste livro. Serei sempre grato pela generosidade, por ter aberto tantas portas e pela amizade construída ao longo dos anos.

LISTA DE ABREVIATURAS E SIGLAS

ADI	Ação direta de inconstitucionalidade
ADPF	Arguição de Descumprimento de Preceito Fundamental
AgInt	Agravo interno
AgRg	Agravo regimental
ANAFE	Associação Nacional dos Advogados Públicos Federais
ANAPE	Associação Nacional dos Procuradores dos Estados e do Distrito Federal
ANPC	Acordo de não persecução civil
AREsp	Agravo em recurso especial
BACEN	Banco Central do Brasil
CADE	Conselho Administrativo de Defesa Econômica
CPC	Código de Processo Civil
CPP	Código de Processo Penal
CVM	Comissão Valores Mobiliários
EDcl	Embargos de declaração
EDv	Embargos de divergência
EREsp	Embargos em recurso especial
HC	Habeas Corpus
LAC	Lei Anticorrupção
LIA	Lei de Improbidade Administrativa
LINDB	Lei de Introdução às Normas do Direito Brasileiro
REsp	Recurso especial
STF	Supremo Tribunal Federal
STJ	Superior Tribunal de Justiça
TAC	Termo de Ajustamento de Conduta
TC	Tribunal de Contas
TJSP	Tribunal de Justiça de São Paulo

SUMÁRIO

PREFÁCIO
Maurício Zockun 13

INTRODUÇÃO 15

CAPÍTULO 1
CONSENSUALIDADE NO ÂMBITO DA LEI DE IMPROBIDADE ADMINISTRATIVA 21

1.1 Contexto normativo precedente à autorização expressa de acordo no âmbito da Lei 22
1.2 Contexto fático: precedentes e insegurança jurídica 34
1.3 Contexto teórico da consensualidade no Direito Administrativo 42
1.4 Contexto teórico da consensualidade no Direito Administrativo Sancionador 52
1.5 Positivação do valor do consenso e consolidação do espectro de ferramentas consensuais possíveis 63

CAPÍTULO 2
DISCIPLINA NORMATIVA DO ACORDO DE NÃO PERSECUÇÃO CIVIL 71

2.1 Descrição dos preceptivos introduzidos pela Lei nº 13.964/2019 na Lei nº 8.429/1992 e aqueles vetados pela Presidência da República 71
2.2 Normas de integração possíveis para o enfrentamento da diminuta disciplina introduzida pela Lei nº 13.964/2019 75
2.3 Edição de atos normativos, orientações e notas técnicas pelos órgãos legitimados 87
2.4 Alteração da Lei de Improbidade Administrativa por meio da Lei nº 14.230/2021 90

CAPÍTULO 3
NATUREZA JURÍDICA DO ACORDO DE NÃO PERSECUÇÃO CIVIL 99
3.1 Termo de Ajustamento de Conduta 100
3.2 Negócio jurídico – material ou processual 106
3.3 Outras classificações 112
3.4 Ato jurídico convencional 116
3.4.1 Livre consentimento do pactuante, assistência por advogado e transparência 118
3.4.2 Negociação regrada nos termos da Lei 120
3.5 Ato jurídico convencional de caráter sancionatório 121

CAPÍTULO 4
OBJETO 133
4.1 Considerações iniciais sobre os pressupostos do acordo de não persecução civil 133
4.2 Discricionariedade para celebração do acordo e a questão da existência ou não de direito subjetivo público à sua formalização 137
4.3 Sanções, ressarcimento integral do erário e perdimento de bens como obrigações principais do ajuste 145
4.3.1 Sanções e medida proporcional de sancionamento 145
4.3.1.1 Perda da função pública 155
4.3.1.2 Multa civil 158
4.3.1.3 Proibição de contratar com o Poder Público e de receber benefícios ou incentivos fiscais ou creditícios 160
4.3.1.4 Suspensão dos direitos políticos 162
4.3.2 Ressarcimento integral do dano ao erário 167
4.3.3 Perdimento de bens e valores acrescidos ilicitamente 182
4.3.4 Destinação das obrigações pecuniárias 183
4.4 Colaboração probatória 188
4.5 Convenções materiais acessórias 194
4.6 Convenções processuais 199

CAPÍTULO 5
LEGITIMIDADE E PARTICIPAÇÃO DO ENTE FEDERATIVO LESADO 205

CAPÍTULO 6
REQUISITO FORMAL DE HOMOLOGAÇÃO DO
ACORDO 219

CAPÍTULO 7
CUMPRIMENTO E DESCUMPRIMENTO DO AJUSTE 227

CAPÍTULO 8
PRESCRIÇÃO 235

CONCLUSÃO 239

REFERÊNCIAS 257

PREFÁCIO

A vida é deliciosamente caprichosa. Ela proporciona inesperados encontros que transbordam, em muito, os limites inicialmente imaginados; como um rio que se recusa a permanecer confinado em suas margens e curso e, supondo ter vontade, vai singrando o próprio caminho, fazendo da margem uma marca do passado.

Eis o caprichoso encontro que a vida me proporcionou com Mateus. De uma aprovação em rigoroso processo seletivo, emergiu o respeito pelo vibrante empenho e dedicação; das defesas de pontos de vista e ideias, surgiu a admiração e, do que se construiu fora do ambiente acadêmico, sobreveio a amizade.

Como amigo, antigo orientador e professor, permitam-me prazerosamente fazer o breve prefácio desta joia, fruto da tese de doutorado defendida na PUC-SP com tal brilhantismo que recebeu nota máxima dos membros da banca. Adaptada e vertida neste livro, ora nas mãos e nas telas dos leitores e das leitoras, proporcionará um mergulho profundo nos confins do acordo de não persecução civil previsto na Lei de Improbidade Administrativa.

Mateus inicia demonstrando que o sistema de direito público paulatinamente passou a prestigiar a consensualidade em detrimento da litigiosidade; que a solução pacífica dos conflitos ganhou protagonismo e, a despeito da outrora expressa vedação da Lei de Improbidade Administrativa, sua celebração passou a ser não apenas possível, mas também normativamente incentivada, desde que concretamente por meio dela fosse possível prestigiar adequadamente o interesse público (pela perspectiva da vantajosidade, segundo Mateus).

Mergulhando em seu tema central, a obra arrola inúmeros silêncios normativos a respeito dos confins do acordo de não persecução civil na Lei de Improbidade Administrativa, dentre os quais (i) a necessidade ou não de reconhecimento do ilícito; (ii) as sanções passíveis de serem aplicadas; (iii) a natureza do ajuste e das obrigações imponíveis; (iv) a quantificação do dano e divergências de apurações pelos órgãos estatais; (v) as consequências jurídicas do descumprimento; (vi) o lapso prescricional com a celebração do instrumento, entre outros.

A discricionariedade ou a vinculação na celebração e na apreciação da proposta de celebração desse acordo também foram examinadas, pois prossegue sendo tema de alentados debates, porquanto a "vantajosidade" necessária à celebração de acordo é abstratamente indeterminada, gerando intenso debate e controvérsia em situações concretas, à míngua de um adequado referencial teórico que Mateus, todavia, procurou fornecer.

As controvérsias quanto à reparação do dano ao erário por meio desse acordo também merecerem atenção neste trabalho de mão e sobremão; seja quanto à efetiva existência de dano material, seja quanto ao adequado alcance da participação do Ministério Público. Mas não só. Também se abordou o exame da interrupção da prescrição da pretensão estatal veiculada na Lei de Improbidade Administrativa. Em vista da amplitude do trabalho, Mateus esquadrinhou muitos pontos controvertidos a respeito do tema, praticamente os esgotando, mas fê-lo acompanhar com propostas de solução.

Com essas breves indicações, ficam claras as razões pelas quais esta obra, já adaptada aos recentes julgamentos do Supremo Tribunal Federal, é um marco teórico e um guia prático no exame das propostas e na elaboração de acordos de não persecução civil no âmbito da Lei de Improbidade Administrativa. Se há um livro cuja leitura é imprescindível para conhecer o tema, o leitor o tem em mãos neste preciso momento. Desfrute!

Maurício Zockun
Professor de Direito Administrativo nos cursos de graduação, especialização, mestrado e doutorado da Pontifícia Universidade Católica de São Paulo. Livre-docente e Doutor em direito administrativo pela PUC-SP. Mestre em direito tributário pela mesma instituição de ensino. Advogado.

INTRODUÇÃO

Durante mais de 25 anos de vigência da Lei nº 8.429/1992, a responsabilização por ato ímprobo se materializou pela tradicional judicialização do sancionamento, cabendo ao Poder Judiciário, no rito específico da ação de improbidade, determinar a responsabilidade do infrator e as consequências punitivas a ele devidas. Nesse tempo, vigorou expressa disposição na Lei contrária à possibilidade de composição na matéria, nos termos do artigo 17, §1º.

Em paralelo à proibição legal, a ordem jurídica brasileira transformou-se pela crescente edição de normas de Direito Administrativo Sancionador, nas mais variadas áreas de atuação do Estado. Esse campo específico do Direito foi, ainda, impactado pelo pragmatismo, resultando não só na compreensão de que as sanções deveriam ser instrumentais às finalidades públicas, mas, sobretudo, pela previsão, com cada vez maior intensidade, de ferramentas consensuais para tornar eficiente a atividade punitiva estatal.

Além da produção de diversos diplomas legais nessa seara do Direito, contendo mecanismos de modulação da sanção atribuível ao infrator, sobreveio a promulgação de uma importante Lei para integrar o particular domínio da tutela da probidade administrativa: a Lei nº 12.846/2013. O diploma legal disciplinou a responsabilização objetiva de pessoas jurídicas por atos lesivos contra a Administração Pública nacional e estrangeira e trouxe inovações em muitos aspectos, entre eles a criação de instrumento típico para solucionar consensualmente a responsabilidade: o acordo de leniência.

A despeito dessa candente transformação no Direito Administrativo, a vedação a acordo no âmbito da Lei de Improbidade Administrativa – LIA permaneceu praticamente inalterada até a edição da Lei nº 13.964, em dezembro de 2019, tendo sido alvo, antes, apenas da Medida Provisória nº 703 de 2015, com vigência encerrada. Por meio dessa Lei, criou-se, finalmente, ferramenta própria para conformação das sanções aplicáveis ao infrator, expurgando-se a redação originária do artigo 17, §1º, da Lei nº 8.429/1992. Assim, o domínio punitivo que contou, por anos, com proibição categórica a acordo passou a albergar também a consensualidade, em consonância com os demais diplomas legais.

No entanto, a disciplina normativa introduzida pela citada Lei foi lacônica, não tendo sido acrescidos à Lei de Improbidade Administrativa quaisquer requisitos explícitos para celebração do instrumento consensual. Não se dispôs sobre eventuais hipóteses de cabimento da solução negociada nem sobre critérios a serem observados na delimitação das obrigações ou acerca da necessidade de homologação judicial, entre tantas outras questões.

A ausência de parâmetros claros na Lei nº 13.964/2019 para a formalização do acordo ensejou uma guinada de produção de atos normativos infralegais pelos órgãos legitimados, visando delimitar balizas para a celebração do instrumento e conferir previsibilidade à solução consensual. Esse cenário encontrou ressonância também na doutrina brasileira, que buscou apresentar caminhos para a adequada implementação do acordo, assim como demarcar fontes normativas para a integração de lacunas na disciplina legal. Contudo, vigora ampla divergência de posicionamentos sobre os mais variados temas, a começar pela própria natureza jurídica do ajuste.

Em menos de dois anos da promulgação da Lei nº 13.964/2019, seguiu-se, então, nova modificação da Lei nº 8.429/1992 por meio da Lei nº 14.230/2021, publicada em 26 de outubro de 2021, mas dessa vez em caráter substancial, alterando-se profundamente elementos centrais do sistema de responsabilidade por ato ímprobo, como os tipos, as sanções, o processo judicial e a consensualidade.

Com a edição da Lei nº 14.230/2021, ratificou-se o acordo de não persecução civil – ANPC como instrumento consensual típico da Lei de Improbidade Administrativa. O tratamento conferido pela Lei foi mais robusto que o anterior: elencou requisitos mínimos e indispensáveis à composição, fixou parâmetros para o ajustamento das sanções e obrigações a cargo do celebrante, emplacou a necessidade de homologação judicial do acordo, imputou sanção pelo descumprimento, entre outros pontos.

Contudo, mesmo diante das alterações legislativas, remanesceram questionamentos não solucionados explicitamente pela Lei, a exemplo de: (i) necessidade ou não de reconhecimento do ilícito pela via consensual; (ii) sanções passíveis de serem aplicadas; (iii) natureza do ajuste e das obrigações imponíveis; (iv) quantificação do dano e divergências de apurações pelos órgãos estatais; (v) observância dos requisitos formais estabelecidos; (vi) viabilidade de convenções processuais e materiais acessórias; (vii) consequências jurídicas do descumprimento; e (viii) regime de prescrição aplicável na hipótese de solução negociada. Todos eles exigem estudo percuciente para que se encontre solução segura.

O quadro normativo ilustrado é acompanhado, ainda, de pouco consenso por parte da doutrina ou pelos órgãos competentes para aplicá-lo. Assim, é fundamental buscar respostas para os questionamentos e, sobretudo, conceber os contornos jurídicos do acordo de não persecução civil e as funcionalidades que este desempenha no ordenamento jurídico brasileiro. Há relevância na adequada interpretação do instituto, tendo em vista que se trata de ferramenta que deve servir para aprimorar a tutela da probidade administrativa e ser útil e vantajosa para as partes negociantes. Quanto maior for a compreensão e a previsibilidade do ajuste, melhor será a sua aplicação e consolidação pelos órgãos legitimados e pelos acusados.

Este livro tem por objetivos delimitar o escopo do acordo de não persecução civil, identificar a disciplina normativa que o rege, sua natureza jurídica e precisar os pressupostos e limites impostos pela ordem jurídica para a celebração do ajuste. Busca gizar o conteúdo e o alcance da ferramenta consensual introduzida na Lei de Improbidade Administrativa e desvendar os critérios para adequada interpretação e eficiente aplicação do instituto. Além disso, tem por finalidade avaliar o tratamento legal dispensado e suscitar eventuais aprimoramentos cabíveis e novos questionamentos.

Na condução da pesquisa, realizou-se investigação de cunho dogmático-jurídico, com análise da legislação aplicável, da doutrina e da jurisprudência brasileira envolvendo a temática. Por sua vez, para a apresentação do resultado alcançado, dividiu-se o livro em oito capítulos, cada um com aspectos específicos, reputados relevantes para o enfrentamento apropriado do acordo de não persecução civil.

No capítulo 1, procura-se inserir a problemática do objeto pesquisado na compreensão da consensualidade no âmbito da Lei de Improbidade Administrativa. Para esse fim, apresentam-se os contextos fático e normativo precedentes à autorização expressa de acordo na Lei, assim como o contexto teórico da consensualidade no Direito Administrativo e no Direito Administrativo Sancionador. O objetivo da contextualização é pontuar algumas noções úteis extraíveis da trajetória pela qual a composição passou nessa seara, destacar a importância das modificações legislativas e demonstrar as consequências concretas delas derivadas, em especial a positivação do valor do consenso e a consolidação do espectro de ferramentas consensuais cabíveis.

No capítulo 2, o livro focaliza a disciplina normativa do acordo de não persecução civil, apresentando as regras introduzidas pela Lei nº 13.964/2019 na Lei nº 8.429/1992 e o tratamento precário da matéria. Além disso, indica as normas de integração possíveis para o enfrentamento da diminuta disciplina contida no Pacote Anticrime e os divergentes posicionamentos na doutrina e nas interpretações adotadas pelos órgãos legitimados. Há, ainda, demonstração da ampla pesquisa realizada sobre os atos normativos, orientações e notas técnicas produzidas pelos órgãos públicos e da atividade hermenêutica por eles empreendida para superar a deficiência no tratamento legal. Ao final do capítulo, busca-se precisar a disciplina normativa imposta pela Lei nº 14.230/2021, apontando o estado da arte atual na matéria.

No capítulo 3, o livro debruça-se sobre a natureza jurídica do acordo de não persecução civil, buscando cotejá-la com as diversas classificações enunciadas na doutrina e adotadas por órgãos legitimados, a exemplo do Termo de Ajustamento de Conduta, negócio jurídico (material ou processual), entre outras. Almeja-se demonstrar que o ajuste pode ser enquadrado como ato jurídico convencional de caráter sancionatório, constituindo categoria própria da LIA. A proposta de enquadramento detém relevância jurídica, com efeitos concretos na interpretação do instituto.

No capítulo 4, o livro destina-se a investigar o escopo do acordo, notadamente as sanções e obrigações passíveis de serem convencionadas de forma legítima. Procura-se indicar alguns pressupostos do instrumento e condições que precisam estar presentes, passando pela natureza da apreciação a cargo dos órgãos legitimados no exercício da competência para compor. Ademais, há a demonstração dos parâmetros legais para a fixação da medida proporcional de sancionamento.

Coube realçar, também, a pertinência da previsão necessária da obrigação de ressarcimento integral do erário no bojo de acordo de não persecução civil, abordando-se, adicionalmente, a tarefa de quantificação do dano e o cumprimento do requisito formal de oitiva do Tribunal de Contas competente para indicação de parâmetros para mensuração do respectivo montante.

Da mesma forma, o livro busca apresentar balizas para a estipulação de colaboração probatória, de convenções materiais acessórias e de convenções processuais em eventual acordo de não persecução civil, temas que também não foram objeto de tratamento explícito e adequado pela modificação imprimida pela Lei nº 14.230/2021.

No capítulo 5, o livro tem por objeto examinar a legitimidade e a participação do ente federativo na celebração de acordos de não persecução civil. O avanço principal é precisar o alcance apropriado da exigência legal contida no artigo 17-B, §1º, I, da Lei nº 8.429/1992, de oitiva do ente para manifestação a respeito da solução consensual. Além disso, é necessário estabelecer a abrangência da participação da pessoa jurídica lesada, em face do cenário normativo de legitimidade concorrente e disjuntiva na tutela da probidade.

No capítulo 6, o objeto de análise é o requisito formal de homologação do acordo, tanto no âmbito do Ministério Público, por meio do órgão colegiado superior da instituição, quanto pelo Poder Judiciário. Como ponto central, expõe-se o papel do magistrado no exame de acordos de não persecução civil, em especial no que concerne à extensão e à profundidade da apreciação imposta pela Lei.

O capítulo 7, por sua vez, destina-se a tratar das consequências jurídicas do cumprimento e do descumprimento do acordo de não persecução civil. Esse tema também não foi objeto de disciplina percuciente na Lei nº 14.230/2021, gerando profundos questionamentos que interferem na própria previsibilidade da composição. Busca-se, portanto, apresentar soluções e caminhos possíveis para o problema, diante da ausência de tratamento explícito em lei.

Por fim, no capítulo 8, apresenta-se outro aspecto do ANPC que não foi alvo de disciplina na Lei nº 14.230/2021, qual seja, o regime prescricional aplicável à solução consensual. Em vista da lacuna na Lei de Improbidade, são expostas as possíveis interpretações a respeito da matéria, com enfoque para a viabilidade de aplicação, como meio supletivo, do disposto no artigo 16, §9º, da Lei nº 12.846/2013, que determina a interrupção do prazo prescricional com a celebração do acordo de leniência.

CAPÍTULO 1

CONSENSUALIDADE NO ÂMBITO DA LEI DE IMPROBIDADE ADMINISTRATIVA

A possibilidade de composição para ajustar sanções da Lei nº 8.429/1992 foi positivada no ordenamento jurídico, de forma expressa, por meio da Lei nº 13.964/2019, que introduziu o "acordo de não persecução cível" na Lei de Improbidade Administrativa – LIA.

Posteriormente, sobreveio a edição da Lei nº 14.230/2021, que alterou substancialmente a Lei nº 8.429/1992 e confirmou a viabilidade da ferramenta criada. O legislador passou a denominar o instrumento de acordo de não persecução "civil" – e não mais "cível" – e fixou algumas condições e resultados necessários para sua celebração.

No entanto, antes da modificação imprimida pelas citadas leis, já era possível identificar um movimento crescente em torno da legislação brasileira com o objetivo de institucionalizar e incentivar mecanismos consensuais de solução de conflitos.

A transformação da legislação foi apreendida pela doutrina como indicativa da incorporação ao sistema jurídico brasileiro, com cada vez mais intensidade, da noção de consensualidade nas relações jurídico-administrativas. Essa ideia seria capaz de orientar a sistematização das modificações empreendidas pelo legislador e explicar novas formas de atuação e seus respectivos instrumentos dentro da dogmática do Direito Administrativo e, em especial, do Direito Administrativo Sancionador.

O exame da figura do acordo de não persecução civil na Lei de Improbidade demanda alguma incursão sobre o cenário normativo precedente às alterações realizadas no diploma legal, que assentaram a viabilidade de composição nesta matéria. Isso porque há elementos úteis à compreensão do tema que podem ser extraídos desta trajetória, ainda que não se pretenda produzir formato linear e exaustivo de produções legais.

O estudo exige, ainda, inserir a problemática dentro do contexto teórico da consensualidade, pontuando-se algumas noções essenciais a fim de destacar a importância das alterações legislativas e assinalar consequências jurídicas delas decorrentes.

1.1 Contexto normativo precedente à autorização expressa de acordo no âmbito da Lei

O texto originário da Lei nº 8.429/1992 vedava a possibilidade de solução consensual em ações de improbidade, nos termos da antiga e problemática redação do artigo 17, §1º. O dispositivo proibia "transação, acordo ou conciliação" nessas demandas, cabendo ao Poder Judiciário, pela via processual específica, decidir pela aplicação e dosimetria das penas previstas no diploma legal.[1] No entanto, com a edição da Lei nº 13.964, de 24 de dezembro de 2019, denominada de "Pacote Anticrime", a proibição legal foi expurgada do ordenamento. O legislador conferiu nova redação ao dispositivo precitado, passando a autorizar autocomposição na matéria.

Previu-se, então, que as ações de improbidade administrativa "admitem a celebração de acordo de não persecução cível, nos termos desta Lei", acrescentando-se, ainda, novo parágrafo ao artigo 17 com indicação de que "havendo a possibilidade de solução consensual, poderão as partes requerer ao juiz a interrupção do prazo para a contestação, por prazo não superior a 90 (noventa) dias" (artigo 17, §10-A).

Após a promulgação da Lei nº 14.230/2021, o §1º foi revogado, passando a disciplina do instrumento para dispositivo próprio na Lei de Improbidade Administrativa – o artigo 17-B –, no qual se

---

[1] "Art. 17. A ação principal, que terá o rito ordinário, será proposta pelo Ministério Público ou pela pessoa jurídica interessada, dentro de trinta dias da efetivação da medida cautelar. § 1º É vedada a transação, acordo ou conciliação nas ações de que trata o *caput*."

afirmou a competência para o Ministério Público celebrar acordo de não persecução civil, conforme as circunstâncias do caso concreto, desde que dele advenham determinados resultados e observados certos requisitos cumulativos.

O panorama normativo pretérito às modificações legislativas já indicava a incongruência da vedação a acordos nesta seara, tendo em vista a existência de normas fortalecedoras de consenso para terminação de litígios, editadas sobretudo em tempo recente.

De início, cite-se o Código de Processo Civil – CPC (Lei nº 13.105/2015). Ao estabelecer normas fundamentais do processo, o Código impõe ao Estado o dever de promover, sempre que possível, a solução consensual dos conflitos (artigo 3º, *caput*), indicando a opção legislativa de tornar a via do consenso – não contenciosa – legítimo e relevante objetivo a ser perseguido no âmbito do sistema processual vigente.

De acordo com a doutrina, a legislação processual civil adota modelo de justiça multiportas e institucionaliza novos mecanismos de solução de conflito não como meios alternativos ou subsidiários à via judicial, mas como expedientes integrados e adequados ao encerramento de distintos conflitos.[2] Há uma passagem da alternatividade para a adequação, sob o ponto de vista do acesso à tutela de direitos.[3]

Nesse sentido, para cada tipo de controvérsia seria adequado um método de solução, tanto em termos de celeridade processual como de efetivo desenlace do conflito, que atenda às expectativas das partes e da sociedade, inclusive no tocante ao mérito.

O CPC dispõe, ainda, que a mediação, a conciliação e outros métodos de solução consensual de litígios devem ser estimulados pelos atores processuais (juízes, advogados, defensores públicos, membros do Ministério Público), "inclusive no curso do processo judicial" (artigo 3º, §3º), o que é reforçado pela necessidade de audiência de conciliação ou de mediação no procedimento (artigo 334).

Note-se que não há previsão legal no capítulo do Código relativo às normas fundamentais do processo civil que afaste a

---

[2] CUNHA, Leonardo Carneiro da. *A Fazenda Pública em juízo*. 14. ed. Rio de Janeiro: Forense, 2017. p. 639-640.
[3] DIDIER JR., Fredie; ZANETI JR., Hermes. *Curso de direito processual civil*: processo coletivo. 14. ed. Salvador: JusPodivm, 2020. p. 376.

aplicação desses comandos às relações jurídico-administrativas ou aos conflitos travados com o Poder Público.

Nos artigos 165 a 175, o CPC disciplina as figuras da conciliação e mediação, fomentando a adoção desses instrumentos, inclusive na esfera da Administração Pública. O diploma legal imputa aos entes políticos a atribuição de criar câmaras de mediação e conciliação, com competências relacionadas à solução de conflitos no âmbito administrativo pela via do consenso, como disposto no artigo 174. Imprime-se ao Poder Público o dever de estruturar a adoção de instrumentos consensuais para terminação de suas controvérsias.

Cite-se, também, a Lei nº 13.140/2015, que dispõe sobre a autocomposição de conflitos no âmbito da Administração Pública, na linha do artigo 174 mencionado. O diploma legal prevê (i) a criação de câmaras de prevenção e resolução administrativa de conflitos para os entes públicos, com competência para avaliar a admissibilidade de pedidos de resolução de conflitos, por meio de composição, entre particular e pessoa jurídica de direito público (artigo 32); (ii) a instauração de procedimento de mediação coletiva de conflitos relacionados à prestação de serviços públicos (artigo 33, parágrafo único); e (iii) a possibilidade de composição extrajudicial de conflitos que envolvam controvérsia jurídica entre órgãos ou entidades da Administração Pública federal, nos termos do artigo 36.

Com relação ao último item, a Lei faz referência à hipótese em que a "matéria objeto do litígio esteja sendo discutida em ação de improbidade administrativa", caso em que a conciliação "dependerá da anuência expressa do juiz da causa". Ainda que a redação do *caput* dispositivo se refira à autocomposição de conflitos entre pessoas jurídicas de direito público – o que torna possivelmente tortuoso utilizá-lo como fundamento para derrogação direta do artigo 17, §1º, da Lei nº 8.429/1992 –, como aponta Emerson Garcia,[4] trata-se de previsão de autocomposição no âmbito da Administração Pública, mesmo quando o objeto controvertido tangenciar matéria tratada

---

[4] O autor entende que a autocomposição de que trata a Lei nº 13.140/2015 somente alcança a esfera cível *stricto sensu*, e não o direito sancionador propriamente dito (GARCIA, Emerson. A consensualidade no direito sancionador brasileiro: potencial de incidência no âmbito da Lei nº 8.429/1992. *Revista do Ministério Público do Rio de Janeiro*, Rio de Janeiro, n. 66, p. 68-69, out./dez. 2017).

em ação de improbidade, realçando, no mínimo, a inconsistência da perpetuação da vedação a acordo no âmbito dessas demandas.

Citando exatamente a edição da Lei nº 13.140/2015, Maurício Zockun indica que o sistema normativo tem prestigiado e fomentado a solução de conflitos, inclusive envolvendo interesses indisponíveis, mediante conciliação e mediação. Para o autor, mesmo na hipótese em que um ato lesivo caracterize lesão a bens juridicamente protegidos pela Lei de Improbidade Administrativa, "a conciliação administrativa terminativa do conflito e reparadora do erário é, não apenas possível, mas desejável".[5]

Cabe acrescer a Lei nº 13.655/2018, que alterou a Lei de Introdução às Normas do Direito Brasileiro (LINDB – Decreto-lei nº 4.657/1942). Consta no artigo 26 do diploma legal cláusula geral de acordo (ou permissivo genérico) em favor da Administração Pública, a quem compete celebrar compromissos para "eliminar irregularidade, incerteza jurídica ou situação contenciosa na aplicação do direito público", ouvido o órgão jurídico e presentes razões de relevante interesse geral, conforme apontam Sérgio Guerra e Juliana Bonacorsi de Palma.[6] Os autores afirmam que o texto normativo estrutura, de certa forma, aquilo que normas esparsas já tratavam de longa data, autorizando o Poder Público a firmar acordos substitutivos de sanção, por exemplo, e demais compromissos de ajustamento de conduta.

No âmbito do Direito Administrativo Sancionador, é possível destacar mais normas da legislação vigente que contornavam a ultrapassada ideia de atuação punitiva estatal exclusivamente unilateral. É o caso, por exemplo, da Lei nº 12.529/2011, que institui o Sistema Brasileiro de Defesa da Concorrência – SBDC,

---

[5] ZOCKUN, Maurício. Aspectos gerais da Lei Anticorrupção. *In*: CAMPILONGO, Celso Fernandes; GONZAGA, Alvaro de Azevedo; FREIRE, André Luiz (coord.); NUNES JR., Vidal Serrano; ZOCKUN, Maurício; ZOCKUN, Carolina Zancaner; FREIRE, André Luiz (coord. de tomo). *Enciclopédia jurídica da PUC-SP*. São Paulo: Pontifícia Universidade Católica de São Paulo, 2017. Direito administrativo e constitucional. Disponível em: https://enciclopediajuridica.pucsp.br/verbete/6/edicao-1/aspectos-gerais-da-lei-anticorrupcao. Acesso em: 31 mar. 2021.

[6] GUERRA, Sérgio; PALMA, Juliana Bonacorsi. Art. 26 da LINDB: novo regime jurídico de negociação com a Administração Pública. *Revista Direito Administrativo*, Rio de Janeiro, edição especial: Direito Público na Lei de Introdução às Normas de Direito Brasileiro – LINDB (Lei nº 13.655/2018), p. 135-169, nov. 2018.

contendo previsão expressa de celebração de acordos de leniência, com extensão de efeitos para crimes contra a ordem econômica tipificados na Lei nº 8.137/1990 e demais tipos penais relacionados à cartelização, como dispõem os artigos 86 e 87.

O acordo de leniência previsto na Lei nº 12.529/2011 pode ser considerado tanto um acordo substitutivo de sanção, quando tiver como contrapartida a extinção da ação punitiva da Administração Pública, com terminação do processo administrativo sancionatório, quanto acordo integrativo, precedente ao provimento final do CADE, caso sua celebração determine apenas o abrandamento da penalidade aplicável, especificamente a redução de 1 (um) a 2/3 (dois terços), nos termos do artigo 86, §4º, como aponta Juliana Bonacorsi de Palma.[7]

Em ambas as situações, está-se diante de composição no âmbito do exercício de competência sancionatória e sobre fatos que poderiam ensejar, igualmente, responsabilização da Lei nº 8.429/1992, como em casos de cartelização em procedimentos licitatórios com participação de agentes públicos. Além disso, o acordo constitui mecanismo funcionalmente importante para a própria instrução do processo administrativo sancionatório, na medida em que abre espaço para a colaboração do infrator na identificação dos demais envolvidos no ilícito.

Há, ainda, a previsão de termo de compromisso de cessação da prática sob investigação ou dos seus efetivos lesivos, disposto no artigo 85 da Lei nº 12.529/2011. O CADE pode tomar do representado tal compromisso, no bojo de procedimento preparatório de inquérito administrativo para apuração de infrações à ordem econômica, ou do correspondente processo administrativo, permitindo-se a suspensão deste enquanto se aguarda o cumprimento do ajuste.

---

[7] Por acordo substitutivo a autora compreende o ajuste que substitui decisão unilateral e imperativa da Administração Pública ou finda o processo instaurado, prestando-se a três funcionalidades específicas: (i) substituir a sanção administrativa; (ii) suspender o trâmite do processo administrativo sancionador e, após cumprimento dos seus termos, extingui-lo; ou (iii) impedir a instauração do próprio processo. Por sua vez, acordo integrativo é firmado entre a Administração e o particular com vistas a modelar o ato final, que, todavia, continua sendo de competência unilateral da Administração (PALMA, Juliana Bonacorsi de. *Sanção e acordo na Administração Pública*. São Paulo: Malheiros, 2015. p. 249-252).

A legislação das Agências Reguladoras federais já contava com disposições normativas autorizadoras de espécies de acordos substitutivos ou suspensivos em procedimentos sancionatórios. Apenas para fornecer mais exemplos, indica-se a previsão de celebração de termo de compromisso de ajuste de conduta no âmbito da Agência Nacional da Saúde, conforme artigos 29 e 29-A da Lei nº 9.656/1998, com possibilidade de suspensão do processo administrativo restritivo, desde que assumidas determinadas obrigações pelo infrator.

A figura do TAC foi prevista, também, na Agência Nacional de Transportes Terrestres, nos termos dispostos na Resolução nº 152/2003, substituídos pela Resolução nº 5.823/2018,[8] atualmente vigente. De acordo com o ato normativo, o termo de ajustamento tem por objeto a correção do descumprimento de obrigações contratuais, legais ou regulamentares pelo agente regulado. Contudo, nos casos em que os descumprimentos já tenham sido corrigidos ou tenham exauridos seus efeitos, o instrumento poderá ter por objetivo compensar as consequências danosas, por meio da execução de obrigações não previstas originalmente no contrato.

No âmbito do Sistema Financeiro Nacional, o termo de compromisso para deixar de instaurar ou suspender processo administrativo destinado à apuração de infração administrativa foi positivado pela Lei nº 13.506/2017 em favor do Banco Central do Brasil – BACEN, conforme artigos 11 a 15. O diploma legal alterou, ainda, a Lei nº 6.385/1976 na disciplina do mesmo instituto criado para o exercício das funções públicas da Comissão de Valores Mobiliários – CVM.

De acordo com o artigo 11, §5º, da Lei nº 6.385/1976, a CVM pode deixar de instaurar ou suspender, em qualquer fase que preceda a tomada de decisão de primeira instância, o procedimento administrativo destinado à apuração de infração prevista nas normas legais e regulamentares setoriais, se o investigado assinar

---

[8] Análise da legislação das Agências Reguladoras federais, sob a ótica do Termo de Ajustamento de Conduta, pode ser encontrada em trabalho de André Saddy e Rodrigo Azevedo Greco (GRECO, Rodrigo Azevedo; SADDY, André. Termo de Ajustamento de Conduta em procedimentos sancionatórios regulatórios. *Revista de Informação Legislativa*, [Brasília, DF], ano 52, n. 206, p. 165-203, abr./jun. 2015).

termo de compromisso no qual se obrigue a cessar a prática dos ilícitos e corrigir as irregularidades apontadas.

Em 2019, sobreveio, ainda, nova Lei para disciplinar a gestão, a organização, o processo decisório e o controle social das agências reguladoras, autorizando-as, expressamente, a celebrar, com força de título executivo extrajudicial, termo de ajustamento de conduta com pessoas físicas ou jurídicas sujeitas a sua competência regulatória, nos termos do artigo 32, da Lei nº 13.848/2019.

Dessa forma, mesmo antes da alteração promovida na Lei de Improbidade Administrativa, era possível localizar arsenal de prescrições normativas dispondo sobre hipóteses de atuação administrativa consensual, inclusive no manejo de competências sancionatórias. A legislação brasileira incorporou a relevância da composição de litígios envolvendo o Estado e criou instrumentos para conformação, em casos concretos, da extensão do poder punitivo por ele exercido. No entanto, é sobretudo a edição da Lei nº 12.846/2013, chamada impropriamente de "Lei Anticorrupção"[9] – LAC, que desencadeou a derrogação tácita da vedação inscrita no artigo 17, §1º, da Lei nº 8.429/1992.

A Lei nº 12.846/2013 instituiu responsabilização objetiva de pessoas jurídicas por atos lesivos à Administração Pública nacional e estrangeira. O diploma legal tutela a probidade administrativa e, bem por isso, radica-se no mesmo domínio punitivo da Lei nº 8.429/1992.[10] É a moralidade e o exercício probo da função administrativa que justificam a criação do regime de responsabilização veiculado nessas leis pela União.

---

[9] Como aponta Maurício Zockun, a alcunha contém vício de índole jurídica, porque "o objeto juridicamente tutelado por esta lei é consideravelmente mais abrangente do que, singularmente, sancionar aquele que, por ato de corrupção ativa, desencaminhe ou procure desencaminhar o agente público do reto exercício da função pública" (ZOCKUN, Maurício. Comentários ao art. 1º. *In*: DI PIETRO, Maria Sylvia Zanella; MARRARA, Thiago (coord.). *Lei Anticorrupção comentada*. 2. ed. Belo Horizonte: Fórum, 2018. p. 15-20). Para o fim deste livro, a nomenclatura será adotada, considerando sua ampla disseminação e utilização no meio jurídico, sem prejuízo de nomear o diploma legal como Lei de Probidade Administrativa Empresarial, como utilizado pelo autor. Note-se, ainda, que a Lei nº 13.303/2016 utiliza-se da expressão citada ao se referir à Lei em exame, no artigo 17, §4º.

[10] Compreensão expressa por José Roberto Pimenta Oliveira, segundo o qual "a alocação adequada da Lei nº 12.846 está no domínio constitucional da improbidade administrativa" (OLIVEIRA, José Roberto Pimenta. Comentários ao art. 2º. *In*: DI PIETRO, Maria Sylvia Zanella; MARRARA, Thiago (coord.). *Lei Anticorrupção comentada*. 2. ed. Belo Horizonte: Fórum, 2018. p. 37-38).

A LIA realiza tutela jurídica centralizada na tipificação de condutas de agentes públicos, não obstante agasalhe, ainda, terceiros (pessoas físicas e jurídicas), com base no artigo 3º, na medida em que induzam ou concorram para a prática dos ilícitos.[11] Por sua vez, a Lei Anticorrupção focaliza a responsabilização da pessoa jurídica, na perspectiva de alcançar (e moralizar) a interface privada das relações com o Poder Público. E, para tanto, o diploma legal, entre outros aspectos, (i) aprimora o bem jurídico tutelado, protegendo também a Administração estrangeira, sobretudo em razão da ratificação de tratados internacionais; (ii) inova, de modo especial, na vertente da objetivação da responsabilidade; (iii) inaugura modalidades de sanções; (iv) incentiva a promoção interna de integridade pelas pessoas jurídicas; e (v) insere o acordo de leniência como instrumento útil à persecução de atos de corrupção.

Para além da identidade de diversos tipos que comunica as Leis, a intersecção entre elas é profunda sob o prisma do bem jurídico tutelado e do fundamento constitucional, o que exige pensar a aplicação das respectivas regras de forma integrada e harmônica aos fins de interesse público a que se prestam, entre eles o de combater desvios ético-jurídicos nas relações público-privadas.

Em virtude dessas implicações recíprocas, há quem defenda que as Leis nº 8.429/1992 e nº 12.846/2013 integram o microssistema de tutela da probidade administrativa[12] ou, de forma ainda mais ampla, o microssistema normativo anticorrupção, abrangendo diversos outros textos legais (inclusive integrantes da legislação penal e processual penal), que serviriam "para abarcar as diferentes possibilidades de reparação de danos e um amplo espectro de

---

[11] A nova redação do art. 3º da LIA, conferida pela Lei nº 14.230/2021, deixou de abranger, de forma expressa, a conduta de terceiro que se beneficia de forma direta ou indireta. Contudo, no artigo 17-C, VI, o diploma legal impõe ao magistrado, na aplicação de sanções ao terceiro, a necessidade de considerar, quando for o caso, a sua atuação específica, não admitida a sua responsabilização por ações ou omissões "das quais não tiver obtido vantagens patrimoniais indevidas", circunstância que supõe ser beneficiário delas.

[12] LANE, Renata. *Acordos na improbidade administrativa*: termo de ajustamento de conduta, acordo de não persecução cível e acordo de leniência. Rio de Janeiro: Lumen Juris, 2021. p. 40. Para Fredie Didier e Daniela Bonfim, as referidas leis integrariam um "microssistema legal de combate a atos lesivos à Administração Pública" (DIDIER JR., Fredie; BOMFIM, Daniela Santos. A colaboração premiada como negócio jurídico processual atípico nas demandas de improbidade administrativa. *A&C – Revista de Direito Administrativo & Constitucional*, Belo Horizonte, ano 17, n. 67, p. 105-120, jan./mar. 2017. DOI: 10.21056/aec.v17i67.475).

punição aos agentes públicos e privados que lesarem o Estado", como aponta Samantha Dobrowolski.[13]

Vale ressaltar que o conjunto de normas apontadas como integrantes desse alegado microssistema anticorrupção abrange as mais variadas esferas de responsabilização (penal, civil, administrativa, improbidade etc.), ensejando, por consequência, a incidência de regimes jurídicos distintos, ainda que eventualmente estes dialoguem entre si. A determinação de quais normas integrariam esse microssistema parece ser tarefa difícil de precisar com exatidão, sendo suficiente para este livro adotar a ideia de comunhão de domínio punitivo entre as Leis nº 8.429/1992 e nº 12.846/2013, sem prejuízo de eventuais intersecções entre estes textos legais e outros que possam vir a complementá-los.

Independentemente do reconhecimento ou não da existência de um ou outro microssistema, seja ele restrito às duas leis mencionadas ou abarcante de conjunto maior de textos legais, é certo que o aparato punitivo composto pela Lei de Improbidade e pela Lei de Probidade Administrativa Empresarial precisa ser objeto de interpretação integrada, sob pena de acarretar inconsistências no plano da aplicação do Direito.

Por tal motivo, a introdução da figura do acordo de leniência pela Lei Anticorrupção, ferramenta própria para conformação de sanções, implicou a necessária superação da proibição prevista originariamente no artigo 17, §1º, da LIA. O artigo 16 da Lei nº 12.846/2013 possibilita à autoridade máxima de cada órgão ou entidade pública celebrar o instrumento com as pessoas jurídicas infratoras – desde que colaborem efetivamente com as investigações e cumpram os demais requisitos descritos na norma –, que, por sua vez, poderão ser beneficiadas com isenção ou atenuação das penas legais. Estabeleceu-se, assim, no plano normativo, a legitimidade – e a utilidade ao interesse público – do acordo como instrumento apto a encerrar adequadamente a atividade punitiva estatal em face de condutas tidas como lesivas à probidade.

---

[13] DOBROWOLSKI, Samantha Chantal. Aspectos da aplicação adequada da lei de improbidade administrativa no atual enfrentamento à corrupção no Brasil. In: *Coletânea de artigos*: avanços e desafios no combate à corrupção após 25 anos da Lei de Improbidade Administrativa. 5ª Câmara de Coordenação e Revisão, Criminal. Brasília, DF: MPF, 2018. p. 147-148.

Assim, não era possível explicar a existência de um sistema punitivo racional e coerente em que se vedava a celebração de transação para atos descritos na Lei nº 8.429/1992 e se permitia composição para condutas lesivas da Lei nº 12.846/2013 e, ainda, para ilícitos penais, conforme autorizado pela Lei nº 12.850/2013 ao dispor acerca da colaboração premiada e em outros diplomas legais.

A manutenção dessa antinomia importaria, entre outras incongruências, a ineficácia do próprio instituto do acordo de leniência previsto na Lei Anticorrupção, pois "não é razoável que uma pessoa jurídica decida celebrar o acordo, admitir sua participação no ilícito e colaborar com as investigações se ela e seus dirigentes permanecerão sujeitos a prováveis condenações" em ações de improbidade administrativa, como alerta Francisco Zardo.[14]

No mais, a impossibilidade de transação poderia acarretar o esvaziamento do direito de defesa, inscrito no artigo 5º, inciso LV, da Constituição da República. Isso porque o infrator, ao confessar a participação nos ilícitos no bojo de acordo de leniência, estaria sujeito à incidência da responsabilização da Lei nº 8.429/1992 quase de forma automática, na hipótese de as condutas também restarem punidas por esse diploma legal.[15]

Como discorre Renata Lane em trabalho monográfico sobre o tema, fruto de pesquisa na Pontifícia Universidade Católica de São Paulo, "não haveria sentido admitir a celebração de acordo na esfera penal ou com acordo de leniência com a pessoa jurídica (...), mas inadmitir a celebração de acordo no âmbito da Lei de Improbidade".[16] A figurar esta vedação, o sistema jurídico puniria o colaborador em outras instâncias ou esferas de responsabilidade

---

[14] ZARDO, Francisco. Validade dos acordos de leniência em ações de improbidade. *Revista Consultor Jurídico*, [São Paulo], 25 de setembro de 2017. Disponível em: https://www.conjur.com.br/2017-set-25/francisco-zardo-validade-acordos-acoes-improbidade. Acesso em: 15 mar. 2021.

[15] Tem-se como premissa que o sistema jurídico autoriza a cumulatividade das responsabilizações previstas em ambas as Leis, nos termos do artigo 30, inciso I, da Lei nº 12.846/2013. Todavia, não se desconhece a existência de interpretação divergente, como a defendida por Wallace Paiva Martins Júnior, no sentido de que seriam excludentes (MARTINS JÚNIOR, Wallace Paiva. Comentários ao art. 30. *In*: DI PIETRO, Maria Sylvia Zanella; MARRARA, Thiago. *Lei Anticorrupção comentada*. 2. ed. Belo Horizonte: Fórum, 2018. p. 332-333).

[16] LANE, Renata. *Acordos na improbidade administrativa*: termo de ajustamento de conduta, acordo de não persecução cível e acordo de leniência. Rio de Janeiro: Lumen Juris, 2021. p. 148-149.

pelos mesmos fatos, com significativo agravo à confiança legítima que o particular deposita no Estado e à própria efetividade do instrumento premial no combate à corrupção.

A autora destaca a incongruência da proibição legal a partir da admissão de instrumentos consensuais até mesmo no direito penal, via mais gravosa de punição de ilícitos. Porém, essa desarmonia é ainda mais crítica "se considerarmos que o próprio microssistema da tutela da probidade administrativa admite a celebração de acordo de leniência de pessoas jurídicas". Sintetiza, assim, a conclusão sobre a matéria:

> Deveras, ambas as leis tutelam a probidade administrativa e fazem parte do mesmo sistema de responsabilização, conforme abordado no início deste capítulo. Além do mais, a conduta lesiva prevista no artigo 5º da LIPJ guarda quase que perfeita correspondência com conduta qualificadas como improbidade, previstas nos artigo 9º, 10º e 11º, da LGIA. Logo, se a empresa celebra um acordo de leniência com base no artigo 16 da LIPJ, por consequência, estaria admitindo que praticou um ato de improbidade administrativa também sancionável pela Lei Geral de Improbidade Administrativa, ficando sujeita às sanções previstas no artigo 12 da Lei nº 8.429/92.[17]

Em outro estudo monográfico sobre o tema, Kleber Bispo dos Santos afirma que o peso dos princípios da eficiência, da solução pacífica dos conflitos e, sobretudo, da recondução da pessoa jurídica aos trilhos da legitimidade são maiores que o peso da regra que veda a transação, acrescido do princípio formal que dá primazia às ponderações do legislador. O autor reconhece, igualmente, a incongruência da vedação à transação na LIA, em face da previsão de acordo de leniência, embora entenda cabível este apenas na fase extrajudicial.[18]

A vedação a acordos prevista inicialmente na Lei nº 8.429/1992 chegou a ser suprimida pela Medida Provisória – MP nº 703/2015, que, todavia, não foi convertida em lei, tendo seu prazo de vigência encerrado no dia 29 de maio de 2016. Note-se que a MP alterava, também, a Lei nº 12.846/2013 justamente para

---

[17] *Ibidem*, p. 149.
[18] SANTOS, Kleber Bispo dos. *Acordo de leniência na Lei de Improbidade Administrativa e na Lei Anticorrupção*. Rio de Janeiro: Lumen Juris, 2018. p. 154-156.

incluir previsão de que o acordo de leniência celebrado com a participação da Advocacia Pública ou em conjunto com o Ministério Público impediria o ajuizamento ou o prosseguimento de ação de improbidade.[19]

Entretanto, mesmo com o retorno da antiga redação do artigo 17, §1º, da LIA, era possível sustentar a derrogação da norma, considerando o conjunto de preceitos normativos indicados, em especial o artigo 16 da Lei Anticorrupção, que versa sobre o acordo de leniência. Afinal, dezenas de diplomas legislativos passaram, de forma gradual, a "atribuir aos poderes públicos, seus órgãos e entidades, competência para negociar, caso a caso, a forma mais adequada de resolver conflitos envolvendo a Administração, inclusive em casos de corrupção", conforme afirmam Egon Bockmann Moreira e Heloísa Conrado Caggiano.[20]

No mesmo sentido, Alice Voronoff, André Cyrino, Rafael Koatz, Francisco Defanti e Luísa Knebel defendem a superação da vedação contida na Lei de Improbidade, a partir da edição de alguns dos diplomas legais precitados, como as Leis nº 12.846/2013 e nº 13.140/2015, o Código de Processo Civil e a LINDB. Para os autores, as normas veiculadas nessas leis indicam a derrogação tácita do §1º, do artigo 17, da LIA, valendo transcrever o seguinte trecho:

> Esses dispositivos indicam, de forma veemente, a superação da vedação contida na Lei de Improbidade Administrativa. Algo, pode-se dizer, consolidado pela Lei Anticorrupção, que autoriza a celebração de acordos de leniência de forma mais ampla e alcança exatamente

---

[19] Acréscimo de parágrafos no artigo 16 da Lei nº 12.846/2013: "§11. O acordo de leniência celebrado com a participação das respectivas Advocacias Públicas impede que os entes celebrantes ajuízem ou prossigam com as ações de que tratam o art. 19 desta Lei e o art. 17 da Lei nº 8.429, de 2 de junho de 1992, ou de ações de natureza civil. §12. O acordo de leniência celebrado com a participação da Advocacia Pública e em conjunto com o Ministério Público impede o ajuizamento ou o prosseguimento da ação já ajuizada por qualquer dos legitimados às ações mencionadas no §11" (BRASIL. Medida Provisória nº 703 de 18 de dezembro de 2015. Altera a Lei nº 12.846, de 1º de agosto de 2013, para dispor sobre acordos de leniência. Brasília, DF: Presidência da República, dez. 2015. Disponível em: http://www.planalto.gov.br/ccivil_03/_ato2015-2018/2015/mpv/mpv703.htm. Acesso em: 20 ago. 2021).

[20] MOREIRA, Egon Bockmann; CAGGIANO, Heloísa Conrado. O controle da corrupção e a Administração Pública: o dever de negociar como regra. In: CYRINO, André; MIGUEIS, Anna Carolina; PIMENTEL, Fernanda Morgan (coord.). *Direito administrativo e corrupção*. Belo Horizonte: Fórum, 2020. p. 134.

os mesmos bens jurídicos albergados pela lei de improbidade (i.e., patrimônio público e moralidade administrativa). Haveria uma incongruência sistêmica insustentável em se autorizar o acordo em um caso e vedá-lo no outro.²¹

Assim, o contexto normativo pretérito à edição da Lei nº 13.964/2019 já fundamentava a possibilidade de composição de sanções da LIA, desde que enfrentada a problemática redação do artigo 17, §1º, mas não sem risco de invalidação ou questionamento por órgãos de controle.

1.2 Contexto fático: precedentes e insegurança jurídica

Nessa linha, diversos órgãos públicos legitimados na tutela da probidade adotaram a tese da viabilidade de celebração de acordos na matéria e realizaram esses ajustes. O Ministério Público Federal, por exemplo, efetivou, na vigência da redação anterior do dispositivo alterado, acordos de leniência para conformar as sanções da Lei nº 12.846/2013, com extensão dos efeitos para a esfera da improbidade administrativa (Lei nº 8.429/1992).²²

A possibilidade de o Ministério Público celebrar, isoladamente, acordos de leniência constitui questão controversa, diante da ausência de previsão expressa na Lei Anticorrupção, que outorga tal competência apenas para a autoridade máxima de cada órgão ou entidade pública, nos termos do artigo 16. O órgão de controle buscou erigir sua atribuição para firmar esses acordos a partir da legitimidade para proteção da probidade administrativa e do

---

[21] VORONOFF, Alice; CYRINO, André; KOATZ, Rafael; DEFANTI, Francisco; KNEBEL, Luísa. Improbidade administrativa e consensualidade. *Jota – Tribuna da Advocacia Pública*, [s. l.], 8 nov. 2019. Disponível em: https://www.jota.info/opiniao-e-analise/colunas/tribuna-da-advocacia-publica/improbidade-administrativa-e-consensualidade-08112019. Acesso em: 31 mar. 2021.

[22] Por "extensão dos efeitos para a esfera da improbidade administrativa" leia-se o ajustamento (isenção ou abrandamento), no bojo do acordo de leniência, das sanções da LIA em conjunto com as penas da Lei Anticorrupção. A lista de acordos firmados pelo órgão, assim como os próprios instrumentos e deliberações homologatórias estão disponíveis no sítio eletrônico da instituição (Disponível em: http://www.mpf.mp.br/pgr/noticias-pgr/painel-eletronico-reune-informacoes-sobre-acordos-de-leniencia-e-de-colaboracao-premiada-firmados-pelo-mpf-desde-2014).

patrimônio público e social, com fundamento no artigo 129, inciso III, da Constituição.

A tese elaborada pelo MPF radica-se, ainda, na atuação subsidiária que a LAC prevê em favor do órgão de controle para postular, em juízo, a aplicação das sanções indicadas no artigo 19 (responsabilização judicial), no caso de omissão das autoridades administrativas competentes, conforme disposto no artigo 20 do mesmo diploma legal. E essa construção teórica encontra-se sedimentada em Nota Técnica elaborada pela 5ª Câmara de Coordenação e Revisão.[23]

A aludida tese, todavia, não é indene de críticas e tem acarretado ampla discussão no Poder Judiciário. Para este tópico, importa o fato de que o órgão de controle celebrou acordos de leniência, transpondo seu alcance para o âmbito da Lei de Improbidade Administrativa, o que denota o enfrentamento da vetusta proibição legal a acordo inscrita até então no artigo 17, §1º.

De acordo com o Ministério Público Federal, a derrogação da norma se daria de forma parcial, passando o acordo de leniência a valer também para o âmbito da Lei nº 8.429/1992 quando em pauta punição de pessoas jurídicas. Essa superação seria ainda mais relevante na hipótese em que, "firmado o acordo de leniência, sob a égide da LAC, incide também sobre os mesmos fatos a responsabilização prevista na LIA", conforme apontado na Nota Técnica nº 01/2017 da 5ª Câmara de Coordenação e Revisão do órgão.[24]

Em face desse cenário, o Ministério Público Federal entendeu ser essencial assegurar a transversalidade[25] do acordo, isto é, a extensão dos seus efeitos para múltiplas esferas de responsabilização, com o objetivo de promover a eficácia do instituto e a proteção dos

---

[23] BRASIL. Ministério Público Federal. Nota Técnica nº 1/2017 – 5ª CCR. 5ª Câmara de Coordenação e Revisão – Combate à Corrupção. Brasília, DF: Ministério Público Federal, 2017. Disponível em: http://www.mpf.mp.br/atuacao-tematica/ccr5/notas-tecnicas/docs/nt-01-2017-5ccr-acordo-de-leniencia-comissao-leniencia.pdf. Acesso em: 31 mar. 2021.

[24] BRASIL. Ministério Público Federal. Nota Técnica nº 1/2017 – 5ª CCR. 5ª Câmara de Coordenação e Revisão – Combate à Corrupção. Brasília, DF: Ministério Público Federal, 2017. Disponível em: http://www.mpf.mp.br/atuacao-tematica/ccr5/notas-tecnicas/docs/nt-01-2017-5ccr-acordo-de-leniencia-comissao-leniencia.pdf. Acesso em: 31 mar. 2021.

[25] "Compreende-se por caráter transversal a heterogeneidade de situações jurídicas em que estão a pessoa jurídica infratora (parte disposta a colaborar) e o Poder Público (parte leniente)" (*Ibidem*).

interesses do colaborador que reconhece a prática de ilícitos perante o Estado. Confira-se o seguinte trecho da nota técnica:

> Em tal hipótese, principalmente, cumpre reconhecer que houve derrogação da vedação prevista no artigo 17, §1º, da LIA, de modo a ser possível que no acordo de leniência se contemple a aplicação da punição, por ato de improbidade administrativa, ajustada com o colaborador-infrator. Tal proceder decorre da observância da confiança, boa-fé e expectativa legítima, considerada a renúncia da pessoa jurídica ao direito de não autoincriminação e a sua efetiva colaboração com as investigações e coleta de provas. Ademais, sem que se observem tais peculiaridades, o acordo de leniência perde a sua eficiência e seu potencial de combate à corrupção, sabido, no mais, que um direito que seja socialmente ineficiente caduca e perde sua legitimidade.

Segundo consta no documento, o regramento do acordo de leniência previsto na Lei nº 12.846/2013 seria aplicável, por analogia, ao âmbito da improbidade administrativa, "devido à semelhança dos atos lesivos tratados e do modelo normativo utilizado". Conclui-se, então, que, "por incompatibilidade com o microssistema, o advento da LAC promoveu a derrogação, ainda que tácita", da vedação a acordo na Lei nº 8.429/1992.

A Advocacia-Geral da União – AGU e a Controladoria-Geral da União – CGU também celebraram acordos de leniência com pessoas jurídicas para aplicação das sanções das Leis nº 12.846/2013 e nº 8.429/1992, o que significa a adoção da tese de superação (ao menos parcial) da impossibilidade de composição neste campo. À época, vigia, ainda, a legitimidade concorrente e disjuntiva da pessoa jurídica prejudicada, modificada pela Lei nº 14.230/2021 e que foi posterior objeto das ADIs 7042 e 7043, conforme será tratado adiante.

Todos os acordos firmados pelas referidas instituições até 14 de novembro de 2019 – portanto, antes da entrada em vigor da Lei nº 13.964/2019[26] – delimitam sanções fundadas em ambos os diplomas legais punitivos, com exceção do instrumento firmado com as empresas

---

[26] A lista inclui os acordos firmados com as seguintes empresas: UTC Participações S/A, Bilfinger, Mullenlowe e FCB Brasil, Odebrecht, SBM Offshore, Andrade Gutierrez, Braskem S/A, Camargo Corrêa, Nova Participações e OAS. Os instrumentos negociais estão disponíveis para consulta em https://www.gov.br/cgu/pt-br/assuntos/responsabilizacao-de-empresas/lei-anticorrupcao/acordo-leniencia.

Technip Brasil e Flexibras, por cuja força as colaboradoras assumiram exclusivamente a responsabilidade por atos tipificados na LIA e na Lei nº 8.666/1993,[27] com fundamento no artigo 17 da Lei nº 12.846/2013.[28]

É possível identificar nos acordos até a reprodução de cláusula segundo a qual as instituições celebrantes "reconhecem a aplicabilidade do Acordo de Leniência no âmbito da Lei de Improbidade Administrativa".[29]

A AGU e a CGU editaram atos normativos conjuntos para definir procedimentos para celebração de acordos de leniência: a Portaria Interministerial nº 2.278/2016 e a Portaria Conjunta nº 4, de 9 de agosto de 2019, que substituiu a primeira. Em ambas, há previsão expressa de que o instrumento poderá abranger tanto ilícitos da Lei nº 12.846/2013 quanto da Lei nº 8.429/1992,[30] sendo indicados, como fundamentos legais, o artigo 36, §4º, da Lei nº 13.140/2015 e o artigo 16 da Lei Anticorrupção.

A Procuradoria-Geral do Município de São Paulo emitiu Parecer nº 11.799/2017,[31] de 19 de outubro de 2017, no sentido da mitigação da vedação inscrita no artigo 17, §1º, da Lei nº 8.429/1992 pela edição das Leis nº 12.846/2013 e nº 13.140/2015. De acordo com

---

[27] "Cláusula 5.1. AS RESPONSÁVEIS COLABORADORAS assumem, individualmente, sua responsabilidade pelos atos tipificados na Lei 8.429/1992 e na Lei 8.666/1993, relacionados no ANEXO I deste Acordo de Leniência."

[28] "Art. 17. A administração pública poderá também celebrar acordo de leniência com a pessoa jurídica responsável pela prática de ilícitos previstos na Lei nº 8.666, de 21 de junho de 1993, com vistas à isenção ou atenuação das sanções administrativas estabelecidas em seus arts. 86 a 88."

[29] Nos termos da cláusula 11.4 dos acordos firmados, por exemplo, pelas empresas OAS, Camargo Corrêa e Andrade Gutierrez.

[30] Portaria Conjunta nº 4, de 9 de agosto de 2019. "Art. 2º O acordo de leniência será celebrado com as pessoas jurídicas responsáveis pela prática dos atos ilícitos previstos na Lei nº 12.846, de 2013, na Lei nº 8.429, de 2 de junho de 1992, na Lei nº 8.666, 21 de junho de 1993, e em outras normas de licitações e contratos, com vistas à isenção ou à atenuação das respectivas sanções, desde que colaborem efetivamente com as investigações e o processo administrativo, devendo resultar dessa colaboração (...)."
Portaria Interministerial nº 2.278/2016. "Art. 2º O acordo de leniência será celebrado com as pessoas jurídicas responsáveis pela prática dos atos lesivos previstos na Lei nº 12.846, de 1º de agosto de 2013, e dos ilícitos administrativos previstos na Lei nº 8.429, de 2 de junho de 1992, na Lei nº 8.666, 21 de junho de 1993, e em outras normas de licitações e contratos, com vistas à isenção ou à atenuação das respectivas sanções, desde que colaborem efetivamente com as investigações e o processo administrativo, devendo resultar dessa colaboração (...)."

[31] Parecer está disponível no sítio eletrônico da Prefeitura do Município de São Paulo, em pesquisa da legislação municipal: http://legislacao.prefeitura.sp.gov.br/leis/parecer-procuradoria-geral-do-municipio-pgm-11799-de-19-de-outubro-de-2017/consolidado. Acesso em: 31 mar. 2021.

o opinativo, a Lei de Improbidade e a Lei Anticorrupção formariam microssistema legal de defesa da probidade, em virtude da identidade do bem jurídico tutelado pelos diplomas, o fundamento constitucional e a semelhança de atos tipificados e penas previstas. Por esse motivo, a introdução do acordo de leniência na LAC teria mitigado a proibição a acordo prevista na LIA, não só por razões de coerência intrínseca ao sistema, mas por se revelar condição para garantia da segurança jurídica e proteção da confiança legítima. O documento propõe que a análise das Leis deva ser realizada de forma una, abarcando todas as consequências jurídicas de certo ato ilícito que podem advir do microssistema.

É interessante notar que o órgão da Advocacia Pública municipal entende que a Lei nº 13.140/2015 não teria "a mesma força argumentativa da edição da Lei Federal nº 12.846/2013", embora acolha a relevância daquela para a linha de raciocínio adotada. Isso porque, como exposto anteriormente, a coerência do microssistema legal da probidade seria o fundamento mais contundente. O parecer foi endossado pelo Procurador-Geral do Município, respondendo-se, de forma favorável, à consulta motivada por propostas de acordo apresentadas por empresas rés em ação de improbidade ajuizada pelo Município de São Paulo em conjunto com o *Parquet*.

O Ministério Público do Estado de São Paulo – MPSP, por sua vez, celebrou "Termos de Autocomposição" com pessoas jurídicas para ajustar o sancionamento de atos tipificados na Lei de Improbidade Administrativa, submetendo-os à homologação judicial. É o caso, por exemplo, de instrumentos firmados entre o *Parquet*, Município de São Paulo e a empresa Odebrecht S/A, homologados em juízo nos autos dos Processos nº 1061854-23.2017.8.26.0053 e nº 1061854-23.2017.8.26.0053, entre outros.

Cabe ressaltar que o Conselho Nacional do Ministério Público editou a Resolução nº 179/2017, por força da qual "é cabível o compromisso de ajustamento de conduta nas hipóteses configuradoras de improbidade administrativa", desde que assegurados o ressarcimento ao erário e a aplicação de ao menos uma das sanções previstas em lei, conforme a conduta ou o ato praticado. O ato normativo certamente incentivou a adoção de soluções consensuais por membros do Ministério Público nesta matéria, sendo utilizado como fundamento nos "Termos de Autocomposição" supraindicados.

O Ministério Público do Estado de Alagoas editou a Resolução CPJ nº 11/2019 para regulamentar parâmetros materiais e procedimentais a serem observados para a celebração de composição, nas modalidades compromisso de ajustamento de conduta e acordo de leniência, envolvendo as sanções cominadas aos atos de improbidade administrativa, definidos na Lei nº 8.429/1992, e aos atos praticados contra a Administração Pública, descritos na Lei nº 12.846/2013. O ato normativo do Conselho Nacional do Ministério Público também é citado como fundamento no preâmbulo da Resolução do Colégio de Procuradores de Justiça. Portanto, não só era cabível sustentar a derrogação da vedação inscrita no artigo 17, §1º, da Lei de Improbidade, como, na prática, diversos órgãos legitimados adotaram essa tese e celebraram acordos, como exposto.

Contudo, persistia divergência sobre o tema. No âmbito do Tribunal de Justiça paulista, por exemplo, há decisões favoráveis[32] e contrárias[33] à possibilidade de resolução consensual em matéria de improbidade.

---

[32] "Agravo de instrumento – Ação civil pública por atos de improbidade administrativa – Decisão agravada que recebeu a petição inicial em relação ao réu Elton Santa Fé Zacarias e homologou o Termo de Autocomposição celebrado entre o Ministério Público, o Município de São Paulo e a requerida Odebrecht S.A., com determinação de citação – Admissibilidade – Prescrição da ação não configurada – Ação proposta dentro do prazo quinquenal previsto no art. 23, inciso I, da Lei nº 8.429/1992 – Autocomposição realizada nos termos do art. 32, inciso II, da Lei nº 13.140/2015, devendo ser homologada – Peças trasladadas que demonstram a razoabilidade, em tese, do referido ajuizamento – Recebimento da petição inicial que se impõe, em razão da vigência do princípio 'in dubio pro societate' – Desprovimento do recurso, para manter a r. decisão agravada, também por seus próprios e jurídicos fundamentos." (TJSP; Agravo de Instrumento 2216000-33.2018.8.26.0000; Relator Osvaldo Magalhães; Órgão Julgador: 4ª Câmara de Direito Público; Foro Central – Fazenda Pública/Acidentes – 3ª Vara de Fazenda Pública; Data do Julgamento: 05-11-2018; Data de Registro: 07-11-2018).

[33] "RECURSO DE AGRAVO DE INSTRUMENTO EM AÇÃO CIVIL PÚBLICA. IMPROBIDADE ADMINISTRATIVA. (...) 2. QUESTÃO DE ORDEM. Não há falar em nulidade da autocomposição, ao menos no âmbito desta ação. Todavia, os institutos da autocomposição e da delação premiada, previstos em leis próprias, e que editam normas de caráter geral, não se aplicam e nem produzem quaisquer efeitos em matéria de improbidade administrativa tratada em lei especial, por expressa proibição legal. Lei geral que não derroga norma especial. Autocomposição que é ineficaz nesta ação de improbidade administrativa. Precedentes. Possibilidade, no entanto, de consideração dos depoimentos colhidos no âmbito de Inquérito Civil Público em conjunto com os demais elementos indiciários trazidos para o fim de formação de eventual juízo positivo de admissibilidade da ação de improbidade administrativa. (...)" (TJSP; Agravo de Instrumento 2192659-75.2018.8.26.0000; Relator Marcelo Berthe; Órgão Julgador: 5ª Câmara de Direito Público; Foro Central – Fazenda Pública/Acidentes – 9ª Vara de Fazenda Pública; Data do Julgamento: 08-04-2019; Data de Registro: 12-04-2019).

O Tribunal Regional Federal da 4ª Região tem precedente pioneiro na matéria, em exame de caso da conhecida Operação "Lava Jato", na qual a Corte manteve a indisponibilidade de bens de empresa, deferida em ação de improbidade administrativa proposta pela União, mesmo após a celebração de acordo de leniência entre o Ministério Público Federal e a colaboradora.

O acórdão desenvolve a tese da superação do artigo 17, §1º, da Lei nº 8.429/1992, com sua redação anterior, sob o fundamento de que não haveria coerência no sistema jurídico se este admitisse, de um lado, a transação na LAC e vedasse, de outro, na LIA, "até porque atos de corrupção são, em regra, mais gravosos que determinados atos de improbidade administrativa, como aqueles que atentem contra princípios".[34] A decisão também realça a necessidade de buscar a interpretação sistemática dos diplomas legais, considerado o microssistema em que estão inseridos.

Por sua vez, o Superior Tribunal de Justiça – STJ possui precedentes no sentido de ser inviável transação, acordo ou conciliação nas ações de responsabilização por ato ímprobo, em razão do princípio da especialidade.

Em apreciação do tema, a Corte afastou a aplicação do Código de Processo Civil anterior, especificamente do artigo 267, VIII, que tratava da desistência, para confirmar a inviabilidade de acordo entre ente público municipal e ex-prefeito em ação de improbidade administrativa, considerando a Lei nº 8.429/1992 norma especial em relação ao diploma legal processual.[35]

Em outro julgado, o Superior Tribunal de Justiça entendeu que a norma prevista no artigo 17, §1º, da Lei nº 8.429/1992, por ser especial, deveria prevalecer em face das alterações produzidas pela Lei nº 13.655 (LINDB), notadamente o acréscimo do artigo 26, que incluiu permissivo genérico para celebração de compromissos e acordos pela Administração Pública a fim de eliminar

---

[34] No caso concreto, todavia, o acórdão imputou vício no acordo de leniência por ter sido efetivado pelo Ministério Público Federal, sem a participação de outros órgãos públicos, em especial a CGU, autoridade competente pela redação do artigo 16 da Lei nº 12.846/2013 (TRF4, AG 5023972-66.2017.4.04.0000, Terceira Turma, Relatora Vânia Hack de Almeida, juntado aos autos em 24-08-2017).

[35] REsp 1.217.554/SP, Rel. Ministra Eliana Calmon, Segunda Turma, *DJe* 22-08-2013.

irregularidade, incerteza jurídica ou situação contenciosa na aplicação do direito público.[36]

O argumento da especialidade foi utilizado também pela Procuradoria Administrativa da Procuradoria-Geral do Estado de São Paulo, que emitiu Parecer PA nº 21/2019[37] pela manutenção da vedação prevista no dispositivo mesmo diante da edição de diplomas posteriores à LIA prevendo a possibilidade de autocomposição de litígios, como as Leis nº 13.140/2015, nº 12.846/2013 e nº 12.850/2013, já mencionadas. Para o órgão, a viabilidade de acordo no curso de apuração ou da tramitação de ação de improbidade dependeria de atividade legislativa que extirpasse a proibição expressa até então no artigo 17, §1º, da Lei nº 8.429/1992.

A controvérsia acerca do tema foi submetida ao Supremo Tribunal Federal – STF no que diz respeito a outro aspecto: a utilização da colaboração premiada (Lei nº 12.850/2013) no âmbito civil, em ação de responsabilização por ato ímprobo movida, no caso concreto, pelo Ministério Público. A Suprema Corte reconheceu a repercussão geral da questão, destacando, entre outros fundamentos, a "potencial ofensa ao princípio da legalidade, por se admitir a colaboração premiada na ação de improbidade sem expressa autorização legal e com vedação normativa à realização de transação pela LIA".[38] O tema está pendente de julgamento.

Note-se, portanto, que, embora instrumentos consensuais tivessem sido crescentemente introduzidos na legislação nacional, nas esferas penal, administrativa e cível, a possibilidade de autocomposição no âmbito da Lei nº 8.429/1992 ainda era controversa, ensejando discussão no Poder Judiciário e margem para certo grau de insegurança jurídica, perversa aos interesses dos acordantes, sobretudo o privado.

---

[36] AgInt no REsp 1.654.462/MT, Rel. Ministro Sérgio Kukina, Primeira Turma, julgado em 07-06-2018, *DJe* 14-06-2018.

[37] Parecer publicado no Boletim do Centro de Estudos da Procuradoria-Geral do Estado de São Paulo, disponível no sítio eletrônico da instituição (*Boletim CEPGE*, São Paulo, v. 43, n. 2, p. 25-40, mar./abr. 2019. Disponível em: http://www.pge.sp.gov.br/servicos/centrodeestudos/bibliotecavirtual.aspx.).

[38] ARE 1175650 RG, Relator Min. Alexandre de Moraes, Tribunal Pleno, julgado em 25-04-2019, processo eletrônico *DJe*-093 divulgado em 06-05-2019 e publicado em 07-05-2019.

Não obstante, diversos órgãos públicos ajustaram a aplicação de sanções da Lei de Improbidade a partir da premissa de que a vedação inscrita anteriormente no artigo 17, §1º, do diploma legal teria sido derrogada; convindo, para essa conclusão, uma série de textos legais posteriores.

É importante perceber a atividade hermenêutica realizada pelas instituições. A manutenção da proibição a acordo no bojo da LIA impôs aos órgãos públicos a necessidade de demonstrar a superação dessa incongruência e antinomia no sistema jurídico, o que foi feito, em grande parte, por meio do recurso à tese da aplicabilidade do acordo de leniência no âmbito da Lei nº 8.429/1992 ou, ainda, à figura do Termo de Ajustamento de Conduta, como previsto na normativa do Conselho Nacional do Ministério Público. Tais instrumentos eram (e são) objeto de disciplina legal e foram utilizados como fundamento jurídico para balizar a celebração de acordos com efeitos na seara da improbidade. Nesse sentido, há prática e experiência jurídicas, colhidas à luz do contexto normativo precedente à alteração promovida na Lei nº 8.429/1992, que podem auxiliar na aplicação do acordo de não persecução civil, desde que compatíveis com a nova norma.

Além disso, esses ajustes celebrados também encontravam respaldo na doutrina brasileira, como apontado anteriormente, havendo autores que defendiam a superação da vedação mencionada e realçavam a importância e utilidade da solução de litígios pela via da consensualidade; noção tratada a seguir, que permite acrescentar algumas premissas importantes para a compreensão do acordo de não persecução cível.

1.3 Contexto teórico da consensualidade no Direito Administrativo

O Pacote Anticrime suprimiu a proibição à autocomposição em matéria de improbidade administrativa, criando instrumento específico para resolução consensual no bojo da Lei nº 8.429/1992. A alteração seguiu a linha das transformações legislativas apontadas no início deste capítulo, que de forma crescente passaram a introduzir e promover ferramentas de negociação, transação e consenso entre particular e Estado.

O acordo de não persecução civil foi reafirmado pela Lei nº 14.230/2021, publicada em 26 de outubro de 2021, que acrescentou, entre outros dispositivos, o artigo 17-B, fixando condições mínimas para o ajuste.

A possibilidade de celebração de acordo no âmbito da Lei nº 8.429/1992 como forma de solução do conflito insere-se no contexto dogmático da consensualidade, sobretudo no domínio do Direito Administrativo Sancionador. Conforme será demonstrado, é útil à compreensão do acordo de não persecução civil notar essa específica construção teórica e seus desdobramentos no sistema jurídico.

De início, cumpre destacar que a noção de consensualidade se apresenta na doutrina administrativista por diversas expressões. Discorre-se sobre Administração consensual, Administração dialógica, Administração contratual, concertada, paritária, convencional etc. e não há unanimidade no que diz respeito à extensão do conceito jurídico abarcado por esses termos, como se extrai de trabalho sobre o tema, da lavra de Luzardo Faria.[39]

Segundo Thiago Marrara, confunde-se consensualização com consenso e consensualidade. Consensualização representaria o "fenômeno de construção teórico-normativa de canais jurídico-operacionais aptos a viabilizarem consenso no planejamento e na execução das funções administrativas". E esses canais, de caráter orgânico, procedimental ou contratual, constituiriam os meios para a busca do consenso nas relações jurídico-administrativas. Consenso, por sua vez, consistiria no consentimento recíproco, almejado pelo fenômeno da consensualização (mas nem sempre alcançado), ao passo que consensualidade indicaria o grau, maior ou menor, desse consentimento na construção ou execução de políticas públicas.[40]

O termo "consensualização" é apresentado também por Maria Sylvia Zanella Di Pietro, para quem a expressão designaria "a

---

[39] FARIA, Luzardo. *O princípio da indisponibilidade do interesse público e a consensualidade no direito administrativo*. Orientador: Daniel Wunder Hachem. 2019. 338 f. Dissertação (Mestrado em Direito) – Universidade Federal do Paraná, Curitiba, 2019.

[40] MARRARA, Thiago. Acordos de leniência no processo administrativo brasileiro: modalidades, regime jurídico e problemas emergentes. *Revista Digital de Direito Administrativo*, [Ribeirão Preto], v. 2, n. 2, p. 509-527, 2015.

tendência de buscar as fórmulas contratuais em substituição ou em acréscimo à atuação unilateral e autoexecutória da Administração Pública".[41] Neste ponto, percebe-se que a ideia é elaborada tendo como parâmetro (ou oposição) a atividade administrativa baseada na produção de atos jurídicos unilaterais.

Gustavo Justino de Oliveira entende como forma de expressão da denominada "Administração consensual" a atuação administrativa desenvolvida a partir de bases e procedimentos que privilegiam o emprego de técnicas, métodos e instrumentos negociais, "visando atingir resultados que normalmente poderiam ser alcançados por meio da ação impositiva e unilateral da Administração Pública".[42] Nesse contexto, a Administração faria uso, com maior intensidade, de categorias jurídicas como o contrato e o acordo na consecução de suas atividades e atingimento de seus fins.

Em outro trabalho, o autor expõe, em conjunto com Wilson Accioli de Barros Filho, duas formas de compreensão do consenso na Administração Pública: consenso-gestão e consenso-jurídico. A primeira estaria relacionada à ideia de governança pública, "alterando a ideia de que a condução dos assuntos do governo pode se dar ao arrepio e ao contragosto do cidadão". O consenso-jurídico, por sua vez, reordenaria a "lógica privado-súdito/público-soberano". À luz dessa compreensão, seria inadmissível a vontade pública como "sinônima de atuação administrativa impositiva anuladora da vontade privada". Os interesses públicos e privados deveriam ser dialogados e negociados.[43]

---

[41] DI PIETRO, Maria Sylvia Zanella. *Parcerias na Administração Pública*: concessão, permissão, franquia, terceirização, parceria público-privada. 12. ed. Rio de Janeiro: Forense, 2019. p. 5.

[42] OLIVEIRA, Gustavo Justino de. Governança pública e parcerias do Estado: a relevância dos acordos administrativos para a nova gestão pública. *Revista Eletrônica sobre a Reforma do Estado (RERE)*, Salvador, Instituto Brasileiro de Direito Público, n. 23, set./nov. 2010. Disponível em: http://www.direitodoestado.com.br/artigo/gustavo-henrique-justino-de-oliveira/governanca-publica-e-parcerias-do-estado-a-relevancia-dos-acordos-administrativos-para-a-nova-gestao-publica. Acesso em: 10 mar. 2021. Em sentido similar: OLIVEIRA, Gustavo Henrique Justino de. A arbitragem e as Parcerias Público-Privadas. *Revista de Direito Administrativo*, Rio de Janeiro, n. 241, p. 241-271, jul./set. 2005.

[43] OLIVEIRA, Gustavo Justino; BARROS FILHO, Wilson Accioli. 3. Inquérito civil público e acordo administrativo: apontamentos sobre o devido processo legal adequado, contraditório, ampla defesa e previsão de cláusula de segurança nos Termos de Ajustamento de Conduta (TACS). In: BARROS FILHO, Wilson Accioli de (org.). *Acordos administrativos no Brasil*: teoria e prática. São Paulo: Almedina, 2020. p. 91-93.

Os autores acrescem, ainda, que a consensualidade não se limitaria à flexibilização da autoridade impositiva ou exorbitante. A ideia central por trás do conceito jurídico seria, antes de tudo, a observância da juridicidade na tomada de decisão administrativa, sendo "vedada a imposição de obrigação sem um adequado processo de negociação ou uma comprovada e motivada necessidade coletiva".

Em certa medida, a consensualidade é revelada como fenômeno transformador do Direito Administrativo, já que indicaria, para alguns, a substituição ou a alternância da atuação unilateral, "autoritária"[44] e imperativa da Administração Pública por outra baseada em negociação, acordo e colaboração, em que a tomada de decisão (e concretização do interesse público) passa a ser desenvolvida a partir do consenso com o particular.[45]

Para Juliana Bonacorsi de Palma, a consensualidade poderia ser compreendida em sentido amplíssimo para significar a aproximação entre particulares e a Administração Pública, em especial por meio da participação administrativa, independentemente de formalização contratual. A essa noção importariam, então, os instrumentos participativos, como as audiências e consultas públicas. Em sentido amplo, a consensualidade corresponderia à ação da Administração por meio de qualquer forma de acordo de vontades, como contratos administrativos, acordos intragovernamentais e ajustes de conduta.

Em sentido restrito, a autora apresenta a atuação consensual como técnica de gestão administrativa, "por meio da qual acordos

---

[44] Insere-se o termo entre aspas porque o adjetivo, não raras vezes, é encontrado na literatura para qualificar a atuação unilateral da Administração, notadamente quando colocada em oposição à via consensual. No entanto, cabe registrar que a imperatividade e a unilateralidade de atos administrativos não implicam, por si só, autoritarismo. Em rigor, o desempenho das competências públicas, regradas de forma vinculada ou discricionária, deve obediência aos fins tutelados pela lei, que, por sua vez, é fruto do exercício da função legislativa, em exata concreção da democracia. Autoritarismo pode advir tanto do mau uso dessas competências quanto de eventual decisão administrativa, ainda que esta seja resultado de consenso. O autoritarismo está no desvio (de poder, de finalidade), e não na atuação imperativa-unilateral, *per se*.

[45] "Assim, a noção de Estado autoritário, com decisões imperativas e unilaterais (das quais se extraiu boa parte da tradicional estruturação administrativista), esvai-se atualmente em prol de uma Administração Pública que busque um consenso e uma atuação plural, ou seja, uma Administração Pública concertada" (NEVES, Cleuler Barbosa das; FERREIRA FILHO, Marcílio da Silva. Contrapesos de uma Administração Pública consensual: legalidade versus eficiência. *Interesse Público – IP*, Belo Horizonte, ano 19, n. 103, p. 49-77, maio/jun. 2017, p. 53).

entre a Administração Pública e administrados são firmados com vistas à terminação consensual do processo administrativo pela negociação do exercício do poder de autoridade estatal".[46]

É notável, portanto, a diversidade de linhas e noções elementares ao conceito de consensualidade que podem ser extraídos da doutrina. Contudo, como denominador comum a uma série de concepções, é possível identificar o fenômeno de atuação administrativa marcada pela adoção de instrumentos negociais, com o objetivo de estabelecer formas de consenso com o particular no tocante a determinada decisão de seu interesse.

Afora a multiplicidade de ideias que comporiam o aludido conceito jurídico, há dois principais pressupostos teóricos a partir dos quais a consensualidade é comumente explicada pela dogmática jurídica: o princípio da eficiência e a participação administrativa (ou princípio democrático aplicado à Administração), a depender do ângulo que se pretende visualizar essa construção teórica. E esses pressupostos auxiliam no aprofundamento de traços importantes da noção ora examinada.

A conexão entre consensualidade e participação administrativa é facilmente perceptível, na medida em que, por meio da última, se prestigia o elemento democrático no exercício da função pública. O administrado pode, com cada vez mais intensidade, aceder aos assuntos do governo, participando diretamente da formação de decisões administrativas, nos termos previstos no ordenamento jurídico. Há, assim, uma aproximação entre sociedade e Poder Público, fundada no Estado Democrático de Direito e diversas práticas participativas previstas no Texto Constitucional.[47]

---

[46] PALMA, Juliana Bonacorsi de. *Sanção e acordo na Administração Pública*. São Paulo: Malheiros, 2015. p. 111; p. 241-262.

[47] Nesse sentido, *vide*: GROTTI, Dinorá. A participação popular e a consensualidade na administração pública. *In*: MOREIRA NETO, Diogo Figueiredo (coord.). *Uma avaliação das tendências contemporâneas do direito administrativo*. Rio de Janeiro: Renovar, 2003. p. 647-662. "Não cabe no escopo deste trabalho aprofundar todo o debate quanto à existência ou não do princípio da participação ou das respectivas expressões na legislação nacional. No entanto, vale apenas citar alguns dispositivos constitucionais vinculados ao tema: Art. 10. É assegurada a participação dos trabalhadores e empregadores nos colegiados dos órgãos públicos em que seus interesses profissionais ou previdenciários sejam objeto de discussão e deliberação. Art. 194. A seguridade social compreende um conjunto integrado de ações de iniciativa dos Poderes Públicos e da sociedade, destinadas a assegurar os direitos relativos à saúde, à previdência e à assistência social. Parágrafo único. Compete ao Poder Público, nos termos da lei, organizar

Se o cidadão pode, em virtude da participação administrativa, construir soluções conjuntamente com a Administração Pública para a produção do ato final cujo conteúdo lhe interessa imediatamente, fica clara a correlação entre práticas participativas e consensualidade, já que, a partir dessa cooperação, poderão ser entabulados acordos e composições entre as partes para conformação do exercício de dada prerrogativa pública ou para o endereçamento, em concreto, de solução sob responsabilidade do Estado, como expõe Juliana Bonacorsi de Palma.[48]

O relacionamento entre os dois conceitos mencionados é destacado também por Odete Medauar, para quem "a participação liga-se à identificação do interesse público de modo compartilhado com a população", propiciando abrandamento da atuação unilateral da Administração, além de ligar-se "às práticas contratuais baseadas no consenso, na negociação".[49] Dinorá Grotti aponta idêntico sentido, ao tratar do tema da participação popular e consensualidade no âmbito administrativo.[50]

Assim, o fundamento da consensualidade no Direito Administrativo é, em grande medida, a democratização do exercício da função administrativa. É por meio dessa noção que se passou a explicar a abertura da atividade da Administração Pública à participação popular e, por consequência, à tomada de decisões de forma negociada ou, no mínimo, informada pelo particular.

Há um efeito específico da participação popular na Administração Pública que é o de possibilitar que a decisão estatal seja tomada de modo mais satisfatório ao interesse público. Isso porque, sendo precedida da contribuição do administrado, a providência a cargo do

---

a seguridade social, com base nos seguintes objetivos: (...) VII – caráter democrático e descentralizado da administração, mediante gestão quadripartite, com participação dos trabalhadores, dos empregadores, dos aposentados e do Governo nos órgãos colegiados. Art. 198. As ações e serviços públicos de saúde integram uma rede regionalizada e hierarquizada e constituem um sistema único, organizado de acordo com as seguintes diretrizes: (...) III – participação da comunidade."

[48] PALMA, Juliana Bonacorsi de. *Sanção e acordo na Administração Pública*. São Paulo: Malheiros, 2015. p. 136.

[49] MEDAUAR, Odete. *O Direito Administrativo em evolução*. 2. ed. São Paulo: Revista dos Tribunais, 1992. p. 230.

[50] GROTTI, Dinorá. A participação popular e a consensualidade na administração pública. *In*: MOREIRA NETO, Diogo Figueiredo (coord.). *Uma avaliação das tendências contemporâneas do direito administrativo*. Rio de Janeiro: Renovar, 2003. p. 647-662.

gestor poderá ser "juridicamente e materialmente mais atilada, pois alternativas que não aquelas antevistas pelos agentes públicos podem ser apresentadas", conforme afirma Maurício Zockun.[51]

A complexidade das decisões a cargo da Administração é proporcional ao extenso conjunto de atividades que desempenha e de interesses públicos e privados envolvidos, de modo que o consenso com particulares pode assegurar tomada de providência mais segura e apurada. Neste ponto, a participação toca o princípio da eficiência e ambos apontam que a atuação consensual se revela expediente potencialmente útil à tutela do interesse público.

O princípio da eficiência (ou da boa administração) exige da Administração Pública que desempenhe de forma adequada suas tarefas, empregando, em tempo razoável, os meios apropriados e proporcionais para tanto, em vista da obtenção de resultados harmônicos com as metas e finalidades constitucionais. Trata-se de comando que deve ser compreendido como bipotencial, na medida em que se dirige tanto para a ação instrumental realizada como para o resultado dela decorrente.[52]

Sob essa perspectiva, importa perceber que o princípio em exame obriga a Administração Pública a ponderar (i) a seleção do instrumento jurídico a ser adotado para o exercício das suas competências e (ii) a intensidade da ferramenta eleita, tendo como ponto final de referência a adequada satisfação das variadas finalidades públicas que precisa atender.

A interpretação da eficiência sob o ângulo da "escolha do meio adequado para determinar decisões eficientes ao caso concreto destaca a instrumentalidade do direito administrativo e, por consequência, de seus institutos jurídicos", como assinala Juliana Bonacorsi de Palma. Isso significa reconhecer, ainda,

---

[51] ZOCKUN, Maurício. A participação popular como forma de atendimento ao princípio da eficiência no direito administrativo brasileiro. *Revista Internacional de Direito Público – RIDP*, Belo Horizonte, ano 1, n. 1, p. 129-136, jul./dez. 2015.

[52] CARDOZO, José Eduardo Martins. Princípios constitucionais da administração pública (de acordo com a emenda constitucional nº 19/98). *In*: MORAES, Alexandre (coord.) *Os 10 anos da Constituição Federal*. São Paulo: Atlas, 1999. p. 165-167. Maurício Zockun também aponta essa faceta do princípio (ZOCKUN, Maurício. A participação popular como forma de atendimento ao princípio da eficiência no direito administrativo brasileiro. *Revista Internacional de Direito Público – RIDP*, Belo Horizonte, ano 1, n. 1, p. 129-136, jul./dez. 2015).

que o emprego desses mesmos instrumentos produz efeitos de diferentes ordens.[53]

Nesse sentido, os mecanismos consensuais se apresentam como alguns dos legítimos instrumentos à disposição do Estado para conferir eficiência à consecução de suas atividades. É que a adoção de formas jurídicas compositivas de interesses, a exemplo da categoria do acordo, pode gerar uma série de efeitos positivos e distintos daqueles que se seriam alcançados com a tradicional atuação imperativa e unilateral.

Com efeito, a atuação consensual da Administração Pública pode produzir efeitos positivos, em primeiro lugar, pelo incremento da decisão final a ser tomada. Isso porque a construção de solução para o caso concreto, em conjunto com o particular diretamente afetado, possibilita ampliar o espectro de informações, interesses e alternativas que, de outro modo, seriam desconhecidas pelo gestor. Além disso, o consenso promove (i) a adesão à providência administrativa – que poderá ter maior aptidão para harmonizar os interesses envolvidos – e (ii) a longevidade da solução adotada.

A consensualidade no campo da terminação de litígios, administrativos e judiciais pode oferecer também amplos benefícios, como a resolução célere do conflito, a economia de recursos públicos (humanos e financeiros), a otimização desses mesmos recursos, que poderão ser empregados em outras finalidades, diminuição da judicialização das controvérsias nas relações jurídico-administrativas e o alcance de solução de mérito que atenda às expectativas das partes envolvidas, entre tantas outras.

Portanto, sob o prisma da eficiência, a atuação consensual se apresenta como alternativa a ser avaliada pela Administração Pública na consecução de suas atividades, considerando os específicos efeitos que pode produzir na tutela do interesse público. Juliana Bonacorsi de Palma descreve exatamente essa dimensão do princípio ao afirmar que "a consensualidade induz à análise dos efeitos do modelo de atuação, por meio de atos imperativos e unilaterais ou do modelo de atuação consensual", de forma confrontada, para escolha do mais adequado ao caso concreto.[54]

---

[53] PALMA, Juliana Bonacorsi de. *Sanção e acordo na Administração Pública*. São Paulo: Malheiros, 2015. p. 124-125.
[54] PALMA, Juliana Bonacorsi de. *Sanção e acordo na Administração Pública*. São Paulo: Malheiros, 2015. p. 112-113.

Pode-se afirmar, por consequência, que existe verdadeiro dever-poder de a Administração Pública examinar, no caso concreto, a vantajosidade do uso de mecanismos consensuais, quando previstos no ordenamento jurídico.[55] Diz-se "dever-poder" para sublinhar, nos termos da expressão cunhada por Celso Antônio Bandeira de Mello,[56] que a previsão de instrumento consensual no exercício da função administrativa, no lugar de se revelar um simples poder outorgado pela ordem jurídica, confere meio para propiciar o alcance do interesse público, ferramenta que deve ser utilizada se indispensável para este fim.

Onofre Alves Batista Júnior e Sarah Campos afirmam, ainda, a existência de um poder-dever de transacionar, pois, "se existe a possibilidade de celebração de contratos alternativos ao ato unilateral, que propiciem soluções mais ajustadas ao desiderato do atendimento otimizado do bem comum", impõe-se a verificação do uso de ferramentas consensuais no caso concreto, à luz dos princípios da eficiência administrativa e da razoabilidade.[57]

De acordo com Renata Lane, "a busca pelo consenso (…) é uma forma mais harmônica de solucionar divergências" e, exatamente por isso, pode ser compreendida como via preferencial das partes em matéria de solução de conflitos e composição de interesses. Além de proporcionar benefícios como celeridade e efetividade no cumprimento da medida ajustada, há previsão de solução pacífica das controvérsias no Preâmbulo da Constituição

---

[55] Cleuler Barbosa das Neves e Marcílio da Silva Ferreira Filho sustentam, ainda, o *dever* de consensualidade na atuação administrativa: "a questão é que, em situações nas quais existe a possibilidade de adoção da consensualidade com a diminuição de riscos e com a maximização do interesse público (especialmente pelo cumprimento espontâneo do direito material pelo administrado), o dever da atuação consensual, pelo menos com uma proposta de tentativa perante o interessado, existe com base numa interpretação do ordenamento jurídico brasileiro atual, notadamente dos arts. 3º, §2º, 15 e 174, II, do CPC, como já visto no tópico anterior" (NEVES, Cleuler Barbosa das; FERREIRA FILHO, Marcílio da Silva. Dever de consensualidade na atuação administrativa. *Revista de Informação Legislativa: RIL*, [Brasília, DF], v. 55, n. 218, p. 63-84, abr./jun. 2018. Disponível em: http://www12.senado.leg.br/ril/edicoes/55/218/ril_v55_n218_p63. Acesso em: 12 abr. 2021).

[56] BANDEIRA DE MELLO, Celso Antônio. *Curso de direito administrativo*. 35. ed. São Paulo: Malheiros, 2021. p. 100-102.

[57] BATISTA JÚNIOR, Onofre Alves; CAMPOS, Sarah. A Administração Pública consensual na modernidade líquida. *Fórum Administrativo – FA*, Belo Horizonte, ano 14, n. 155, p. 31-43, jan. 2014.

Federal, indicando ser esta via compromisso do Brasil, na ordem interna e internacional. No âmbito de atuação externa da República, a Carta Magna reforça tal previsão como princípio, conforme artigo 4º, inciso VII.[58]

A consensualidade não significa, todavia, a extinção da atuação unilateral ou o abandono de métodos imperativos e verticalizados de veiculação da vontade administrativa. Em rigor, ambas as espécies de atuação da Administração Pública permanecem vigentes e se complementam, justamente porque propiciam, como já dito, efeitos distintos e que devem ser avaliados no desempenho da função administrativa.

A atuação consensual também não pode significar, de forma indistinta, relação horizontal entre a Administração Pública e o administrado ou, no mínimo, esta horizontalidade deve ser compreendida *cum grano salis*. Com efeito, mesmo quando estabelece negociação ou acordo com o particular, a Administração Pública sujeita-se ao influxo das finalidades públicas que deve perseguir e, com isso, a um conjunto de regras e limitações não aplicáveis ao privado. A própria competência administrativa para transacionar encontra-se, não raras vezes, estritamente delimitada no plano da legalidade. Logo, o uso de mecanismos consensuais não resulta, necessariamente, na absoluta paridade entre Administração e particular.[59]

Esses são alguns traços que perpassam a noção de consensualidade no Direito Administrativo e que serão adotados para os fins deste livro. É fundamental, ainda, apontar como esse contexto teórico alcança a atividade sancionatória do Estado, já que a figura do acordo de não persecução civil se vincula ao domínio da aplicação de sanções, especificamente da Lei nº 8.429/1992.

---

[58] LANE, Renata. *Acordos na improbidade administrativa*: termo de ajustamento de conduta, acordo de não persecução cível e acordo de leniência. Rio de Janeiro: Lumen Juris, 2021. p. 48.

[59] Ademais, como demonstrado por Luzardo Faria, "atuar consensualmente não significa à Administração ter que se despir do regime jurídico-administrativo tradicional, de suas prerrogativas ou de outros tantos institutos próprios do Direito Público. Reconhecer amigavelmente a procedência da pretensão de um cidadão que se coloca em oposição ao Estado de modo algum faz com que a Administração tenha que agir como se fosse um privado" (FARIA, Luzardo. *O princípio da indisponibilidade do interesse público e a consensualidade no direito administrativo*. Orientador: Daniel Wunder Hachem. 2019. 338 f. Dissertação (Mestrado em Direito) – Universidade Federal do Paraná, Curitiba, 2019. p. 147).

1.4 Contexto teórico da consensualidade no Direito Administrativo Sancionador

A consensualidade no domínio do Direito Administrativo Sancionador ocupa cada vez mais espaço. É possível perceber a expansão do fenômeno pelas diversas previsões legais mencionadas no item 1.1 deste capítulo, sem prejuízo de muitas outras existentes. A legislação brasileira conta, atualmente, com extenso número de instrumentos jurídicos consensuais na atividade sancionatória do Estado.

Esse movimento de expansão deve-se, em grande parte, ao impacto que o Direito Administrativo Sancionador recebeu do pragmatismo, em que se busca não só proteger os direitos e garantias fundamentais na matéria, mas também assegurar a "efetividade e legitimidade das normas e institutos sancionadores como instrumentos de tutela e concretização de interesses públicos", conforme apontam José Roberto Pimenta Oliveira e Dinorá Grotti.[60]

O pragmatismo realça a preocupação que o Direito deve ter com os resultados impostos pelo Texto Constitucional. No âmbito do Direito Administrativo, vincula a legitimidade da ação estatal ao alcance desses resultados, para além do respeito aos procedimentos formais.[61] E a possibilidade de decisões e soluções consensuais no exercício da função administrativa se revela útil para esse fim.

A transação na atividade sancionatória pode ensejar resultados práticos e eficientes, que não seriam obtidos com a imposição unilateral de sanção. Supõe-se a possibilidade, ao menos em tese (a ser confirmada no caso concreto), de um ganho de eficiência na atuação consensual, sobretudo a partir da compreensão de que as sanções administrativas não se prestam apenas a castigar o infrator, mas a conformar condutas socialmente desejáveis. Essa forma de compreender a instrumentalidade da sanção é endossada por Alice

---

[60] OLIVEIRA, José Roberto Pimenta; GROTTI, Dinorá Adelaide Musetti. Direito Administrativo sancionador brasileiro: breve evolução, identidade, abrangência e funcionalidades. *Interesse Público – IP*, Belo Horizonte, ano 22, n. 120, p. 83-126, mar./abr. 2020.

[61] OLIVEIRA, Rafael Carvalho Rezende. A releitura do direito administrativo à luz do pragmatismo jurídico. *Revista de Direito administrativo*, Rio de Janeiro, v. 256, p. 129-163, jan./abr. 2011.

Voronoff,⁶² por exemplo, ao tratar, em especial, das finalidades próprias do ambiente regulatório.

A visão instrumental da sanção implica encarar esta medida como resposta possível em face da infração, mas não necessariamente a melhor, mais adequada ou eficiente à consecução das finalidades públicas. A sanção se apresenta como uma das estratégias à disposição da Administração para endereçar o ilícito, ao lado de outras ferramentas, como o acordo. A ordem jurídica oferece uma lista de estratégias que precisam ser avaliadas, em cada caso concreto, tendo em vista os distintos efeitos que podem produzir e os fins almejados.

Como exposto no item anterior, a adoção de mecanismos consensuais tem aptidão para gerar efeitos específicos e, no âmbito do Direito Administrativo Sancionador, não é diferente. A celebração de acordo nesse campo tem aptidão para (i) harmonizar e pacificar conflitos sociais; (ii) reduzir o custo de tramitação de processos administrativos e judiciais que envolvem a aplicação de sanções; (iii) apresentar resposta célere para a sociedade em face da infração; (iv) permitir o adequado direcionamento de recursos públicos, humanos e financeiros, para determinadas demandas e atividades punitivas; (v) promover a satisfação dos envolvidos com os resultados alcançados; (vi) reconduzir o infrator aos trilhos da legalidade; (vii) viabilizar o incremento na reversão de valores desviados do Estado; entre tantas outras.

Essas vantagens potenciais da consensualidade são costumeiramente apontadas pela doutrina como justificadoras de tal forma de atuação. Juliana Bonacorsi de Palma denomina essa preocupação dos autores em legitimar o consenso a partir da indicação de efeitos positivos como "elogio ao consenso" e que acaba por denotar a relevância da eficiência para a consolidação de acordos nessa seara.⁶³

Portanto, além da democratização do exercício da função administrativa, que parece ter sido o pressuposto inicial a legitimar a consensualidade no Direito Administrativo, é possível afirmar que

---

⁶² VORONOFF, Alice. *Direito administrativo sancionador no Brasil*: justificação, interpretação e aplicação. Belo Horizonte: Fórum, 2018.

⁶³ PALMA, Juliana Bonacorsi de. *Sanção e acordo na Administração Pública*. São Paulo: Malheiros, 2015. p. 127-128.

a eficiência passou a fundamentar, também, de forma marcante, o mesmo fenômeno no Direito Administrativo Sancionador.[64]

Sob essa perspectiva, é fundamental notar que os instrumentos consensuais se prestam ao atendimento de diversas finalidades, exercendo múltiplas funções no campo do Direito Administrativo Sancionador. Em primeiro lugar, essas ferramentas permitem articular a conformação das consequências punitivas ou o próprio encerramento da atividade sancionatória *in concreto*. Incidem, neste ponto, objetivos macroestipulados na ordem jurídica, como a adequada repressão e prevenção de ilícitos, em face de condicionantes do caso concreto, a exemplo da gravidade da infração, situação econômica do infrator, entre outras estabelecidas na legislação. Adicionalmente, detêm o potencial para atingir os efeitos positivos mencionados, com peso relevante em face de alternativas à disposição do Estado.

Por outro lado, os acordos (em sentido amplo) podem promover finalidades específicas, a depender do regramento que a lei lhes confira. Tais instrumentos podem servir a escopos particulares estabelecidos em sistemas regulatórios e de responsabilização, como (i) à instrução de processo administrativo ou judicial; (ii) para incrementar a atividade investigativa, mediante contribuição probatória, como pode suceder no acordo de leniência; e (iii) ao encerramento célere e adequado da atividade punitiva, com o reconhecimento da infração pelo infrator, cessação da conduta ilícita e cumprimento imediato de sanções, entre tantos outros fins.

É justamente nesta gama de efeitos e funcionalidades que reside a importância da atuação consensual. Juliana Bonacorsi

---

[64] Floriano de Azevedo Marques Neto e Tatiana Matiello Cymbalista descrevem que o crescente consensualismo no exercício da atividade administrativa estaria relacionado a diversos fenômenos convergentes, entre eles "a crescente abertura da atividade administrativa para a participação popular, a contratualização da atuação administrativa, o fortalecimento dos vetores de eficiência e economicidade administrativas e o reconhecimento do esgotamento/insuficiência dos mecanismos tradicionais de atuação administrativa" (MARQUES NETO, Floriano de Azevedo; CYMBALISTA, Tatiana Matiello. Os acordos substitutivos do procedimento sancionatório e da sanção. *Revista Eletrônica de Direito Administrativo Econômico (REDAE)*, Salvador, Instituto Brasileiro de Direito Público, n. 27, ago./out. 2011. Disponível em: http://www.direitodoestado.com.br/artigo/floriano-de-azevedo-marques-neto/os-acordos-substitutivos-do-procedimento-sancionatorio-e-da-sancao. Acesso em: 10 abr. 2021).

de Palma, ao tratar especificamente dos acordos administrativos, expõe esta exata noção de multiplicidade das funções, que vai além da mera substituição do provimento final, unilateral e imperativo. A autora afirma que "a consensualidade adquire funcionalidades particularizadas de um mecanismo para outro", notadamente no universo das agências reguladoras.[65]

De fato, a consensualidade no Direito Administrativo Sancionador se apresenta mediante diferentes mecanismos, com variadas classificações. Há (i) acordos substitutivos de sanções, por exemplo, que implicam a terminação do litígio e do processo administrativo sancionatório e (ii) acordos integrativos, que precedem e conformam a decisão final sancionatória. Existem, ainda, (iii) acordos de colaboração, caracterizados pela obtenção de um benefício em razão do fornecimento de informações úteis ao Poder Público, assim como (iv) acordos de pura reprimenda, "em que o autor aceita a imediata oposição de uma restrição em sua esfera jurídica, não sendo necessário que ofereça informações úteis", utilizando-se a classificação de Emerson Garcia,[66] sem prejuízo de tantas outras.

A consensualidade deve ser compreendida, portanto, sob o ângulo da plurifuncionalidade. A adoção de instrumentos consensuais no Direito Administrativo Sancionador não está associada, de antemão, a uma função exclusiva – ou a uma dominante, acompanhada de outras menores –, mas se presta a diversificados fins. A seleção do instrumento jurídico a ser adotado e o balizamento do seu conteúdo devem ser orientados por essas distintas finalidades públicas, tendo em vista os princípios da eficiência e finalidade.

O acordo de não persecução civil se apresenta, nesse contexto, como uma das ferramentas passíveis de serem utilizadas

---

[65] "O acordo integrativo, instrumento comum a ambos os ordenamentos, por exemplo, presta-se a várias finalidades, como a adequação do processo administrativo, com a definição das regras que disciplinarão seu trâmite, a complementação da decisão final, o condicionamento do ato administrativo benéfico ao cumprimento de uma obrigação específica, conferir celeridade à execução do ato final, agilizar o processo administrativo, mediante a substituição de um específico ato procedimento – entre outras" (PALMA, Juliana Bonacorsi de. *Sanção e acordo na Administração Pública*. São Paulo: Malheiros, 2015. p. 236; p. 276).

[66] GARCIA, Emerson. A consensualidade no direito sancionador brasileiro: potencial de incidência no âmbito da Lei nº 8.429/1992. *Revista do Ministério Público do Rio de Janeiro*, Rio de Janeiro, n. 66, p. 37-38, out./dez. 2017.

para conformação da atividade sancionatória no âmbito da Lei nº 8.429/1992. Logo, é essencial delimitar seu escopo e apontar suas funcionalidades, em cotejo com outros instrumentos previstos na ordem jurídica que se prestam igualmente à modulação de sanções ou de outras obrigações.

Como apontado, a busca pela eficiência impõe à Administração Pública avaliar a adoção ou não de modelo de atuação consensual. Entretanto, caber-lhe-á, também, examinar a seleção e o manejo dos variados instrumentos específicos previstos na legislação, considerando os diversos fins que podem alcançar em face do caso concreto, sob pena de desvio de finalidade.

Renata Lane destaca, por exemplo, que a celebração de acordo deve ser ponderada com a ideia de que a infração não compense. Se o sistema jurídico incentiva apenas uma facilidade para o infrator, tornando a prática delituosa atrativa em face da composição, pode haver esvaziamento da função primordial de prevenção de ilícitos.[67] É imperioso, portanto, o desenvolvimento de um equilíbrio fino entre a flexibilização da aplicação da sanção e a tutela de relevantes interesses públicos que podem ser alcançados com a composição, como o próprio combate à corrupção.

A compreensão da consensualidade sob a ótica do princípio constitucional da eficiência implica reconhecer, também, que a adoção desses instrumentos consensuais não substitui, por completo, a atuação unilateral e coercitiva de aplicação das penas diante do cometimento da infração. São modelos de atuação que se complementam e se promovem reciprocamente em diferentes vertentes.

Em primeiro lugar, a condução de uma via coercitiva pelo Estado impulsiona a celebração de acordos, pois os infratores temem pelas consequências dos ilícitos e, por meio da negociação, podem ajustar o alcance destas, com solução que lhes interesse. Por outro lado, a atuação coercitiva sujeita-se à capacidade do órgão estatal de conhecer e reprimir as práticas ilícitas, algo que, a depender da complexidade das organizações e expedientes ilegais, pode ser

---

[67] LANE, Renata. Consensualidade no direito administrativo sancionador. *In*: OLIVEIRA, José Roberto Pimenta (coord.). *Direito Administrativo sancionador*: estudos em homenagem ao professor emérito da PUC/SP Celso Antônio Bandeira de Mello. São Paulo: Malheiros, 2019. p. 269-270.

viabilizado apenas com a via consensual, a partir de informações trazidas por colaboradores.

A opção pela consensualidade também desempenha o papel relevante de reforçar a própria repressão dos ilícitos, na medida em que podem ser ajustadas sanções com cumprimento espontâneo e imediato. Com isso, promove-se a percepção da sociedade sobre a atividade estatal e, ao mesmo tempo, evita-se conhecida judicialização de sanções e de processos administrativos sancionatórios. Assim, a consensualidade no Direito Administrativo Sancionador convive e dialoga com a atuação unilateral e a propositura de medidas judiciais para aplicação de sanções, sendo indispensável reconhecer os espaços legítimos de cada um na esfera da improbidade.

A indicação das potencialidades do consenso nesse campo do Direito Administrativo, vinculadas ao princípio constitucional da eficiência, já antecipa a premissa adotada neste livro de que o consenso na atividade sancionatória do Estado, longe de representar vulneração dos princípios da supremacia do interesse público sobre o privado ou da indisponibilidade do interesse público,[68] consiste, na verdade, em mecanismo para promoção do interesse público ou dos interesses públicos envolvidos. Aliás, é nesta noção funcional e finalística da consensualidade que reside sua legitimidade.

Não se desconhece que a possibilidade de transação no campo da aplicação de sanções pela Administração é objeto de intenso debate teórico no tocante à compatibilidade com os princípios da supremacia do interesse público sobre o privado e indisponibilidade do interesse público. Esses questionamentos já compunham o estudo da consensualidade no Direito Administrativo, mas se intensificaram na seara do Direito Administrativo Sancionador, em virtude da ideia de imposição de sanção, como resposta em face do cometimento do ilícito à luz do princípio da legalidade. No campo do Direito Penal, embate similar se constata entre a noção de indisponibilidade da ação penal e institutos como as transações penais e a delação premiada.

---

[68] Na concepção elaborada por: BANDEIRA DE MELLO, Celso Antônio. *Curso de direito administrativo*. 35. ed. São Paulo: Malheiros, 2021. p. 70-97.

A análise da literatura sobre a matéria permite identificar que o estudo do tema da celebração de acordos pela Administração nesta específica seara percorreu o exame de sua compatibilidade com os princípios mencionados, pedras de toque do Direito Administrativo.[69] Há muitos trabalhos sobre essa controvérsia, sendo possível apontar até mesmo alguns pioneiros, como Diogo de Figueiredo Moreira Neto[70] e Alexandre Santos de Aragão.[71] Juliana Bonacorsi de Palma,[72] em trabalho monográfico sobre o tema, dedica item específico para tratar da viabilidade jurídica de a Administração Pública transacionar, examinando os princípios precitados.

O presente estudo, todavia, não se propõe a retomar essa discussão dogmática, alvo de muitas obras na literatura nacional. É certo que diversos trabalhos recentes sobre a consensualidade no Direito Administrativo Sancionador se debruçam sobre a temática, perpassando-a ao tratar dos respectivos objetos de pesquisa.[73]

---

[69] A menção a esse embate pode ser encontrada em artigos científicos recentes de: BINENBOJM, Gustavo. A consensualidade administrativa como técnica juridicamente adequada de gestão eficiente de interesses sociais. *Revista Eletrônica da Procuradoria-Geral do Estado do Rio de Janeiro – PGE-RJ*, Rio de Janeiro, v. 3, n. 3, set./dez. 2020. Disponível em: https://revistaeletronica.pge.rj.gov.br/pge/article/download/190/123/. Acesso em: 29 abr. 2021; PINTO, José Guilherme Berman Correa. Direito administrativo consensual, acordo de leniência e ação de improbidade. *Fórum Administrativo – FA*, Belo Horizonte, ano 16, n. 190, p. 49-56, dez. 2016.

[70] MOREIRA NETO, Diogo de Figueiredo. Novos institutos consensuais da ação administrativa. *Revista de Direito Administrativo*, Rio de Janeiro, v. 231, p. 129-156, jan./mar. 2003.

[71] ARAGÃO, Alexandre Santos de. A consensualidade no direito administrativo: acordos regulatórios e contratos administrativos. *Revista de Informação Legislativa*, v. 42, n. 167, p. 293-310, jul./set. 2005.

[72] Como se verifica do capítulo 2 – Atuação Administrativa Consensual, item 2.4: Viabilidade jurídica de a Administração Pública transacionar, subitem 2.4.2: Análise crítica dos princípios da supremacia e da indisponibilidade dos interesses públicos: reais óbices à celebração de acordos administrativos? (PALMA, Juliana Bonacorsi de. *Sanção e acordo na Administração Pública*. São Paulo: Malheiros, 2015. p. 166-188).

[73] Luzardo Faria possui trabalho monográfico cujo objeto é exatamente este debate teórico (FARIA, Luzardo. *O princípio da indisponibilidade do interesse público e a consensualidade no direito administrativo*. Orientador: Daniel Wunder Hachem. 2019. 338 f. Dissertação (Mestrado em Direito) – Universidade Federal do Paraná, Curitiba, 2019). Manoela Machado, em dissertação sobre acordo de leniência, também examina essa questão, para afirmar que "o conceito de interesse público e a sua indisponibilidade não representam uma proibição a que a Administração se utilize da negociação, celebra acordos ou contratos". Aponta, ainda, que "o que se pretende com tais princípios (...) é tão somente impor parâmetros da necessidade, racionalidade, utilidade, razoabilidade e ponderação para que tal negociação ocorra, a qual deverá sempre estar vinculada à finalidade imposta pela lei e ao interesse público por ela tutelado" (RIBEIRO, Manoela Barbosa Machado. *A negociação no Direito Administrativo*: uma perspectiva sobre o acordo de leniência. Orientador: Maurício Zockun. 2018. 174 f. Dissertação (Mestrado em Direito) – Pontifícia Universidade Católica de São Paulo, São Paulo, 2018). Renata Lane também tece considerações sobre os

Contudo, dado o estado avançado desta revisão teórica – avanço proporcional à explosão de produções legais relacionadas ao consenso na Administração –, parece suficiente apropriar-se de soluções e propostas já apresentadas pela doutrina no que diz respeito à viabilidade de acordo na atividade administrativa sancionatória, partindo-se já deste ponto.

Dito isso, adota-se a compreensão de que a consensualidade, por si só, não importa qualquer afronta aos princípios precitados. A possibilidade de celebração de acordos pela Administração Pública no exercício de suas prerrogativas não significa, *per se*, vulneração do dever jurídico de tutela do interesse público nem implica disponibilidade desse mesmo interesse.

A rigor, "o ato consensual pode ser considerado o próprio interesse público", sendo imperioso reputar "não apenas o ato administrativo como expressão do interesse público, mas também o acordo firmado entre Administração e administrado", como destaca Juliana Bonacorsi de Palma.[74] A consensualidade é caminho possível, processo legítimo e disponível para a satisfação do interesse público concretizado em eventual ajuste entabulado pelo Estado; ajuste que contemplará, como já enunciado, a composição de interesses, com informações que não poderiam sequer ser antevistas pelo Poder Público, sem a composição. O consenso, portanto, pode trazer incremento na qualidade da providência ajustada pela Administração.

Luzardo Faria enfrenta a questão da compatibilidade dos princípios mencionados com a consensualização no Direito Administrativo, citando autores como Fernando Dias Menezes de Almeida, Alexandre dos Santos de Aragão e Diogo de Figueiredo Moreira Neto, que também compreendem não haver qualquer dis-

---

princípios da supremacia e da indisponibilidade do interesse público e a consensualidade (LANE, Renata. *Acordos no domínio da improbidade administrativa*. Orientador: José Roberto Pimenta Oliveira. 2020. 256 f. Dissertação (Mestrado em Direito) – Pontifícia Universidade Católica de São Paulo, São Paulo, 2020). Cite-se, ainda, Victor Silva, ao tratar de acordos administrativos substitutivos de sanção (SILVA, Victor Carvalho Pessoa de Barros e. *Acordos administrativos substitutivos de sanção*. Orientador: Jacintho Silveira Dias de Arruda Câmara. 2019. 135 f. Dissertação (Mestrado em Direito) – Pontifícia Universidade Católica de São Paulo, São Paulo, 2019).

[74] PALMA, Juliana Bonacorsi de. *Sanção e acordo na Administração Pública*. São Paulo: Malheiros, 2015. p. 171-172.

ponibilidade do interesse público pelo simples uso de instrumento consensual pelo Poder Público. O autor conclui que a chave para essa harmonização está em saber que "a Administração ao tutelar interesses individuais não necessariamente está se afugentando do interesse público", pois estes "interesses individuais protegidos pelo ordenamento jurídico também ostentam a qualidade de interesse público".[75]

No campo específico da atividade sancionatória do Estado, a ordem jurídica previu conjunto de instrumentos consensuais, o que significa o reconhecimento, no plano normativo, da legitimidade dessas ferramentas para tutela do interesse público, autorizando-se o Poder Público a fazer uso delas quando do exercício de prerrogativa restritiva de direito em face do cidadão.

O ordenamento jurídico brasileiro conta, por exemplo, desde a edição da LINDB (Lei nº 13.655/2018), com dispositivo explícito permitindo à Administração Pública celebrar acordos com particulares (artigo 26). Soma-se ao permissivo genérico a circunstância de que a vedação a atos consensuais não se presume quando silente legislação específica ou setorial. A presunção milita, na verdade, em favor da possibilidade de consenso, seja por força do autorizativo mencionado, seja em vista das potencialidades positivas do ajuste para a consecução do interesse público.

Por esse motivo, eventuais restrições impostas pelo legislador à celebração de acordo pelo Estado, como o revogado dispositivo da Lei nº 8.429/1992 (ou previsão normativa futura nesse sentido), devem ser objeto de exame de compatibilidade com a Constituição Federal, em face do princípio do devido processo legal substantivo, pois a supressão e a limitação da possibilidade de solução pacífica de conflito deve estar amparada em fundamento razoável e proporcional de interesse público e em vista de finalidades constitucionais. A eliminação do caminho consensual em determinada atividade ou relação jurídico-administrativa restringe, de antemão, o leque de soluções possíveis e eventualmente idôneas ou mais eficazes à

---

[75] FARIA, Luzardo. *O princípio da indisponibilidade do interesse público e a consensualidade no direito administrativo*. Orientador: Daniel Wunder Hachem. 2019. 338 f. Dissertação (Mestrado em Direito) – Universidade Federal do Paraná, Curitiba, 2019.

terminação de litígios, em comparação à estrita via judicial ou unilateral, daí porque deve estar fundada em valor relevante albergado pelo ordenamento jurídico, à luz do princípio da eficiência.[76]

Além da autorização contida na LINDB, há também a previsão do acordo de leniência na Lei nº 12.846/2013. Referindo-se ao instrumento, Celso Antônio Bandeira de Mello afirma que este é "um dos meios concebidos para a tutela do interesse público, permitindo não só a identificação do ilícito ou do seu agente, mas a recondução das práticas da entidade faltosa aos trilhos da legitimidade, sem prejuízo da recomposição do dano causado ao Erário".[77] No mesmo sentido compreende Maurício Zockun, acrescendo que o acordo de leniência não só evita a perpetuação de situação de ilegalidade como, adicionalmente, premia a solução pacífica do conflito.[78]

É importante frisar, como alerta o autor em outro trabalho, que o sentido da negociação na atividade sancionatória não é atribuir benefício gratuito, nem buscar omissão gravosa da função pública de punir; situação em que se poderia, de fato, cogitar de violação das pedras de toque do Direito Administrativo. O consenso serve para o adequado e eficaz encerramento da atividade punitiva, como reiterado. No caso específico do acordo de leniência, almeja-se "um grau mais satisfatório de repressão de práticas ilícitas, nocivas à coletividade e que pelos meios clássicos de fiscalização não seriam sequer descobertas".[79]

Egon Bockmann Moreira e Heloísa Conrado Caggiano também realçam esse aspecto das negociações jurídicas público-privadas

---

[76] Como reflexão da problemática suscitada, suponha-se, por exemplo, que determinada lei eliminasse a possibilidade de composição com relação à definição da justa indenização e pagamento desta, no âmbito do processo de desapropriação regulado pelo Decreto-lei nº 3.365/41.

[77] BANDEIRA DE MELLO, Celso Antônio. *Curso de direito administrativo*. 35. ed. São Paulo: Malheiros, 2021. p. 87.

[78] ZOCKUN, Maurício. Vinculação e discricionariedade no acordo de leniência. *Revista Colunista de Direito de Estado*, [s. l.], n. 142, 2016. Disponível em: http://www.direitodoestado.com.br/colunistas/Mauricio-Zockun/vinculacao-e-discricionariedade-no-acordo-de-leniencia. Acesso em: 10 jul. 2021.

[79] ZOCKUN, Maurício; CASTELLA, Gabriel Morettini e. Programas de leniência e integridade como novos instrumentos no direito administrativo sancionador hodierno. *In*: OLIVEIRA, José Roberto Pimenta (coord.). *Direito Administrativo sancionador*: estudos em homenagem ao professor emérito da PUC/SP Celso Antônio Bandeira de Mello. São Paulo: Malheiros, 2019. p. 419.

na atividade punitiva estatal, afirmando que a ordem jurídica passou a institucionalizar espaços de competência discricionária do Poder Público para flexibilizar e/ou modular a aplicação de sanções abstratamente previstas, não com o objetivo de assegurar a impunidade, mas para "permitir detectar outros bens que possam atender, em melhor medida, ao objetivo amplo de combate à corrupção".[80]

Essas noções aplicam-se ao acordo de não persecução civil previsto na Lei nº 8.429/1992, como será demonstrado posteriormente a partir do objeto e finalidades deste instrumento, já que por meio dele se ajusta a aplicação de sanções por ato ímprobo. De toda forma, são marcantes para sublinhar que não há malferimento do interesse público pela simples adoção dessas ferramentas consensuais, que se destinam a finalidades públicas. A conformação do acordo indicado na LIA visa à efetivação da tutela da probidade administrativa, sendo instrumento de imposição de sanções previstas em lei e de recomposição do patrimônio público lesado, orientando-se, portanto, à proteção do interesse público, e não o contrário.

Como aponta Wallace Paiva Martins Junior, "o Estado celebra composição para imposição de sanção mediante negociação; ele não abdica de seu poder sancionador",[81] não havendo desvalia ao interesse público nem ao seu predicado de indisponibilidade.

A compreensão exposta, todavia, não impede que o resultado concreto da consensualidade na atividade sancionatória seja eventualmente afrontoso a princípios constitucionais como legalidade, finalidade, eficiência, impessoalidade, moralidade, proporcionalidade e razoabilidade, em razão da configuração de seus termos. Daí por que é fundamental compreender os limites e as finalidades decorrentes destas normas e que guiam a celebração do ajuste.

Dessa forma, entende-se que o acordo de não persecução civil, como instrumento formal de modulação de sanções, é válido e conforme ao regime jurídico-administrativo, cabendo retratar

---

[80] MOREIRA, Egon Bockmann; CAGGIANO, Heloísa Conrado. O controle da corrupção e a Administração Pública: o dever de negociar como regra. *In*: CYRINO, André; MIGUEIS, Anna Carolina; PIMENTEL, Fernanda Morgan (coord.). *Direito administrativo e corrupção*. Belo Horizonte: Fórum, 2020. p. 139.

[81] MARTINS JUNIOR, Wallace Paiva. Acordo de não persecução cível. *In*: BARROS, Francisco Dirceu *et al.* (coord.). *Acordos de não persecução penal e cível*. Salvador: JusPodivm, 2021. p. 324.

algumas consequências jurídicas da previsão desta figura no bojo da Lei de Improbidade Administrativa, na esteira da contextualização normativa, fática e teórica realizada até este ponto.

1.5 Positivação do valor do consenso e consolidação do espectro de ferramentas consensuais possíveis

A introdução de instrumento consensual próprio na Lei nº 8.429/1992 por meio da edição da Lei nº 13.964/2019 e a ratificação da viabilidade dessa ferramenta pela Lei nº 14.230/2021 desempenharam importantes papéis no cenário jurídico, que devem ser reconhecidos.

Em primeiro lugar, a alteração legislativa adaptou o domínio da improbidade administrativa ao contexto normativo vigente e ilustrado no item 1.1 deste capítulo. Além disso, corrigiu a vedação expressa a acordo prevista até então na LIA – que já estava superada em virtude dos diplomas legais citados e posteriores à Lei –, substituindo-a pela viabilidade de composição de sanções por meio de acordo de não persecução civil.

Houve, no mínimo, algum aprimoramento[82] da legislação, na medida em que se autorizou a abertura para soluções consensuais eficazes à prevenção e repressão de atos ímprobos e com possibilidade, por exemplo, de colaboração com as investigações conduzidas pelo Estado.

Neste ponto, a modificação se coaduna, também, com os compromissos internacionais assumidos pela República Federativa do Brasil, entre eles a Convenção das Nações Unidas contra o Crime Organizado Internacional ("Convenção de Palermo"), internalizada pelo Decreto federal nº 5.015/2004, que prevê, como obrigações de cada Estado Parte signatário: (i) adotar "medidas eficazes de ordem legislativa, administrativa ou outra para promover a integridade e prevenir, detectar e punir a corrupção dos agentes públicos"; (ii) fomentar pessoas que tenha participado ou participem de grupos criminosos organizados a "fornecerem informações úteis às

---

[82] A extensão deste aprimoramento, todavia, será objeto de maior investigação no capítulo 2 deste livro.

autoridades competentes para efeitos de investigação e produção de provas"; e (iii) considerar a colaboração e cooperação dos infratores para efeito de redução da pena ou concessão de imunidade, como se extrai dos artigos 9 e 26 do ato normativo.[83]

Como segunda consequência, a alteração formulada pela Lei nº 13.964/2019, ao expurgar a proibição à transação na Lei nº 8.429/1992, destinar-se-ia, também, a conferir segurança jurídica à celebração de acordos, tendo em vista o contexto fático descrito no item 1.2 deste capítulo. Como exposto, diversos órgãos públicos legitimados adotaram soluções consensuais no domínio da improbidade administrativa. No entanto, perdurava divergência sobre a viabilidade do consenso nesta seara, havendo decisões contrárias na jurisprudência brasileira.

A incerteza sobre a validade do acordo, além de minar a própria eficácia do instrumento e seus benefícios para o interesse público, sujeita eventuais acusados colaboradores à situação jurídica onerosa, em razão da possibilidade de (i) questionamento por parte de órgãos colegitimados não aderentes e (ii) invalidação por órgãos de controle que simplesmente reputem ilegal a celebração de ajuste nesta temática, em exame posterior à sua celebração. Este cenário,

---

[83] "art. 9 Medidas contra a corrupção
1. Para além das medidas enunciadas no art. 8 da presente Convenção, cada Estado Parte, na medida em que seja procedente e conforme ao seu ordenamento jurídico, adotará medidas eficazes de ordem legislativa, administrativa ou outra para promover a integridade e prevenir, detectar e punir a corrupção dos agentes públicos.
art. 26 Medidas para intensificar a cooperação com as autoridades competentes para a aplicação da lei
1. Cada Estado Parte tomará as medidas adequadas para encorajar as pessoas que participem ou tenham participado em grupos criminosos organizados: a) A fornecerem informações úteis às autoridades competentes para efeitos de investigação e produção de provas, nomeadamente i) A identidade, natureza, composição, estrutura, localização ou atividades dos grupos criminosos organizados; ii) As conexões, inclusive conexões internacionais, com outros grupos criminosos organizados; iii) As infrações que os grupos criminosos organizados praticaram ou poderão vir a praticar; b) A prestarem ajuda efetiva e concreta às autoridades competentes, susceptível de contribuir para privar os grupos criminosos organizados dos seus recursos ou do produto do crime.
2. Cada Estado Parte poderá considerar a possibilidade, nos casos pertinentes, de reduzir a pena de que é passível um arguido que coopere de forma substancial na investigação ou no julgamento dos autores de uma infração prevista na presente Convenção.
3. Cada Estado Parte poderá considerar a possibilidade, em conformidade com os princípios fundamentais do seu ordenamento jurídico interno, de conceder imunidade a uma pessoa que coopere de forma substancial na investigação ou no julgamento dos autores de uma infração prevista na presente Convenção."

como é evidente, afronta os princípios da segurança jurídica e da boa-fé que regem as relações jurídico-administrativas.

A alteração promovida é positiva, portanto, por impor o reconhecimento, no plano da legalidade, da validade de acordos voltados à conformação das sanções previstas na Lei nº 8.429/1992. Contudo, este aprimoramento não foi satisfatório para o incremento da segurança jurídica, considerando a diminuta disciplina normativa que remanesceu na LIA após os vetos introduzidos pela Presidência da República ao Projeto de Lei que resultou no "Pacote Anticrime" e a gama de questões que poderiam ter sido objeto de tratamento, conforme será abordado no capítulo 2.

Adicionalmente, a previsão legal de acordo no bojo da LIA alinha-se ao contexto teórico da consensualidade no Direito Administrativo e no Direito Administrativo Sancionador, adequando o domínio da Lei nº 8.429/1992 à ideia de consenso para terminação de conflitos (e à teoria correspondente apurada pela Ciência Jurídica), adotada há tempo no campo da atividade sancionatória não penal exercida pelo Estado, como apontado nos itens 1.3 e 1.4 deste capítulo.

Por meio da modificação legislativa, positivou-se, de forma expressa, o valor do consenso para solução de conflitos decorrentes da prática de atos ímprobos. Essa positivação explícita é singular para o sistema jurídico, pois tem o condão de sinalizar que a celebração de acordo em matéria de improbidade administrativa pode significar, em cada caso, eficiente tutela do interesse público.

Além de prever a viabilidade de solução consensual de conflitos no âmbito da LIA, a ordem jurídica passou a disponibilizar ferramenta específica para este fim, cuja utilidade para consecução do interesse público está pressuposta e afirmada, ainda que em abstrato. Essa construção normativa impõe aos órgãos legitimados na aplicação da Lei nº 8.429/1992 o dever de efetivamente avaliar se o acordo se revela idôneo ou mais eficaz para tutela desse interesse, diante do caso concreto e em oposição ao caminho da judicialização do sancionamento ou da continuidade da sua persecução em juízo.

A configuração legal submete à avaliação dos órgãos legitimados um conjunto de finalidades que podem ser perseguidas pela via do acordo de não persecução civil, como a solução rápida do conflito, redução da litigiosidade, economia de recursos públicos, humanos e financeiros, com direcionamento eficiente para outros casos e prioridades, além da própria efetividade das sanções, cuja aplicação é antecipada. O interesse do acusado também se alinha a esses fins, em especial o endereçamento célere, pacífico, seguro e menos custoso da imputação que lhe é irrogada, com retorno à legalidade.

Todos estes fatores compõem a utilidade do acordo e devem ser examinados pelos órgãos legitimados nos casos concretos de aplicação da Lei nº 8.429/1992. É fundamental notar que a figura do acordo de não persecução civil não se vincula, necessariamente, à colaboração do acusado com as investigações, como a apresentação de provas que comprovem o ilícito ou a identificação de eventuais outros envolvidos na infração, tal qual sucede, quando cabível, na leniência tratada pela Lei nº 12.846/2013. O acordo se justifica mesmo ausente contribuição probatória, sendo legítima a simples conformação da aplicação das sanções previstas na LIA, em vista das utilidades supramencionadas.

A modificação legislativa empreendida na Lei nº 8.429/1992 detém relevância adicional, pois consolida a adoção de outras ferramentas consensuais possíveis no domínio da improbidade, além do acordo de não persecução civil. Isso porque a Lei nº 13.964/2019 acrescentou ao artigo 17 da LIA o parágrafo 10-A (inalterado pela Lei nº 14.230/2021), segundo o qual, "havendo a possibilidade de solução consensual, poderão as partes requerer ao juiz a interrupção do prazo para a contestação, por prazo não superior a 90 (noventa) dias". A previsão normativa se refere à possibilidade de "solução consensual" de forma ampla, autorizando, em princípio, um conjunto de composições.

Nesse sentido, vale citar João Paulo Tavares, segundo o qual "a possibilidade de solução consensual, expressa no §10-A do artigo 17, consiste na regra geral de admissão de acordos em ações de improbidade", podendo tais ajustes assumir variadas formas.[84]

---

[84] TAVARES, João Paulo Lordelo Guimarães. A colaboração premiada nas ações de improbidade administrativa: o estado da arte após a Lei nº 13.964/2019 (Pacote "anticrime"). *In*: TAVARES, João Paulo Lordelo G. (coord.). *Pacote "Anticrime"*: Lei 13.964/2019 na visão de Procuradores da República. Salvador: JusPodivm, 2020. p. 105-106.

Entre as soluções consensuais possíveis recobertas pelo dispositivo, é possível inserir, por exemplo, acordos sobre a reparação de eventuais danos ao erário que advenham da conduta ímproba praticada. Como apontam Fredie Didier Jr. e Hermes Zaneti Jr., tanto na redação anterior quanto na redação vigente da Lei 8.429/1992, não haveria impedimento para que fosse celebrado ajuste voltado exclusivamente à recomposição de prejuízos causados ao patrimônio público.[85]

Essa espécie de acordo serviria para disciplinar apenas condições, prazos e modo da reparação do dano, campo estrito da responsabilidade civil, com possibilidade de parcelamento, por exemplo, mas sempre observada a regra de que o ressarcimento deve ser integral, por imposição do artigo 5º (na sua redação originária) e do artigo 12, ambos da LIA. Disporia, portanto, não sobre as sanções típicas previstas na Lei,[86] mas sobre a forma de cumprimento da obrigação de retornar o ente lesado ao *status quo* anterior à ilicitude em termos patrimoniais, sendo esta a razão pela qual nunca esteve vedada.

A viabilidade de modulação do prazo para cumprimento de obrigações pecuniárias pelo acusado é reforçada pelo artigo 18, §4º, da LIA, com a redação conferida pela Lei nº 14.230/2021. De acordo com o dispositivo, o magistrado pode "autorizar o parcelamento, em até 48 (quarenta e oito) parcelas mensais corrigidas monetariamente, do débito resultante de condenação" se o réu demonstrar incapacidade financeira de saldá-lo de imediato.

Inclui-se no âmbito das composições possíveis, também, a celebração de Termo de Ajustamento de Conduta – TAC, com caráter não sancionatório e não extintivo do processo, para ajustar obrigações de fazer como a cessação da conduta ilícita, a desconstituição de atos

---

[85] "Mesmo ao tempo da vigência do §1º do art. 17 da Lei de Improbidade Administrativa, o dispositivo não se aplicava à parcela do objeto litigioso do processo relativa ao pedido ressarcitório/desconstitutivo" (DIDIER JR., Fredie; ZANETI JR., Hermes. *Curso de direito processual civil*: processo coletivo. 14. ed. Salvador: JusPodivm, 2020. p. 398).

[86] Conforme jurisprudência consolidada do Superior Tribunal de Justiça, o ressarcimento não constitui sanção propriamente dita, razão pela qual "deve vir acompanhada de pelo menos uma das sanções legais que, efetivamente, visam a reprimir a conduta ímproba e a evitar o cometimento de novas infrações" (AgRg no Agravo em Recurso Especial 606.352-SP, relatora Ministra Assusete Magalhães, julgado em 15-12-2015).

jurídicos inválidos decorrentes da prática ímproba ou a adoção de posturas prospectivas para retorno à legitimidade da situação fática objeto da ação de improbidade.

Nesse sentido, vale citar a Resolução nº 009, de 13 de setembro de 2021, do Colégio de Procuradores de Justiça do Ministério Público do Espírito Santo, que disciplina o acordo de não persecução civil no âmbito da instituição.[87] No artigo 1º, §4º, do ato normativo, prescreve-se que o advento do novo instrumento não impede a celebração de compromisso de ajustamento de conduta em matéria de patrimônio público, quando não se vislumbrar a ocorrência de improbidade administrativa ou for constatada a prescrição da respectiva pretensão sancionatória nos casos em que o ato ímprobo doloso ainda enseje ressarcimento, visando à reparação do erário ou à correção de irregularidades.

Como se verifica do dispositivo, a interpretação adotada pelo *Parquet* estadual é de que, após a modificação empreendida na Lei nº 8.429/1992, o compromisso de ajustamento de conduta ainda subsistiria na seara da improbidade com a finalidade específica de retorno à legalidade e recomposição do patrimônio lesado, ficando o sancionamento em si sob o objeto do acordo de não persecução cível.

Embora fosse cabível sustentar a viabilidade de composições dessa natureza, mesmo na vigência da redação anterior à edição da Lei nº 13.964/2019, é relevante o acréscimo constante no §10-A, do artigo 17, da LIA, pois consagra e sedimenta o espectro de composições possíveis, ainda que por via oblíqua, já que a redação do dispositivo se orienta, primordialmente, para o estabelecimento de hipótese de interrupção de prazo para contestação. Além disso, nesse universo de diversificadas ferramentas consensuais, mas singulares, cabe avaliar a específica funcionalidade de cada uma, como exposto no item 1.4 deste capítulo.

Por fim, não se pode excluir, ainda, a possibilidade de celebração de negócios jurídicos processuais, sujeitos à exame de validade pelo magistrado, nos termos do artigo 190 do Código de

---

[87] ESPÍRITO SANTO. Ministério Público do Estado do Espírito Santo. Resolução COPJ nº 009, de 13 de setembro de 2021. *Diário Oficial do MPES*, Vitória, ES, 14 set. 2021, com retificação no dia subsequente. Disponível em: https://www.mpes.mp.br/Arquivos/Anexos/2336e7cc-798d-4d8b-951c-402bee3367f9.pdf. Acesso em: 15 set. 2021.

Processo Civil, desde que as convenções não comprometam a tutela da probidade. A interrupção do prazo para a contestação também deve ser passível de ser postulada em busca de soluções negociadas dessa espécie.

À luz do exposto, é necessário pontuar que a introdução do acordo de não persecução civil na legislação teve efeitos específicos no domínio da improbidade, sobretudo pela confirmação do valor e das funções do consenso, que dirigem a interpretação e aplicação do instituto. Contudo, no que diz respeito às balizas e limites para celebração do instrumento, a alteração realizada pela Lei nº 13.964/2019 foi insuficiente, conforme será abordado no capítulo seguinte.

Após a edição da Lei nº 14.230/2021, que modificou a Lei nº 8.429/1992, é possível afirmar que a adaptação do domínio da improbidade aos contextos normativo e teórico mencionados neste capítulo foi corroborada, tendo em vista a continuidade da previsão da figura do acordo de não persecução na Lei, com disciplina um pouco mais minuciosa em dispositivo próprio (artigo 17-B). Da mesma forma, houve a reafirmação do valor e das funções do consenso para solução de litígios envolvendo a prática de ato ímprobo, valendo as observações feitas anteriormente.

A específica disciplina imposta pela Lei nº 14.230/2021, todavia, será demonstrada no próximo capítulo, com prévio mapeamento da trajetória de mudança das regras e o estado da arte vigente.

CAPÍTULO 2

DISCIPLINA NORMATIVA DO ACORDO DE NÃO PERSECUÇÃO CIVIL

2.1 Descrição dos preceptivos introduzidos pela Lei nº 13.964/2019 na Lei nº 8.429/1992 e aqueles vetados pela Presidência da República

A alteração promovida na Lei nº 8.429/1992 pelo "Pacote Anticrime" impôs a superação, em definitivo, da vedação à composição no domínio da improbidade administrativa, criando ferramenta própria para modulação de sanções via consenso.

Embora tenha sido prevista a possibilidade de entabular acordo de não persecução, o processo legislativo culminou em diminuta disciplina normativa expressa na Lei a respeito de objeto, condições, limites e demais balizas para celebração do instrumento.

Com efeito, a Lei nº 13.964/2019 realizou apenas duas modificações no texto da Lei nº 8.429/1992: (a) alterou a redação do §1º, do artigo 17, para prescrever que "as ações de que tratam este artigo admitem a celebração de acordo de não persecução cível, nos termos desta Lei"; e (b) acresceu o §10-A ao mesmo dispositivo, por força do qual "havendo a possibilidade de solução consensual, poderão as partes requerer ao juiz a interrupção do prazo para a contestação, por prazo não superior a 90 (noventa) dias". Afora os preceptivos citados, o diploma legal não introduziu norma jurídica expressa na LIA que disciplinasse os termos em que se daria a celebração do acordo de não persecução cível.

O histórico do processo legislativo do Pacote Anticrime remonta ao Projeto de Lei nº 882/2019, apresentado pelo Poder Executivo federal e que propunha, entre outras medidas, a revogação da antiga proibição do §1º, do artigo 17, da LIA. Encaminhada à apreciação da Câmara dos Deputados, a proposta foi apensada ao Projeto de Lei nº 10.372/2018, que previa alterações na legislação penal e processual penal. Contudo, retirou-se a referência à celebração de acordo no âmbito da improbidade administrativa.

No Senado Federal, a matéria foi reinserida no Projeto de Lei nº 6.341/2019. O texto proposto continha previsão: (i) do acordo de não persecução cível, a ser celebrado exclusivamente pelo Ministério Público, (ii) de interrupção do prazo para contestar, havendo possibilidade de solução consensual, nos moldes da atual redação e (iii) de alguns requisitos para celebração do ajuste, acrescendo dispositivo à LIA com a seguinte redação:

> Artigo 17-A. O Ministério Público poderá, conforme as circunstâncias do caso concreto, celebrar acordo de não persecução cível, desde que, ao menos, advenham os seguintes resultados: I – o integral ressarcimento do dano; II – a reversão, à pessoa jurídica lesada, da vantagem indevida obtida, ainda que oriunda de agentes privados; III – o pagamento de multa de até 20% (vinte por cento) do valor do dano ou da vantagem auferida, atendendo a situação econômica do agente. §1º Em qualquer caso, a celebração do acordo levará em conta a personalidade do agente, a natureza, as circunstâncias, a gravidade e a repercussão social do ato de improbidade, bem como as vantagens, para o interesse público, na rápida solução do caso. §2º O acordo também poderá ser celebrado no curso de ação de improbidade. §3º As negociações para a celebração do acordo ocorrerão entre o Ministério Público e o investigado ou demandado e o seu defensor. §4º O acordo celebrado pelo órgão do Ministério Público com atribuição, no plano judicial ou extrajudicial, deve ser objeto de aprovação, no prazo de até 60 (sessenta) dias, pelo órgão competente para apreciar as promoções de arquivamento do inquérito civil. §5º Cumprido o disposto no §4º deste artigo, o acordo será encaminhado ao juízo competente para fins de homologação.

Conforme se verifica do texto do artigo 17-A, a proposta do Legislativo fixava as seguintes condições mínimas para o acordo: integral ressarcimento do dano, reversão de eventual vantagem indevida obtida pelo agente à pessoa jurídica lesada e pagamento de multa de 20% (vinte por cento) sobre o valor do dano ou enriquecimento ilícito auferido. Dispunha, ainda, sobre parâmetros para dosimetria das sanções ajustadas, elencando, de um lado, critérios como personalidade do agente, a natureza, as circunstâncias, a gravidade e a repercussão social do ato ímprobo e, de outro, as vantagens, para o interesse público, na rápida solução do conflito. Estipulou-se, outrossim, a necessidade de homologação judicial do acordo.

A redação contida no Projeto de Lei do Senado foi encaminhada para sanção da Presidência da República, que opôs veto ao único artigo contendo especificação dos termos reputados adequados para celebração do acordo. Conforme a mensagem nº 726, de 24 de dezembro de 2019, o Presidente vetou o artigo 17-A, por considerar contrária ao interesse público e à segurança jurídica a exclusão da competência do ente público lesado para firmar acordo de não persecução cível.[88]

De fato, a previsão de que somente o Ministério Público pudesse entabular o instrumento com agentes infratores seria integralmente incompatível com o *caput* do artigo 17 – inalterado pela propositura –, por cuja força se conferia legitimidade concorrente e disjuntiva ao *Parquet* e à pessoa jurídica lesada para o aforamento de ações de improbidade administrativa. No mais, seria incongruente com o microssistema de tutela da probidade, pois a pessoa jurídica detém igual legitimidade no campo da responsabilização disposta na Lei nº 12.846/2013 e para ajustamento de acordo de leniência.

A restrição da competência para firmar acordo ao Ministério Público reduziria, de modo desarrazoado e ineficiente, a própria legitimidade da pessoa jurídica lesada na busca do sancionamento

---

[88] Consta da mensagem a seguinte razão do veto: "A propositura legislativa, ao determinar que caberá ao Ministério Público a celebração de acordo de não persecução cível nas ações de improbidade administrativa, contraria o interesse público e gera insegurança jurídica ao ser incongruente com o art. 17 da própria Lei de Improbidade Administrativa, que se mantém inalterado, o qual dispõe que a ação judicial pela prática de ato de improbidade administrativa pode ser proposta pelo Ministério Público e/ou pessoa jurídica interessada leia-se, aqui, pessoa jurídica de direito público vítima do ato de improbidade. Assim, excluir o ente público lesado da possibilidade de celebração do acordo de não persecução cível representa retrocesso da matéria, haja vista se tratar de real interessado na finalização da demanda, além de não se apresentar harmônico com o sistema jurídico vigente" (BRASIL. *Mensagem nº 726, de 24 de dezembro de 2019*. Portal da legislação, Brasília, DF, dez. 2019. Disponível em http://www.planalto.gov.br/ccivil_03/_ato2019-2022/2019/Msg/VEP/VEP-726.htm. Acesso em: 15 ago. 2021).

de infratores à Lei nº 8.429/1992, pois lhe imporia a necessária via judicial para responsabilização, ainda que houvesse interesse e vantajosidade na solução pacífica, consensual, célere e adequada do litígio. A proposta infligiria, por consequência, gravame ao enfrentamento da improbidade por parte dos entes públicos.

A Presidência da República imprimiu, ainda, justificativa de veto específica para o §2º, do artigo 17-A, que prescrevia a viabilidade de acordo no curso da ação prevista na Lei nº 8.429/1992. A disposição normativa foi reputada contrária ao interesse público e à efetividade da transação e do alcance de melhores resultados, "uma vez que o agente infrator estaria sendo incentivado a continuar no trâmite da ação judicial, visto que disporia, por lei, de um instrumento futuro com possibilidade de transação". A motivação enunciada deve ser enfrentada para se concluir acerca da existência ou não de eventual marco temporal para celebração do ajuste, visto que poderia sugerir a restrição da composição ao momento anterior ao ajuizamento da ação de improbidade, conforme será retomado adiante.

Expõe-se essa cadeia de eventos no aludido processo legislativo para assinalar que, com os vetos cominados à Lei nº 13.964/2019, deixaram de ser veiculados mínimos parâmetros para adoção da ferramenta no âmbito da Lei nº 8.429/1992.

Diversas matérias não foram objeto de regramento explícito pelo legislador ao criar o acordo de não persecução civil, como (i) hipóteses de cabimento do ajuste; (ii) definição de eventual conteúdo sancionatório mínimo; (iii) critérios a serem observados na delimitação das obrigações do colaborador; (iv) limites ou possíveis impedimentos (objetivos e subjetivos) para composição; (v) necessidade ou não de homologação judicial, entre tantas outras. De toda forma, mesmo diante do quadro normativo imposto pela Lei nº 13.964/2019, era viável a implementação do acordo de não persecução civil pelos órgãos públicos legitimados.

No entanto, a adequada efetivação do instituto exigia do intérprete, em primeiro lugar, a identificação das normas da própria LIA que permitiam nortear a celebração do instrumento. Além disso, se constatada lacuna, era necessária a tarefa de colmatação para preencher eventuais vazios em assuntos não regulados de forma expressa na Lei, o que, por sua vez, demandava a definição de quais normas poderiam servir de auxílio à integração do direito via analogia. A delimitação das fontes normativas para preenchimento das lacunas nesta matéria é essencial para conferir segurança jurídica, coerência e previsibilidade à adoção da ferramenta consensual.

Essa tarefa hermenêutica também deveria ser empreendida à luz do contexto teórico da consensualidade no âmbito da improbidade administrativa e sob o influxo das múltiplas funções de interesse público almejadas pela figura do acordo de não persecução civil.

2.2 Normas de integração possíveis para o enfrentamento da diminuta disciplina introduzida pela Lei nº 13.964/2019

Como exposto, não constaram na Lei nº 13.964/2019 contornos que balizassem a celebração do instrumento consensual inserido na LIA. Em virtude da ausência de disciplina legal para a hipótese, haveria um universo amplo de normas jurídicas, de distintas áreas do Direito, que poderia servir como meio supletivo de pontuais lacunas.

Nesse sentido, a doutrina e os órgãos públicos legitimados passaram a se debruçar sobre quais normas de integração seriam viáveis para auxiliar na tarefa de interpretação do instituto, com o objetivo de fixar balizamentos na sua aplicação. É útil, portanto, examinar as distintas teses desenvolvidas, pois, mesmo diante da Lei nº 14.230/2021, que alterou novamente o acordo de não persecução civil, remanescem pontos não disciplinados expressamente na LIA.

Há autores que sustentaram a integração por meio das mais variadas fontes, como o diálogo com o microssistema penal, por exemplo. Nesse sentido, seriam aplicáveis os contornos oriundos da legislação correlata, despontando os requisitos previstos para o acordo de não persecução penal, inserido no artigo 28-A do Código de Processo Penal,[89] também pelo "Pacote Anticrime".

---

[89] "Art. 28-A. Não sendo caso de arquivamento e tendo o investigado confessado formal e circunstancialmente a prática de infração penal sem violência ou grave ameaça e com pena mínima inferior a 4 (quatro) anos, o Ministério Público poderá propor acordo de não persecução penal, desde que necessário e suficiente para reprovação e prevenção do crime, mediante as seguintes condições ajustadas cumulativa e alternativamente:
I – reparar o dano ou restituir a coisa à vítima, exceto na impossibilidade de fazê-lo;
II – renunciar voluntariamente a bens e direitos indicados pelo Ministério Público como

Renato de Lima Castro seguiu esta linha, indicando como fundamento para a confluência dos microssistemas a proximidade derivada do fato ilícito comum da corrupção, que uniria as vertentes penal, civil e administrativa e legitimaria a utilização de critérios por disposição processual penal. Adiciona, ainda, em favor da tese, a

---

instrumentos, produto ou proveito do crime; III – prestar serviço à comunidade ou a entidades públicas por período correspondente à pena mínima cominada ao delito diminuída de um a dois terços, em local a ser indicado pelo juízo da execução, na forma do art. 46 do Decreto-Lei nº 2.848, de 7 de dezembro de 1940 (Código Penal); IV – pagar prestação pecuniária, a ser estipulada nos termos do art. 45 do Decreto-Lei nº 2.848, de 7 de dezembro de 1940 (Código Penal), a entidade pública ou de interesse social, a ser indicada pelo juízo da execução, que tenha, preferencialmente, como função proteger bens jurídicos iguais ou semelhantes aos aparentemente lesados pelo delito; ou V – cumprir, por prazo determinado, outra condição indicada pelo Ministério Público, desde que proporcional e compatível com a infração penal imputada. §1º Para aferição da pena mínima cominada ao delito a que se refere o *caput* deste artigo, serão consideradas as causas de aumento e diminuição aplicáveis ao caso concreto. §2º O disposto no *caput* deste artigo não se aplica nas seguintes hipóteses: I – se for cabível transação penal de competência dos Juizados Especiais Criminais, nos termos da lei; II – se o investigado for reincidente ou se houver elementos probatórios que indiquem conduta criminal habitual, reiterada ou profissional, exceto se insignificantes as infrações penais pretéritas; III – ter sido o agente beneficiado nos 5 (cinco) anos anteriores ao cometimento da infração, em acordo de não persecução penal, transação penal ou suspensão condicional do processo; e IV – nos crimes praticados no âmbito de violência doméstica ou familiar, ou praticados contra a mulher por razões da condição de sexo feminino, em favor do agressor. §3º O acordo de não persecução penal será formalizado por escrito e será firmado pelo membro do Ministério Público, pelo investigado e por seu defensor. §4º Para a homologação do acordo de não persecução penal, será realizada audiência na qual o juiz deverá verificar a sua voluntariedade, por meio da oitiva do investigado na presença do seu defensor, e sua legalidade. §5º Se o juiz considerar inadequadas, insuficientes ou abusivas as condições dispostas no acordo de não persecução penal, devolverá os autos ao Ministério Público para que seja reformulada a proposta de acordo, com concordância do investigado e seu defensor. §6º Homologado judicialmente o acordo de não persecução penal, o juiz devolverá os autos ao Ministério Público para que inicie sua execução perante o juízo de execução penal. §7º O juiz poderá recusar homologação à proposta que não atender aos requisitos legais ou quando não for realizada a adequação a que se refere o §5º deste artigo. §8º Recusada a homologação, o juiz devolverá os autos ao Ministério Público para a análise da necessidade de complementação das investigações ou o oferecimento da denúncia. §9º A vítima será intimada da homologação do acordo de não persecução penal e de seu descumprimento. §10. Descumpridas quaisquer das condições estipuladas no acordo de não persecução penal, o Ministério Público deverá comunicar ao juízo, para fins de sua rescisão e posterior oferecimento de denúncia. §11. O descumprimento do acordo de não persecução penal pelo investigado também poderá ser utilizado pelo Ministério Público como justificativa para o eventual não oferecimento de suspensão condicional do processo. §12. A celebração e o cumprimento do acordo de não persecução penal não constarão de certidão de antecedentes criminais, exceto para os fins previstos no inciso III do §2º deste artigo. §13. Cumprido integralmente o acordo de não persecução penal, o juízo competente decretará a extinção de punibilidade. §14. No caso de recusa, por parte do Ministério Público, em propor o acordo de não persecução penal, o investigado poderá requerer a remessa dos autos a órgão superior, na forma do art. 28 deste Código."

unidade do poder de punir do Estado e a possibilidade de restrição ou limitação de bens ou direitos.[90]

Houve quem pugnou, por outro lado, pela remissão às regras legais e infralegais que disciplinam o regime jurídico do termo de ajustamento de conduta. Incidiriam, assim, as disposições constantes no artigo 5º, §6º, da Lei nº 7.347/85 e no artigo 1º, §2º, da Resolução nº 179/2017 do Conselho Nacional do Ministério Público.[91] Esta última, como indicado no capítulo 1, já era utilizada como fundamento para ajustamento de acordo em matéria de improbidade, desde que observados o ressarcimento ao erário e a aplicação de ao menos uma sanção prevista em lei.

Outra vertente possível seria a aplicação das regras e princípios inerentes ao próprio microssistema de tutela da probidade administrativa, adstrito às Leis nº 8.429/1992 e nº 12.846/2013, em virtude da unidade de fundamento constitucional que reúne os diplomas legais e a identidade do bem jurídico tutelado. Neste campo, sobressairiam as disposições atinentes ao acordo de leniência da Lei Anticorrupção. Para além dessas normas, poder-se-ia utilizar prescrições integrantes do Direito Administrativo Sancionador, cuja identidade de motivo permita a aplicação ao domínio mais restrito da improbidade.

Igor Pereira Pinheiro apresenta quarto posicionamento sobre o tema. Aduz que o juízo de integração deveria se dar "entre as normas do microssistema processual coletivo, do qual a Lei nº 8.429/1992 faz parte".[92] O autor elenca entre tais normas a Lei de Ação Popular, a Lei de Ação Civil Pública, o Código do Consumidor e a própria Lei de Improbidade, citando precedente do Superior Tribunal de Justiça que reconhece a suposta subsunção dos diplomas legais a um único sistema.

---

[90] CASTRO, Renato de Lima. Acordo de não persecução cível na lei de improbidade administrativa. *In*: CAMBI, Eduardo; SILVA, Danni Sales; MARINELA, Fernanda (org.). *Pacote anticrime*. Curitiba: Escola Superior do MPPR, 2020. p. 258-259. v. 1.

[91] Conforme referido em: CAMBI, Eduardo; LIMA, Diogo de Araújo; NOVAK; Mariana Sartori. Reflexões sobre regime jurídico do acordo de não persecução cível. *In*: CAMBI, Eduardo; SILVA, Danni Sales; MARINELA, Fernanda (org.). *Pacote anticrime*. Curitiba: Escola Superior do MPPR, 2020. p. 70. v. 1.

[92] PINHEIRO, Igor Pereira. Acordo de não persecução cível. *In*: CAVALCANTE, André Clark Nunes *et al*. *Lei anticrime comentada*. Leme, SP: JH Mizuno, 2020. p. 137-138.

No mesmo estudo, aponta que "a analogia deve ser operada, prioritariamente, mas não exclusivamente, com as leis cíveis que versam sobre a possibilidade de autocomposição no âmbito do Direito Público",[93] tais como: a Lei de Introdução às Normas do Direito Público, nos termos do artigo 26, a Lei de Ação Civil Pública, com a previsão do TAC, e a Lei nº 13.140/2015, que versa sobre autocomposição de controvérsias na Administração Pública.

O autor acresce a possibilidade de importar os impedimentos objetivos e subjetivos previstos para o acordo de não persecução penal para o âmbito do acordo indicado na LIA. A adotar-se esta linha, o instrumento estaria vedado, por exemplo, na hipótese de o agente já ter sido beneficiado com a solução consensual nos cinco anos anteriores e em caso de reincidência ou indícios de conduta ilícita habitual; circunstâncias que não foram positivadas pela Lei nº 13.964/2019 como proibitivas, mas que constam na disciplina do instituto paralelo na esfera criminal.

O entendimento endossado pelo autor foi acolhido em Nota Técnica do Ministério Público do Estado do Ceará. De acordo com o documento, recomenda-se a utilização das Leis nº 7.347/85 (LACP) e nº 13.140/2015 como paradigmas para integração, sem prejuízo "de outras fontes – como, no caso, as Resoluções do Conselho Nacional do Ministério Público" e a "analogia com o Acordo de Não Persecução Criminal – onde cabível".[94]

O Ministério Público do Estado da Bahia também emitiu orientações neste tema, entre elas a de que eventuais aspectos do acordo não disciplinados pela própria Lei nº 8.429/1992 deveriam ser "colmatados pelas Leis Federais nº 7.347/1985, 8.078/1990, 4.171/1995, 12.846/2013, pela Resolução nº 179/2017, do Conselho Nacional do Ministério Público, bem como por todos os demais atos normativos que compõem essa província normativa".[95] Em Nota

---

[93] *Ibidem*, p. 138.
[94] CEARÁ. Ministério Público do Estado do Ceará. Centro de Apoio Operacional da Defesa do Patrimônio Público e da Moralidade Administrativa. *Nota Técnica CAODPP/MPCE nº 001/2020*. Fortaleza: MPCE, 2020. Disponível em: http://www.mpce.mp.br/wp-content/uploads/2020/02/11fev20_CAODPP_nota-tecnica-acordo-n%C3%A3o-persecu%C3%A7%C3%A3o-civel.pdf. Acesso em: 14 jun. 2020.
[95] BRASIL. Ministério Público do Estado da Bahia. Centro de Apoio Operacional às Promotorias de Proteção à Moralidade Administrativa. [Orientações acordo de não persecução cível]. Salvador: CAOPAM; MPBA, [2020?]. Disponível em: https://

Técnica CAOPAM/MPBA nº 01/20, do mesmo órgão, afirma-se que não deve haver remissão às normas processuais penais, visto que o "referencial integrativo estipulado é a Lei Federal nº 8.429/1992, a qual, por sua vez, é complementada pelas demais normas do microssistema de tutela coletiva".[96]

Em sentido similar, o Ministério Público do Estado de São Paulo expediu Nota Técnica reconhecendo a incidência das normas gerais previstas na Resolução nº 179/2017 do Conselho Nacional do Ministério Público, bem como a aplicação, em caráter complementar, caso subsista lacuna, de outras normas que integram o microssistema de tutela coletiva, "com destaque para as seguintes Leis: 7.347/1985 (Lei da Ação Civil Pública), 8.078/1990 (Código de Defesa do Consumidor) e 12.846/2013 (Lei Anticorrupção Empresarial)".[97]

O Ministério Público do Estado de Pernambuco, por sua vez, em Resolução[98] editada para regulamentar parâmetros materiais e procedimentais para realização de acordo de não persecução civil, entendeu pertinente a aplicação de regras específicas previstas para a colaboração premiada, importando dispositivos da Lei nº 12.850/2013.[99]

Conforme será demonstrado adiante, a partir da edição do Pacote Anticrime, diversos órgãos legitimados, de diferentes unidades federadas, expediram orientações e atos normativos visando

---

infomail.mpba.mp.br/wp-content/uploads/2020/03/enunciados-acordo-de-n%c3%a3o-persecu%c3%a7%c3%a3o-c%c3%advel-2.pdf. Acesso em: 14 jun. 2020.

[96] BAHIA. Ministério Público do Estado da Bahia. Centro de Apoio Operacional às Promotorias de Proteção à Moralidade Administrativa. *Nota Técnica CAOPAM/MPBA nº 01/20*. Salvador: CAOPAM; MPBA, 2020. Disponível em: https://infomail.mpba.mp.br/wp-content/uploads/2020/03/Nota-T%c3%a9cnica-01-20-CAOPAM-acordo-de-n%c3%a3o-persecu%c3%a7%c3%a3o-c%c3%advel.pdf. Acesso em: 14 jun. 2020.

[97] SÃO PAULO (Estado). Ministério Público do Estado de São Paulo. Centro Apoio Operacional Cível e Tutela Coletiva. *Nota Técnica CAOPP/MPSP nº 02/2020*. São Paulo: MPSP, 2020. Disponível em: http://www.mpsp.mp.br/portal/pls/portal/!PORTAL.wwpob_page.show?_docname=2678080.PDF. Acesso em: 15 set. 2021.

[98] PERNAMBUCO. Ministério Público do Estado de Pernambuco. Conselho Superior do Ministério Público. *Resolução nº 01/2020*. Recife: MPPE, 2020. Disponível em: https://www.mppe.mp.br/mppe/institucional/caops/caop-patrimonio-publico/material-apoio-caop-patrimonio-publico/category/84-legislacao?download=10289:resolucao-csmp-n-01-2020. Acesso em: 15 set. 2021.

[99] Especificamente o previsto nos artigos 3º-A, 3º-B, 3º-C, §§1º, 3º, 4º, 10, 14 e 15 do artigo 4º e artigo 4º-A, da Lei nº 12.850/2013.

complementar a normatividade do acordo de não persecução civil, com especificação de parâmetros e fixação das normas que deveriam ser adotadas para colmatação de aspectos não disciplinados pela Lei nº 13.964/2019.

Como se infere de alguns dos posicionamentos expostos, as propostas de integração normativa foram variadas, apresentando-se uma gama de diplomas legais como alegados meios supletivos em favor da celebração do acordo de não persecução civil. A definição de quais normas seriam fontes para estabelecimento dos contornos do instrumento era fundamental, pois a partir dessa construção hermenêutica adviriam consequências concretas para o alcance do acordo, em vista dos diferentes conteúdos normativos a serem transpostos para a seara da improbidade.

Não se busca encerrar neste livro, com pretensão de definitividade, o quadro de disposições legais que possa servir de apoio à interpretação e aplicação do acordo. Contudo, é relevante notar, em primeiro lugar, a existência de parâmetros no ordenamento jurídico que permitem a adequada efetivação do instrumento, nomeadamente as regras e princípios integrantes do domínio da improbidade (Leis nº 8.429/1992 e nº 12.846/2013).

Essas normas devem ser ponto de partida e arrimo para compreensão do acordo de não persecução civil, considerando, como já exposto, a comunhão de domínio punitivo que une ambas as Leis. Além da identidade de diversos tipos previstos nos artigos 9º a 11 da LIA e 5º da LAC, os diplomas legais se interseccionam na perspectiva do bem jurídico tutelado e do fundamento constitucional, que são a moralidade e a probidade administrativas.

Se há lacuna normativa[100] – que pode ser identificada até mesmo diante do novo regramento introduzido pela Lei nº 14.230/2021 – ou aspectos não disciplinados de forma explícita para determinada hipótese, cabe recorrer, via analogia, a normas jurídicas com identidade de motivo, despontando, para este fim, aquelas integrantes das Leis nº 8.429/1992 e nº 12.846/2013.

---

[100] Por lacuna normativa, compreende-se a hipótese de ausência de norma sobre determinado caso, situação que difere das lacunas ontológica (quando há norma, mas esta não corresponde aos fatos sociais) e axiológica (no caso de ausência de norma justa) (DINIZ, Maria Helena. *As lacunas no direito*. 7. ed. São Paulo: Saraiva, 2002. p. 95).

Do exame do regramento do acordo de leniência, já era possível identificar algumas noções aplicáveis e prestantes à compreensão preliminar da estrutura lógica e das finalidades do acordo de não persecução civil. Conforme dispõe o artigo 16 da Lei nº 12.846/2013, autoriza-se a composição no âmbito da atividade punitiva decorrente do cometimento de atos lesivos à Administração Pública. O colaborador pode ajustar com o Estado o reconhecimento dos ilícitos praticados, contribuir para a investigação, pagar por sanções e, quando for o caso, pelo dano ao erário. Por outro lado, em vista da colaboração propiciada e da solução definitiva e pacífica do conflito, confere-se a ele a isenção de determinadas sanções ou a atenuação de outras, que, a princípio, poderiam ser aplicadas integralmente.

O acordo estrutura-se, formalmente, sob essa dialética e nesta específica relação/atividade jurídico-administrativa, de caráter sancionatório. É certo que outras espécies de acordo contêm logicidade similar, entre eles os apontados no capítulo 1 deste livro (como o acordo de leniência previsto na Lei nº 12.527/2011, por exemplo), mas é fundamental partir do ajuste criado pela Lei nº 12.846/2013, em virtude de sua conexão com a Lei nº 8.429/1992, no tocante aos bens jurídicos tutelados.

Para além da lógica formal enunciada, o que releva notar do regramento previsto na LAC são as suas funções e finalidades. A racionalidade contida no acordo de leniência é a conformação das consequências impostas pela legislação ao cometimento do ilícito. O instrumento consensual é uma das repostas da ordem jurídica para a prática de ato lesivo, cabendo no seu conteúdo cláusulas acordadas em medida proporcional à repressão e prevenção dos ilícitos. No caso específico da leniência, essa medida é colorida pela contribuição efetiva à investigação e responsabilização dos demais agentes envolvidos, quando cabível.

Tais finalidades são também aplicáveis ao acordo de não persecução civil. Por meio de composição em matéria de improbidade, é lícito articular a aplicação das sanções previstas no artigo 12 da Lei nº 8.429/1992, com origem no artigo 37, §4º, da Constituição da República. O ordenamento atribuiu severo sancionamento à conduta ímproba, visando reprimir e prevenir a prática. Por outro lado, confere, agora, simultaneamente, ferramenta para que seja modulada a extensão da punição.

Essa tarefa exige avaliação da efetividade-adequação da pena ajustada em face de critérios como a gravidade da conduta, extensão do dano causado, proveito patrimonial obtido pelo agente, circunstâncias agravantes e atenuantes, atuação do agente em minorar os prejuízos e as consequências advindas do seu comportamento etc., pois constituem elementos indicados nos artigos 12 e 17-C, IV, da própria Lei de Improbidade Administrativa, além do novo artigo 17-B, introduzido pela Lei nº 14.230/2021. Somam-se a esses critérios outros extraíveis do microssistema, notadamente no artigo 7º, da LAC,[101] que enuncia parâmetros para fixação das penas.

A aludida ponderação é realizada em vista, também, de fins implícitos na norma autorizadora de acordo, como a rápida e efetiva solução do conflito, a economia de recursos públicos – entre outras já mencionadas anteriormente – e finalidades específicas do campo da improbidade, como o incremento da persecução e o retorno de valores desviados do Poder Público pela conduta ímproba. Todos esses elementos se apresentam com peso relevante para a análise da vantajosidade do acordo em oposição à judicialização do sancionamento. Assim, mesmo antes da edição da Lei nº 14.230/2021, existem balizas no sistema jurídico que orientam, minimamente, eventual ajuste no bojo da Lei nº 8.429/1992.

Além dos dispositivos inseridos na LIA e na LAC, aplicam-se, também, normas integrantes do Direito Administrativo Sancionador, "sobretudo os princípios da proporcionalidade, razoabilidade, eficiência e culpabilidade", como aponta Renata Lane.[102] É também por força desses comandos normativos que o sancionamento

---

[101] "Art. 7º Serão levados em consideração na aplicação das sanções: I – a gravidade da infração; II – a vantagem auferida ou pretendida pelo infrator; III – a consumação ou não da infração; IV – o grau de lesão ou perigo de lesão; V – o efeito negativo produzido pela infração; VI – a situação econômica do infrator; VII – a cooperação da pessoa jurídica para a apuração das infrações; VIII – a existência de mecanismos e procedimentos internos de integridade, auditoria e incentivo à denúncia de irregularidades e a aplicação efetiva de códigos de ética e de conduta no âmbito da pessoa jurídica; IX – o valor dos contratos mantidos pela pessoa jurídica com o órgão ou entidade pública lesados; e X – (VETADO). Parágrafo único. Os parâmetros de avaliação de mecanismos e procedimentos previstos no inciso VIII do *caput* serão estabelecidos em regulamento do Poder Executivo federal."

[102] LANE, Renata. *Acordos na improbidade administrativa*: termo de ajustamento de conduta, acordo de não persecução cível e acordo de leniência. Rio de Janeiro: Lumen Juris, 2021. p. 173-174.

ajustado deve ser adequado e suficiente para reprimir e prevenir a improbidade, observando, ainda, elementos pessoais do agente infrator, que interfiram na reprovabilidade da conduta, em atendimento à culpabilidade e ao caráter subjetivo da responsabilidade em questão. Note-se, aliás, que a nova redação conferida ao artigo 1º, §4º, da Lei nº 8.429/1992 impõe, de forma expressa, a incidência dos princípios constitucionais do Direito Administrativo Sancionador.

Em rigor, incidem esses princípios por imposição constitucional, cabendo acrescer os da legalidade, impessoalidade, moralidade e publicidade. A legalidade é baliza central para delimitação do alcance das sanções e obrigações passíveis de serem acordadas. A impessoalidade e a publicidade exigem dos órgãos legitimados tratamento isonômico e imparcial para infratores que desejem transacionar, na medida das circunstâncias particulares de cada um, de natureza pessoal e objetiva, em respeito a precedentes adotados para casos similares e com regime de transparência dos acordos firmados, ressalvadas as hipóteses de sigilo constitucionalmente asseguradas. Essas correlações com os princípios citados serão abordadas neste livro no exame do objeto e condições para celebração do acordo de não persecução civil.

O que se busca realçar, por ora, é que o caminho mais adequado para compreensão do instituto, sob o ponto de vista da coerência sistêmica, parece ser o de interpretá-lo a partir das normas que integram as Leis nº 8.429/1992 e nº 12.846/2013, e não pela analogia a regras e princípios estranhos a esse domínio, como aquelas inseridas do Direito Penal ou Processual Penal.

Nesse sentido, entendiam Luiz Manoel Gomes Junior e Rogerio Favreto ao tratar do cenário normativo vigente até o Pacote Anticrime: "a incidência da regra do §1º, do artigo 17, da Lei de Improbidade Administrativa deve ser aplicada com as diretrizes da Lei nº 12.846/2013", em virtude da necessidade de interpretação sistemática dos diplomas legais no microssistema em que estão inseridos, por sua unicidade e coerência. Os autores sugeriam, ainda, a aplicação, para o acordo de não persecução, dos elementos essenciais exigidos no artigo 16 da Lei Anticorrupção.[103]

---

[103] GAJARDONI, Fernando da Fonseca *et al*. *Comentários à Lei de Improbidade Administrativa*: Lei 8.429, de 02 de junho de 1992. 4. ed. São Paulo: Thomson Reuters Brasil, 2020. p. 367-368.

A importação da noção e da disciplina do TAC também comporta limitações, na medida em que, tradicionalmente, a figura não possui conteúdo sancionatório, tendo sido utilizada, com fundamento na Lei nº 7.347/1985, para estabelecimento de obrigações de fazer, não fazer e pagamento de valores a título de reparação, no bojo da tutela dos direitos difusos e coletivos. A respeito da natureza do compromisso de ajustamento de conduta previsto na citada Lei, vale transcrever posição de Fredie Didier Jr. e Hermes Zaneti Jr.:[104]

> A Lei de Ação Civil Pública (artigo 5º, §6º, da Lei nº 7.347/1985), modificada pelo Código de Defesa do Consumidor, instituiu o chamado compromisso de ajustamento de conduta, negócio jurídico extrajudicial com força de título executivo, celebrado por escrito entre os órgãos públicos legitimados à proteção dos interesses tutelados pela lei e os futuros réus dessas respectivas ações (...). Contudo, quer se adote essa ou aquela concepção, o certo é que se trata de modalidade de acordo, com nítida finalidade conciliatória, na qual ocorre a interpretação do direito a ser aplicado e a fixação do tempo, modo e local para o seu adimplemento, sem que ocorram concessões quanto ao fundo indisponível do direito material.

Cabe acrescer que, como fonte legal, o dispositivo da Lei de Ação Civil Pública é genérico e traz singela disciplina do próprio instrumento. A LINDB, por meio do seu artigo 26, multicitado, seria até mais apropriada para fornecer balizas do que a Lei nº 7.347/1985.

O descompasso do recurso às normas regentes do TAC é agravado pela circunstância de que existe instrumento, bem delineado na Lei nº 12.846/2013 – o acordo de leniência –, que serviria ao intérprete na compreensão da racionalidade do acordo de não persecução civil, como instituto voltado à solução consensual em matéria sancionatória e resposta da ordem jurídica à prática ilícita.

A linha defendida aproxima-se, parcialmente, da proposta de Raphael de Matos Cardoso, para quem o vazio normativo de parâmetros para celebração do acordo de não persecução civil poderia ser ocupado, a princípio, por três disciplinas positivadas: as disposições relativas ao acordo de não persecução penal, aquelas

---

[104] DIDIER JR., Fredie; ZANETI JR., Hermes. *Curso de direito processual civil*: processo coletivo. 14. ed. Salvador: JusPodivm, 2020. p. 380-381.

regentes do acordo de leniência ou a LINDB, por meio do citado dispositivo. De acordo com o autor, todavia, nenhuma das três soluções seria adequada, conforme se extrai da seguinte passagem:

> Os dispositivos aplicados ao acordo de não persecução penal não são compatíveis com as características da ação de improbidade administrativa, basta lermos os requisitos e condições disciplinados na Lei nº 13.964/2019 para identificarmos as dificuldades de transpor as mesmas condições ao acordo de não persecução cível. O arcabouço relativo ao acordo de leniência, embora se aproxime da ação de improbidade, tendo em vista tutelar o mesmo bem, ainda assim não preenche as lacunas, uma vez que, além de insuficiente, o acordo de leniência se destina somente à pessoa jurídica, e as sanções previstas na LAC são diferentes daquelas prescritas pela LIA. Por fim, a disciplina da LINDB é insuficiente e demasiadamente genérica.[105]

Como justificativas para a suposta inadequação da analogia às normas regentes do acordo de leniência, o autor indica a circunstância de que o instrumento se destinaria somente à pessoa jurídica e a diferença entre as sanções prescritas na LIA e na LAC. Discorda-se neste ponto, pois a previsão de celebração do acordo de leniência por pessoa jurídica não é fator diferencial substantivo para afastar a similaridade entre os institutos, como demonstrado anteriormente. No mais, pessoas jurídicas também podem ser responsabilizadas no âmbito da Lei nº 8.429/1992, na qualidade de terceiras, nos termos do artigo 3º do diploma legal, podendo igualmente ter interesse em acordo neste campo.

Com relação à diferença entre as penas previstas, esta é apenas parcial e relaciona-se à natural inaplicabilidade de certas sanções às pessoas jurídicas, em virtude de sua natureza, como a perda da função pública e a suspensão de direitos políticos, impostas somente pela Lei de Improbidade. Há identidade entre as Leis, por exemplo, no tocante (i) ao perdimento de bens, direitos ou valores indevidamente auferidos (artigo 12, I e II, da LIA e artigo 19, I, da LAC), (ii) à proibição de receber benefícios ou incentivos fiscais ou creditícios (prevista nos três incisos do artigo 12 da LIA e em parte compreendida pela sanção

---

[105] CARDOSO, Raphael de Matos. Acordo de não persecução cível: limites e condições. *Boletim Científico – Escola Superior do Ministério Público da União*, Brasília, DF, ano 20, n. 56, p. 324-326, jan./jun. 2021.

do artigo 19, inciso IV, da LAC)[106] e (iii) à multa, ainda que no âmbito da Lei nº 12.846/2013 a cominação tenha como parâmetro distinto, qual seja, o faturamento bruto da pessoa jurídica.[107] É evidente que as diferenças entre as penalidades tornam inviável a aplicação literal, *ipsis litteris*, do artigo 16 da Lei Anticorrupção, uma vez que o dispositivo autoriza a isenção e a atenuação daquelas sanções que foram estabelecidas na própria LAC.[108] Não se cogita de aplicar, no âmbito do acordo de não persecução civil, o afastamento de sanções que não estão sequer previstas na Lei de Improbidade, mas de ajustar penalidades indicadas no próprio diploma, como sucede no paralelo instituto da Lei nº 12.846/2013. É nessa simetria que reside a utilidade da analogia.

As distinções entre as penas de cada Lei, ainda que existentes, não afastam a identidade de bem jurídico tutelado, como afirma o próprio autor, e a função específica do acordo em matéria sancionatória.

Não obstante a suposta insuficiência das previsões a respeito do acordo de leniência, o autor acaba por concluir que estas "seriam a melhor forma de preencher a lacuna deixada na LIA", reconhecendo que a ferramenta seria a mais próxima do acordo de não persecução civil. Aduz, ao fim, que ambos são acordos integrativos e visam tratar das repercussões dos atos praticados, mediante concessões recíprocas, "na medida em que o poder público, de um lado, exerce sua competência punitiva de forma não coercitiva e reduzida, e o particular, de outro lado, coopera com o processo", tanto por meio do reconhecimento do ilícito quanto mediante a revelação de fatos não conhecidos pelo Estado.[109]

---

[106] Diz-se em parte contida, pois a LAC prevê a proibição de receber incentivos, subsídios, subvenções, doações ou empréstimos de órgãos ou entidades públicas e de instituições financeiras públicas ou controladas pelo poder público, pelo prazo mínimo de 1 (um) e máximo de 5 (cinco) anos, ao passo que a Lei de Improbidade prescreve a proibição de receber benefícios ou incentivos fiscais ou creditícios, em prazo que pode alcançar até 14 (catorze) anos.

[107] No âmbito da LIA, a multa vincula-se a três diferentes hipóteses: ao valor do acréscimo patrimonial indevido, ao valor do dano ou à remuneração percebida pelo agente, nos termos do art. 12, incisos I a III.

[108] Fosse possível a aplicação direta e literal do dispositivo para o âmbito do acordo de não persecução civil da LIA, não seria o acaso de analogia, mas sim de situação integralmente regida pelo instrumento previsto na Lei nº 12.846/2013.

[109] CARDOSO, Raphael de Matos. Acordo de não persecução cível: limites e condições. *Boletim Científico – Escola Superior do Ministério Público da União*, Brasília, DF, ano 20, n. 56, p. 330-331, jan./jun. 2021.

Como se buscou demonstrar, é exatamente nesse sentido que a figura do acordo de leniência pôde fornecer balizas para a compreensão preliminar da racionalidade e das funções do acordo inaugurado na Lei de Improbidade pela Lei nº 13.964/2019.

2.3 Edição de atos normativos, orientações e notas técnicas pelos órgãos legitimados

Em virtude do cenário de diminuta disciplina explícita sobre o objeto do acordo de não persecução civil na Lei nº 13.964/2019, órgãos públicos legitimados procederam à edição de atos normativos próprios visando estabelecer parâmetros para a celebração da ferramenta.

Entre tais atos, citem-se, por exemplo, os seguintes: Resolução nº 01/2020, do Conselho Superior do Ministério Público do Estado de Pernambuco, datada de 5 de fevereiro de 2020;[110] Resolução nº 1193/2020-CPJ, do Ministério Público do Estado de São Paulo, de 11 de março de 2020, alterada pela Resolução nº 1.308/2021-CPJ, de 18 de fevereiro de 2021, pela Resolução nº 1.341/2021-CPJ, de 29 de junho de 2021 e pela Resolução nº 1.380/2021-CPJ, de 8 de novembro 2021;[111] Resolução PGE nº 20/2020, da Procuradoria-Geral do Estado de São Paulo, de 13 de agosto de 2020; Resolução CPJ/PI nº 04/2020, do Ministério Público do Estado do Piauí, de 17 de agosto de 2020; Resolução nº 003/2020-CPJ, do Ministério Público do Estado do Amapá, de 22 de fevereiro de 2020, modificada pela Resolução nº 005/2021-CPJ, de 11 de novembro de 2021; Resolução COPJ nº 009, de 13 de setembro de 2021, do Ministério Público do Estado do Espírito Santo; Resolução CPJ nº 040/2020, do Ministério Público do Estado da Paraíba, de 28 de setembro de 2020; Resolução nº 068/2020, do Ministério Público do Estado do Ceará, de 11 de novembro de 2020; Resolução nº 01/2021, do Ministério Público do

---

[110] PERNAMBUCO. Ministério Público do Estado de Pernambuco. Conselho Superior do Ministério Público. *Resolução nº 01/2020*. Recife: MPPE, 2020. Disponível em: https://www.mppe.mp.br/mppe/institucional/caops/caop-patrimonio-publico/material-apoio-caop-patrimonio-publico/category/84-legislacao?download=10289:resolucao-csmp-n-01-2020. Acesso em: 15 set. 2021.

[111] SÃO PAULO (Estado). Ministério Público do Estado de São Paulo. *Resolução nº 1.193/2020-CPJ, de 11 de março de 2020*. São Paulo: MPSP, 2020. Disponível em: http://biblioteca.mpsp.mp.br/phl_img/resolucoes/1193compilado.pdf. Acesso em: 7 out. 2021.

Estado de Goiás, de 3 de março de 2021; Assento nº 001/2013/CSMP, do Ministério Público do Estado de Santa Catarina, com as alterações introduzidas em 3 de março de 2021; Provimento nº 16/2021, do Ministério Público do Estado do Rio Grande do Sul, de 12 de maio de 2021; Resolução PGE nº 4703, da Procuradoria-Geral do Estado do Rio de Janeiro, de 17 de maio de 2021; Resolução nº 3/2021-CPJ, do Ministério Público do Estado de Mato Grosso do Sul, de 1º de junho de 2021, alterada pelas Resoluções nº 089/2021, nº 092/2021 e nº 093/2021; Portaria Normativa AGU nº 18, da Advocacia Geral da União, de 16 de julho de 2021; e Resolução nº 007/2021-CPJ, do Ministério Público do Estado do Pará, de 10 de setembro de 2021.

A partir da promulgação do Pacote Anticrime, foram expedidas, também, Orientações, Notas Técnicas e Recomendações por tais órgãos sobre o tema, tais como: Nota Técnica CAOPP/MPSP nº 02/2020, do Ministério Público do Estado de São Paulo, de janeiro de 2020; Informação Técnico-Jurídica nº 01/2020, do Centro de Apoio Operacional Cível e de Proteção do Patrimônio Público e da Moralidade Administrativa, do Ministério Público do Estado do Rio Grande do Sul, de 23 de janeiro de 2020; Nota Técnica nº 01/2020 do Centro de Apoio Operacional da Defesa do Patrimônio Público e da Moralidade Administrativa – CAODPP, do Ministério Público do Estado do Ceará, de 4 de fevereiro de 2020; Nota Técnica nº 001/2020/CMA, do Centro de Apoio Operacional da Moralidade Administrativa, do Ministério Público de Santa Catarina, de 14 de fevereiro de 2020; Orientações e Nota Técnica CAOPAM/MPBA nº 01/20 do Ministério Público do Estado da Bahia, de 2 de março de 2020; Recomendação Conjunta SEI nº 3/2020/PGJ-CGMP, do Ministério Público do Estado de Rondônia, de 27 de julho de 2020; Enunciados da Procuradoria-Geral de Justiça do Ministério Público do Estado de Goiás, de 4 de setembro de 2020; Orientações sobre a celebração de acordo de não persecução cível no âmbito do Núcleo de Interesses Difusos, Coletivos e Individuais Homogêneos, da Procuradoria Regional da República na 1ª Região, de 8 de outubro de 2020; e Orientação nº 10, da 5ª Câmara de Coordenação e Revisão do Ministério Público Federal, de 9 de novembro de 2020.

É interessante notar que alguns posicionamentos acerca da natureza jurídica e dos parâmetros para celebração de acordo de não persecução civil foram compartilhados por determinados órgãos e reproduzidos em atos normativos e documentos técnicos. Há Resoluções, Notas e Orientações que, por exemplo, compreendem o instrumento consensual como espécie do gênero Termo de Ajustamento de Conduta, havendo implicações no regime jurídico aplicável, como exposto no subitem anterior.

Entre as condições fixadas para o acordo, é comum localizar certas obrigações a cargo do infrator, como o reconhecimento do ato ilícito, com subsunção a tipo específico da Lei nº 8.429/1992, cessação integral de envolvimento da conduta a partir da data em que manifesta interesse em colaborar, exigência de reparação integral do dano causado ao erário e a assunção de ao menos uma das sanções previstas no diploma legal. Por outro lado, há muitos outros aspectos em que se verifica divergência entre os órgãos, como a existência ou não de limite temporal para celebração do acordo de não persecução civil e a necessidade ou não de homologação judicial.

No presente estudo não se pretende expor o conteúdo de cada uma das orientações ou atos normativos expedidos pelas diferentes instituições, tampouco emitir juízo de validade a respeito da totalidade de normas jurídicas veiculadas por elas. Pontualmente, todavia, poderá ser feita referência a um ou outro documento, com o objetivo de esclarecer aspectos do acordo de não persecução civil, exemplificar questões que precisam ser enfrentadas nesta temática e demonstrar o posicionamento adotado concretamente por órgãos públicos em determinados assuntos.

O extenso conjunto de atos e orientações que foram produzidos após a promulgação do Pacote Anticrime demonstra nova atividade hermenêutica empreendida pelos órgãos legitimados na temática de autocomposição em improbidade. Se inicialmente sustentaram a derrogação da vedação a acordo, prevista na redação pretérita do artigo 17, §1º, da Lei nº 8.429/1992, por meio do recurso a outras normas legais (notadamente da Lei nº 12.846/2013), a partir da alteração legislativa introduzida pelo Pacote Anticrime procuraram estabelecer balizas para orientar o novo instrumento criado, desta vez com remissão a diferentes fontes legais e construções normativas.

Os comandos infralegais instituídos pelas instituições para preencher eventuais vazios normativos sujeitam-se, é claro, à compatibilidade com o regime da Lei nº 8.429/1992 e com as normas constitucionais aplicáveis, sobretudo relacionadas ao Direito Administrativo Sancionador. Os parâmetros estabelecidos podem, ainda, ser suplantados por meio da edição de lei nacional que discipline aspectos do acordo de não persecução civil de forma contrária àquela fixada nos atos normativos, cabendo, em sequência, tratar exatamente da ulterior modificação na Lei nº 8.429/1992.

2.4 Alteração da Lei de Improbidade Administrativa por meio da Lei nº 14.230/2021

Após a edição do Pacote Anticrime, foi aprovado pelo Congresso Nacional o Projeto de Lei – PL nº 2505, de 2021, que propôs novas e significativas alterações na Lei de Improbidade Administrativa. Com origem na Câmara dos Deputados, a propositura, de autoria do Deputado federal Roberto de Lucena, foi registrada sob o nº 10.887/2018 naquela Casa, sendo posteriormente renumerada para o primeiro número indicado, com emendas do Senado Federal, como Casa Revisora.

O PL foi convertido na Lei nº 14.230/2021, publicada no *Diário Oficial da União* em 26 de outubro de 2021, sem qualquer previsão de *vacatio legis*, razão pela qual produziu seus efeitos desde sua publicação, a teor do artigo 5º.

A referida Lei, longe de alterar parcelas da Lei de Improbidade, modificou-a substancialmente em distintos aspectos, entre eles: (i) a tipificação dos atos ímprobos, sobretudo em relação à modalidade do artigo 11, por meio da indicação, *numerus clausus*, de condutas típicas e exclusão de outras; (ii) o elemento subjetivo necessário para caracterização da improbidade, limitando-se esta aos casos dolosos; (iii) o alcance da responsabilização de terceiros e de sócios, cotistas, diretores ou colaboradores de pessoas jurídicas de direito privado; e (iv) as sanções, com restrição de aplicação da perda da função pública e suspensão dos direitos políticos às hipóteses dos artigos 9º e 10, ampliação do prazo máximo para esta última penalidade e para a proibição de contratar e redução da pena de multa civil em todos os tipos.

No que se refere aos aspectos processuais da tutela da probidade, houve profunda alteração da disciplina normativa, cabendo realçar a exclusão da legitimidade da pessoa jurídica lesada para propositura de ações de improbidade, mantida, todavia, a sua prerrogativa de intervenção no feito (cf. artigos 17, *caput* e §14). Atribuiu-se à ação "caráter sancionatório", repressivo, com o objetivo de apartá-la do que a Lei denomina de "ação civil" (ou melhor, ação civil pública), nos termos do artigo 17-D.

Além disso, a Lei nº 14.230/2021 conferiu novo e distinto tratamento ao regime cautelar da indisponibilidade de bens e direitos, com (i) restrição da medida ao valor da estimativa do dano ou do acréscimo patrimonial resultante de enriquecimento ilícito e (ii) exigência de demonstração de perigo de dano irreparável ou de risco ao resultado útil do processo, a teor do artigo 16, §§3º e 6º.

Essas duas últimas alterações foram contrárias à jurisprudência consolidada do Superior Tribunal de Justiça, que assentou a possibilidade de inclusão do valor da multa civil na medida de indisponibilidade (Tema nº 1.055) e a não submissão da cautelar à necessidade de demonstração de risco de alienação, oneração ou dilapidação patrimonial de bens do acionado (Tema nº 701).

A legislação imprimiu, ainda, nova feição ao regime prescricional aplicável à pretensão de responsabilização por ato ímprobo. Aboliu a disciplina anterior, que vinculava a prescrição à espécie de vínculo entretido pelo agente público – permanente ou precário – e impôs prazo único de 8 (oito) anos, contados a partir da ocorrência do fato ou, no caso de infrações permanentes, do dia em que cessar a permanência, conforme disposto no artigo 23.

Nesse aspecto, a Lei, ao definir a data da ocorrência do fato como *termo a quo* para prescrição, caminha em sentido oposto à regra já prevista na Lei nº 12.846/2013, que fixa o início do prazo a partir da ciência da infração, nos termos do artigo 25, alinhando-se, por exemplo, à técnica utilizada pelas Leis nº 9.873/1999 (cf. artigo 1º)[112] e nº 12.529/2011 (cf. artigo 46),[113] as quais tratam, respectivamente,

---

[112] "Art. 1º Prescreve em cinco anos a ação punitiva da Administração Pública Federal, direta e indireta, no exercício do poder de polícia, objetivando apurar infração à legislação em vigor, contados da data da prática do ato ou, no caso de infração permanente ou continuada, do dia em que tiver cessado."

[113] "Art. 46. Prescrevem em 5 (cinco) anos as ações punitivas da administração pública federal, direta e indireta, objetivando apurar infrações da ordem econômica, contados da data da prática do ilícito ou, no caso de infração permanente ou continuada, do dia em que tiver cessada a prática do ilícito."

do exercício da ação punitiva pela Administração Pública federal e do Sistema Brasileiro de Defesa da Concorrência.

Não cabe no escopo do presente estudo a análise pontual de cada uma das diversas alterações na Lei de Improbidade.[114] Importa examinar, por outro lado, a modificação direta no regime jurídico do acordo de não persecução civil promovida pela Lei nº 14.230/2021, o que se deu tanto por meio da introdução de artigo próprio para disciplina-lo quanto, de forma reflexa, ao alterar aspectos de legitimidade, sancionamento, entre outros, que serão aprofundados na medida em que se revelarem necessários para delimitação do instrumento consensual.

Em referência direta ao acordo, a Lei nº 14.230/2021 revogou o parágrafo 1º, do artigo 17, da LIA, que prescrevia a admissão de acordo de não persecução "cível" nas ações de improbidade, nos termos da lei.

O novo diploma manteve, todavia, o §10-A do citado artigo (introduzido pelo Pacote Anticrime), segundo o qual "havendo a possibilidade de solução consensual, poderão as partes requerer ao juiz a interrupção do prazo para a contestação, por prazo não superior a 90 (noventa) dias". E adicionou dispositivo específico para disciplinar o ajuste, cujo teor se transcreve abaixo:

> Artigo 17-B. O Ministério Público poderá, conforme as circunstâncias do caso concreto, celebrar acordo de não persecução civil, desde que dele advenham, ao menos, os seguintes resultados: I – o integral ressarcimento do dano; II – a reversão à pessoa jurídica lesada da vantagem indevida obtida, ainda que oriunda de agentes privados.
>
> §1º A celebração do acordo a que se refere o *caput* deste artigo dependerá, cumulativamente: I – da oitiva do ente federativo lesado, em momento anterior ou posterior à propositura da ação; II – de aprovação, no prazo de até 60 (sessenta) dias, pelo órgão do Ministério Público competente para apreciar as promoções de arquivamento de inquéritos civis, se anterior ao ajuizamento da ação; III – de homologação judicial, independentemente de o acordo ocorrer antes ou depois do ajuizamento da ação de improbidade administrativa.

---

[114] Para aprofundamento crítico às distintas alterações promovidas, *vide*: OLIVEIRA, José Roberto Pimenta; GROTTI, Dinorá Adelaide Musetti. *Sistema de responsabilização pela prática de atos de improbidade administrativa*: críticas ao Projeto de Lei do Senado nº 2505/2021. Brasília, DF: ANPR, [2021]. Disponível em: https://www.anpr.org.br/images/2021/08/Sistema_de_Improbidade_e_Criticas_ao_Projeto_de_Reforma.pdf. Acesso em: 1º nov. 2021.

§2º Em qualquer caso, a celebração do acordo a que se refere o caput deste artigo considerará a personalidade do agente, a natureza, as circunstâncias, a gravidade e a repercussão social do ato de improbidade, bem como as vantagens, para o interesse público, da rápida solução do caso.

§3º Para fins de apuração do valor do dano a ser ressarcido, deverá ser realizada a oitiva do Tribunal de Contas competente, que se manifestará, com indicação dos parâmetros utilizados, no prazo de 90 (noventa) dias.

§4º O acordo a que se refere o caput deste artigo poderá ser celebrado no curso da investigação de apuração do ilícito, no curso da ação de improbidade ou no momento da execução da sentença condenatória.

§5º As negociações para a celebração do acordo a que se refere o caput deste artigo ocorrerão entre o Ministério Público, de um lado, e, de outro, o investigado ou demandado e o seu defensor.

§6º O acordo a que se refere o caput deste artigo poderá contemplar a adoção de mecanismos e procedimentos internos de integridade, de auditoria e de incentivo à denúncia de irregularidades e a aplicação efetiva de códigos de ética e de conduta no âmbito da pessoa jurídica, se for o caso, bem como de outras medidas em favor do interesse público e de boas práticas administrativas.

§7º Em caso de descumprimento do acordo a que se refere o caput deste artigo, o investigado ou o demandado ficará impedido de celebrar novo acordo pelo prazo de 5 (cinco) anos, contado do conhecimento pelo Ministério Público do efetivo descumprimento.

Como se verifica do dispositivo acrescido, a redação espelha, em poucos aspectos, àquela veiculada no artigo 17-A do Projeto de Lei correspondente ao Pacote Anticrime e que acabara por ser vetada pela Presidência da República no processo legislativo.

Havia espaço para amplo aprimoramento do instituto pelo legislador. Contudo, embora tenham sido previstas maiores balizas no regramento do instrumento consensual, há, ainda, diversas questões sem delimitação legal expressa.

De início, em termos de escopo negocial, vale notar que o artigo 17-B não aponta quais seriam as sanções e obrigações correlatas passíveis de serem avençadas no bojo do acordo, o que leva à necessidade de examinar o alcance material da negociação juridicamente possível, mesmo com o acréscimo legal. Essa dimensão será objeto de análise no capítulo 4 do presente estudo.

O comando normativo opera, na verdade, com a enunciação de condições mínimas para validade do ajuste, elencando como resultados necessários da composição o integral ressarcimento de eventual dano causado ao erário e a reversão à pessoa jurídica lesada da vantagem indevida obtida, ainda que oriunda de agentes privados. Essas consequências não possuem exatamente caráter sancionatório, no sentido repressivo, mas constituem reparação de natureza civil, decorrente de ato ilícito, que se impõe por força da norma inscrita no artigo 37, §4º, da Constituição da República, do artigo 5º da Lei nº 8.429/1992 (inalterado), bem como do artigo 18, do mesmo diploma, com a nova redação.[115]

No parágrafo primeiro, o dispositivo estabelece requisitos procedimentais, exigindo, de forma cumulativa: (i) a oitiva do ente federativo lesado, em momento anterior ou posterior à propositura da ação; (ii) a aprovação do acordo, no prazo de 60 (sessenta) dias, pelo órgão do Ministério Público competente para apreciar as promoções de arquivamento de inquéritos civis, se celebrado antes do ajuizamento da ação e (iii) homologação judicial, independentemente de o acordo ocorrer antes ou depois da propositura da demanda.

Cabem algumas considerações preliminares sobre o papel da participação do ente federativo lesado no regramento. Como se verifica do *caput* do artigo 17-B, a competência para celebrar o acordo restringe-se ao Ministério Público. Isso sucede porque a Lei nº 14.230/2021 alterou também o artigo 17 da Lei nº 8.429/1992 para excluir a legitimidade concorrente e disjuntiva da Fazenda Pública. A nova redação do dispositivo dispõe que "a ação para aplicação das sanções de que trata esta Lei será proposta pelo Ministério Público e seguirá o procedimento comum previsto na Lei nº 13.105, de 16 de março de 2015 (Código de Processo Civil), salvo o disposto nesta Lei".

Com a modificação legislativa, as pessoas jurídicas lesadas por atos de improbidade não teriam mais legitimidade para buscar a responsabilização dos agentes infratores, não obstante sejam as principais interessadas nesta atividade, com experiência acumulada

---

[115] "Art. 18. A sentença que julgar procedente a ação fundada nos arts. 9º e 10 desta Lei condenará ao ressarcimento dos danos e à perda ou à reversão dos bens e valores ilicitamente adquiridos, conforme o caso, em favor da pessoa jurídica prejudicada pelo ilícito."

nos quase 30 (trinta) anos de vigência da Lei nº 8.429/1992.[116] Embora retire a legitimidade desses entes para propositura de ações de improbidade, a Lei assegura-lhes a necessária oitiva no processo de celebração de acordo de não persecução civil pelo Ministério Público, seja ele firmado extrajudicialmente ou no âmbito de processo judicial.

O parágrafo primeiro, contudo, não explicita qual seria a finalidade da oitiva da pessoa jurídica lesada e, em termos concretos, o escopo possível da manifestação. Em tese, poder-se-ia cogitar de amplo espectro de pronunciamento, incluindo até mesmo protesto e oposição à medida de sancionamento ajustada, por insuficiência e inadequação à tutela da probidade, em vista de circunstâncias objetivas do caso, ainda que o ente público não detivesse mais legitimidade para postular a responsabilização. Seria possível sustentar, por outro lado, que caberia à Fazenda Pública manifestar-se apenas em termos de reparação, visando contribuir com informações para definição do integral ressarcimento e, eventualmente, opor-se ao montante fixado de comum acordo entre os celebrantes, com negativa à quitação do prejuízo. O regramento também não enuncia a forma em que se deve dar a oitiva do ente federativo lesado, cabendo apontar solução procedimental adequada para o cumprimento desse requisito.

Em seu parágrafo 3º, o dispositivo exige a oitiva do Tribunal de Contas competente para fins de apuração do valor do dano a ser ressarcido por meio do acordo, cabendo ao órgão indicar os parâmetros utilizados, no prazo de 90 (noventa) dias. Deve-se notar, todavia, a possibilidade de sobreposição de atuação nessa matéria, considerando a atribuição inderrogável da própria Administração Pública de mensurar o prejuízo por ela sofrido, não havendo previsão, no comando normativo, de solução em hipótese de divergência entre a pessoa jurídica e a Corte de Contas ou entre esta e o membro do *Parquet*.

Essas questões são relevantes e relacionam-se ao alcance da atuação da pessoa jurídica lesada nesta seara, com impacto na segurança e na validade de acordos de não persecução firmados

---

[116] A questão da constitucionalidade dessa alteração será enfrentada em tópico próprio, relativo à legitimidade e participação do ente público no acordo.

pelo Ministério Público. Daí porque serão tratadas em capítulo reservado para a participação do ente público lesado.

Entre os requisitos procedimentais, encontra-se a necessidade de homologação judicial do instrumento, tenha ele sido firmado antes ou depois do ajuizamento da ação de improbidade. Neste ponto, a Lei nº 14.230/2021 encerra divergência existente sobre o tema, mas abre outra concernente à necessidade ou não do mesmo ato homologatório para aqueles ajustes encetados antes de sua entrada em vigor. O requisito já havia sido previsto no artigo 17-A, §5º, do Projeto de lei nº 6.341/2019, correspondente ao Pacote Anticrime, mas o dispositivo fora vetado pela Presidência da República, como exposto no item 2.1.

Conquanto não estipule expressamente as sanções e obrigações cabíveis ou que seriam devidas em face do cometimento de determinada categoria de ato ímprobo, o artigo 17-B indica balizas para dimensionamento do escopo sancionatório, determinando, no parágrafo 2º, que o ajuste deve considerar a personalidade do agente, a natureza, as circunstâncias, a gravidade e a repercussão social do ato de improbidade, bem como as vantagens, para o interesse público, da rápida solução do caso.

Tais circunstâncias do caso concreto, como a gravidade da infração e a repercussão da conduta, já estão contidas na Lei nº 8.429/1992 e na Lei nº 12.846/2013, correspondendo a critérios para dosimetria da pena que precisam ser observados tanto via acordo quanto em condenação pelo Judiciário. Os princípios da culpabilidade e proporcionalidade exigem que a extensão do sancionamento retrate particularidades do agente e do comportamento ilícito praticado. Trata-se de exigência reproduzida em diversos diplomas legais do Direito Administrativo Sancionador.

Além disso, previu-se que o acordo deve considerar as vantagens, para o interesse público, da rápida solução do caso. Como ilustrado anteriormente, a resolução célere do conflito, com cumprimento espontâneo de sanções e reparação do patrimônio público eventualmente lesado, representa uma das utilidades e finalidades do instrumento criado, o que não exclui outras também presentes, que devem ser ponderadas.

A disciplina normativa, neste aspecto, confirma a lógica jurídica do instrumento a que se fez referência no item 2.3 deste capítulo. A racionalidade implícita no dispositivo é a conformação, pela via da consensualidade, da extensão das sanções aplicáveis diante da prática de improbidade, à luz das circunstâncias do caso concreto e de vantagens como a solução rápida e pacífica do litígio.

Ainda no tocante ao escopo obrigacional, o artigo 17-B, §6º, confere a possibilidade de estabelecer obrigação, a cargo da pessoa jurídica infratora, de adotar mecanismos e procedimentos internos de integridade, de auditoria e de incentivo à denúncia de irregularidades e a aplicação efetiva de códigos de ética e de conduta, bem como de outras medidas em favor do interesse público e de boas práticas administrativas. A adoção de programas de integridade também já era expressamente prevista na Lei nº 12.846/2013 como circunstância a ser ponderada na aplicação de sanções, nos termos do artigo 7º, inciso VIII e parágrafo único.

O artigo 17-B dispôs, também, que o acordo poderá ser celebrado no curso da investigação de apuração do ilícito, no curso da ação de improbidade ou no momento da execução da sentença condenatória, nos termos do parágrafo 4º. Nesse ponto, a Lei nº 14.230/2021 sepultou divergência até então existente acerca de eventual limite temporal para a celebração do acordo. Isso porque havia autores[117] e órgãos legitimados[118] que sustentavam que o artigo 17, §10-A, da Lei nº 8.429/1992 limitaria a solução consensual ao prazo para apresentação da contestação pelo demandado.

Mesmo antes da edição da Lei nº 14.230/2021, todavia, defendeu-se que o dispositivo apenas enunciava faculdade processual às partes para fomentar o término pacífico da controvérsia.[119] A norma previu, na verdade, negócio jurídico processual típico para estimular a conclusão de acordo de não persecução civil.

---

[117] LANE, Renata. *Acordos na improbidade administrativa*: termo de ajustamento de conduta, acordo de não persecução cível e acordo de leniência. Rio de Janeiro: Lumen Juris, 2021, p. 195-196.

[118] CEARÁ. Ministério Público do Estado do Ceará. Centro de Apoio Operacional da Defesa do Patrimônio Público e da Moralidade Administrativa. *Nota Técnica CAODPP/ MPCE nº 001/2020*. Fortaleza: MPCE; CAODP, 2020. Disponível em: http://www.mpce. mp.br/wp-content/uploads/2020/02/11fev20_CAODPP_nota-tecnica-acordo-n%C3%A3o-persecu%C3%A7%C3%A3o-civel.pdf. Acesso em: 14 jun. 2020.

[119] SILVEIRA, Mateus Camilo Ribeiro da. Acordo de não persecução cível: contexto, lacunas e momento oportuno para celebração. *Brazilian Journal of Development*, Curitiba, v. 7, n. 12, p. 112561-112576, dec. 2021.

Com a mudança na Lei nº 8.429/1992, autoriza-se a celebração de ANPC a qualquer tempo, inclusive após a execução da sentença condenatória. A permissão legal, entretanto, exige cautela dos órgãos legitimados, que precisam realizar exame apurado do cenário processual alcançado e identificar utilidade na celebração de acordo para a adequada tutela da probidade administrativa no caso concreto.

Por fim, é de se notar que o legislador imprimiu impedimento subjetivo à celebração do instrumento, proibindo o investigado ou demandado que tenha descumprido acordo de firmar novo ajuste, no prazo de 5 (cinco) anos, contado do conhecimento pelo Ministério Público do efetivo descumprimento.

Como se infere dos dispositivos citados, o regramento do acordo de não persecução civil, introduzido pela Lei nº 14.230/2021, apresenta detalhamento maior do que aquele que constava na Lei nº 8.429/1992, com as alterações promovidas pela Lei nº 13.964/2019. Isso porque o artigo 17-A do Projeto de lei originário do Pacote Anticrime, com redação similar ao do artigo 17-B, foi integralmente vetado pela Presidência da República.

Contudo, mesmo com a disciplina normativa fornecida, remanescem vários pontos não tratados diretamente pela Lei nº 14.230/2021 e que precisam ser enfrentados para a adequada aplicação do instituto, a exemplo de: (i) necessidade ou não de reconhecimento do ilícito; (ii) sanções passíveis de serem aplicadas; (iii) natureza do ajuste e das obrigações imponíveis; (iv) quantificação do dano e divergências de apurações pelos órgãos estatais; (v) consequências jurídicas do descumprimento; (vi) lapso prescricional com a celebração do instrumento, entre outros. Nesse sentido, ainda é útil a definição de quais normas servem para integração e aplicação do acordo de não persecução civil, nos termos do item 2.3 deste capítulo.

Ademais, a Lei nº 14.230/2021 não aponta com clareza quais formas consensuais prevalecem no âmbito da Lei de Improbidade, considerando as modalidades já existentes (TAC e acordo de leniência), em face do acordo de não persecução civil. Não há disposição que delibere pela exclusividade de um ou outro modelo, cabendo ao intérprete extrair racionalidade do universo de figuras e respectivas funcionalidades.

CAPÍTULO 3

NATUREZA JURÍDICA DO ACORDO DE NÃO PERSECUÇÃO CIVIL

A análise da natureza jurídica do acordo de não persecução civil é útil para compreensão do regime aplicável ao instrumento, o que inclui a definição de eventuais normas de integração necessárias para sua efetivação.

O enquadramento do ajuste em determinada categoria ou conceito jurídico concebido, todavia, não pode ser tarefa arbitrária do operador, mas deve tomar como ponto de referência as propriedades imputadas ao objeto pelo Direito positivo, assim como eventuais traços de similitude e disparidade com outras realidades normatizadas. Como ensina Celso Antônio Bandeira de Mello, a utilidade dos conceitos é de serem sínteses, permitindo representar um ponto de referibilidade de normas e de efeitos de direito. A fixação dessa fórmula lógico-jurídica norteia-se por critério de utilidade, de funcionalidade ou de operatividade, a significar que se busca um critério apto para assinalar, de modo preciso, o conjunto de normas incidentes em face da realidade recoberta pelo conceito.[120]

No tocante ao acordo de não persecução civil, há pluralidade de posicionamentos doutrinários e institucionais a respeito da natureza jurídica do instrumento, sendo útil enfrentar as principais propostas para que se possa fixar aquela adotada neste livro. Trata-se

---

[120] Para explicação mais acurada sobre conceitos jurídicos e sua funcionalidade, em oposição à sua "verdade", *vide*: BANDEIRA DE MELLO, Celso Antônio. *Curso de direito administrativo*. 35. ed. São Paulo: Malheiros, 2021. p. 308-313.

de tarefa que, de resto, auxilia na diferenciação do acordo em face de outros institutos previstos na ordem jurídica.

3.1 Termo de Ajustamento de Conduta

Uma primeira vertente identifica o acordo com o Termo de Ajustamento de Conduta, afirmando ser aquele uma modalidade ou espécie do segundo,[121] no qual há a aplicação de uma ou algumas das sanções previstas em lei, nos termos da regulamentação do Conselho Nacional do Ministério Público (artigo 1º, §2º, da Resolução nº 179/2017).

Esse entendimento foi adotado expressamente por certos órgãos públicos em atos normativos expedidos. A resolução CPJ nº 040/2020, do Ministério Público do Estado da Paraíba, por exemplo, dispõe no artigo 1º, §1º, que o acordo "constitui uma espécie de termo de ajustamento de conduta (TAC), aplicável apenas às questões envolvendo a prática de ato de improbidade administrativa e que tem por objeto a imposição de uma ou alguma das sanções" da LIA.[122]

O Ministério Público da Bahia[123] emitiu Nota Técnica no mesmo sentido, na qual equipara o instituto à figura do TAC,

---

[121] "Sendo assim, pode-se dizer que o acordo de não persecução cível é uma modalidade/espécie de termo de ajustamento de conduta, que deve seguir, destarte, a normatização do assunto em geral, salvo naquilo que houve incompatibilidade" (PINHEIRO, Igor Pereira. Acordo de não persecução cível. *In*: CAVALCANTE, André Clark Nunes *et al*. *Lei anticrime comentada*. Leme, SP: JH Mizuno, 2020. p. 138). Em idêntica reprodução: PINHEIRO, Igor Pereira; MESSIAS, Mauro. *Acordos de não persecução penal e cível*. Leme, SP: Mizuno, 2021. p. 186. Cite-se ainda: "Ditos acordos são semelhantes, para não dizer idênticos, aos termos de ajustamento de conduta e outros afins" (FERRAZ, Luciano. Acordos de não persecução na improbidade administrativa: o início, o fim e o meio. *Revista Consultor Jurídico*, [São Paulo], 9 abr. 2020. Disponível em: https://www.conjur.com.br/2020-abr-09/interesse-publico-acordos-nao-persecucao-civel-improbidade-administrativa. Acesso em: 15 set. 2021).

[122] PARAÍBA. Ministério Público do Estado da Paraíba. *Resolução CPJ nº 040/2020*. João Pessoa: MPPB, 2020. Disponível em: http://www.mppb.mp.br/index.php/atos-e-normas. Acesso em: 15 set. 2021.

[123] "Em outras palavras, o acordo de não persecução cível é uma espécie do gênero compromisso de ajustamento de conduta, diferenciando-se das demais espécies pela presença de um requisito relativo ao objeto do acordo (que somente pode ser a prática de um possível ato de improbidade administrativa) e às obrigações a serem ajustadas (que se resumem àquelas relacionadas no art. 12, I, II, III e IV, da Lei Federal nº 8.429/1992)" (BAHIA. Ministério Público do Estado da Bahia. Centro de Apoio Operacional às Promotorias de Proteção à Moralidade Administrativa. *Nota Técnica*

acrescendo, como singularidade em face do regramento geral, o objeto do acordo (prática de ato ímprobo) e as obrigações, que seriam as sanções indicadas no artigo 12, da Lei nº 8.429/1992. O *Parquet* do Ceará produziu manifestação similar, na qual afirma que "o TAC em matéria de improbidade (ou o atual Compromisso de Não Persecução Cível, para as finalidades deste estudo) possui natureza de negócio jurídico voluntário", após enquadrá-lo como espécie do gênero Termo de Ajustamento de Conduta.[124]

Interpretação parcialmente semelhante foi adotada pelo Ministério Público Federal na Orientação nº 10, da 5ª Câmara de Coordenação e Revisão, sobre procedimentos e diretrizes a serem avaliados na celebração de acordo no âmbito extrajudicial e judicial da improbidade administrativa. De acordo com o artigo 5º, "o Acordo de não persecução cível e o Acordo de Leniência são considerados categorias específicas de Termos de Ajustamento de Conduta, com previsão diferenciada em lei", qual seja, o artigo 17, §1º, da Lei nº 8.429/1992 e o artigo 16 da Lei nº 12.846/2013, respectivamente.[125]

No artigo 4º da Orientação, por sua vez, afirma-se que o *Parquet* Federal pode celebrar três modalidades de acordos no campo da improbidade administrativa: Termo de Ajustamento de Conduta; Acordo de não persecução cível e Acordo de Leniência. O órgão reconhece no documento, entretanto, que o TAC é instrumento de garantia dos direitos e interesses difusos e coletivos e individuais homogêneos, com natureza de negócio jurídico, "que tem por finalidade a adequação da conduta às exigências legais e constitucionais", cingindo-se a negociação à interpretação do direito para o caso concreto e à delimitação de obrigações adequadas, "bem como

---

CAOPAM/MPBA *nº 01/20*. Salvador: MPBA; CAOPAM, 2020. Disponível em: https://infomail.mpba.mp.br/wp-content/uploads/2020/03/Nota-T%c3%a9cnica-01-20-CAOPAM-acordo-de-n%c3%a3o-persecu%c3%a7%c3%a3o-c%c3%advel.pdf. Acesso em: 14 jun. 2020).

[124] "Mister assim proceder, pois o Acordo de Não Persecução é uma espécie do gênero Termo de Ajustamento de Conduta (...)" (CEARÁ. Ministério Público do Estado do Ceará. Centro de Apoio Operacional da Defesa do Patrimônio Público e da Moralidade Administrativa. *Nota Técnica CAODPP/MPCE nº 001/2020*. Fortaleza: MPCE; CAODP, 2020. Disponível em: http://www.mpce.mp.br/wp-content/uploads/2020/02/11fev20_CAODPP_nota-tecnica-acordo-n%C3%A3o-persecu%C3%A7%C3%A3o-civel.pdf. Acesso em: 14 jun. 2020).

[125] BRASIL. Ministério Público Federal. 5ª Câmara de Coordenação e Revisão. *Orientação nº 10*. Brasília, DF: MPF, 2020. Disponível em: http://www.mpf.mp.br/atuacao-tematica/ccr5/orientacoes/orientacao-no-10-2020-anpc.pdf. Acesso em: 1º out. 2021.

à mitigação, à compensação e à indenização dos danos" (artigo 5, §1º), ao passo que o acordo de não persecução cível detém escopo sancionatório (artigo 18).

O enquadramento realizado por tais órgãos poderia ser atribuído à normativa expedida pelo Conselho Nacional do Ministério Público (Resolução nº 179/2017), que autorizava, mesmo antes da alteração promovida pela Lei nº 13.964/2019, a celebração de TAC para conformação de sanção por ato de improbidade. É possível que se deva, também, à experiência prática pretérita, colhida com fundamento naquele ato infralegal.

Com efeito, órgãos legitimados já utilizavam a figura do compromisso de ajustamento de conduta no domínio da improbidade, conferindo-lhe a característica central de instrumento de "pura repriminda", por meio do qual o acusado aceitaria a aplicação imediata de ao menos uma das sanções, encerrando-se o litígio. O modelo seria distinto de eventual acordo colaborativo, fundado na cooperação do infrator com a obtenção de provas, à semelhança do acordo de leniência. Nessa linha, cite-se, por exemplo, a Resolução nº 01/2017, do Ministério Público do Estado do Paraná, que estabelece parâmetros procedimentais e materiais a serem observados para a celebração de composição no bojo da LIA, indicando como modalidades o compromisso de ajustamento de conduta e o acordo de leniência.[126]

No entanto, como antecipado no capítulo anterior, a disciplina normativa do TAC não se orienta para a fixação e modulação de sanções por ato ímprobo, como sucede com o acordo criado na Lei nº 8.429/1992, mas para a definição da interpretação do direito ao caso concreto, com delimitação de obrigações de fazer, não fazer e indenizar, notadamente no bojo da tutela de direitos difusos e coletivos, como destacado na Orientação do Ministério Público Federal. Ao contrário do que ocorre com o Termo de Ajustamento de Conduta, os requisitos e condições do acordo de não persecução civil estão atrelados a essa natureza sancionatória.

No campo da improbidade, o TAC poderia ser utilizado para ajustar obrigações de fazer como a cessação da conduta ilícita, a

---

[126] PARANÁ. Ministério Público do Estado do Paraná. *Resolução nº 01/2017*. Curitiba: MPPR, 2017. Disponível em: https://mppr.mp.br/arquivos/File/Restaurativo/Resolucao_01_2017_CSMP_MPPR.pdf. Acesso em: 15 set. 2021.

desconstituição de atos jurídicos inválidos decorrentes do ilícito ou a adoção de posturas prospectivas para retorno à legitimidade da situação fática objeto da ação de improbidade. Caberia cogitar sua aplicação, ainda, quando não se vislumbrar a ocorrência de improbidade administrativa ou for constatada a prescrição da respectiva pretensão sancionatória nos casos em que o ato ímprobo doloso ainda enseje ressarcimento, visando à reparação do erário ou à correção de irregularidades, conforme prescrição constante da Resolução nº 009/2021, do Colégio de Procuradores de Justiça do Ministério Público do Espírito Santo.[127]

No mesmo sentido, entendem José Roberto Pimenta Oliveira e Dinorá Grotti, segundo os quais o TAC deve permanecer com seu conteúdo não sancionatório, podendo ter por escopo a resolução das irregularidades apuradas. O instrumento não deve conter feição sancionatória, "já que o sistema da improbidade passou a conter categoria consensual própria".[128]

Nessa linha, a Resolução nº 1.193/2020, do Ministério Público do Estado de São Paulo, reserva função específica para o TAC, dispondo que este poderá ser celebrado nas hipóteses em que o membro do Ministério Público, motivadamente, afastar a ocorrência de improbidade administrativa ou constatar a prescrição das sanções desta, visando à recomposição do patrimônio público[129] ou à correção de irregularidades, conforme o artigo 12.[130]

A classificação do acordo de não persecução civil como TAC é inadequada, portanto, sob o ponto de vista da operatividade,

---

[127] ESPÍRITO SANTO. Ministério Público do Estado do Espírito Santo. Resolução COPJ nº 009, de 13 de setembro de 2021. *Diário Oficial do MPES*, Vitória, ES, 14 set. 2021, com retificação no dia subsequente. Disponível em: https://www.mpes.mp.br/Arquivos/Anexos/2336e7cc-798d-4d8b-951c-402bee3367f9.pdf. Acesso em: 15 set. 2021.

[128] OLIVEIRA, José Roberto Pimenta; GROTTI; Dinorá Adelaide Musetti. Consensualidade no direito administrativo sancionador: breve análise do acordo de não persecução cível, na orientação normativa nº 10/2020, da 5ª CCR-MPF. In: SALGADO, Daniel de Resende; KIRCHER, Luis Felipe Schneider; QUEIROZ, Ronaldo Pinheiro de (coord.). *Justiça consensual*: acordos penais, cíveis e administrativos. São Paulo: JusPodivm, 2022. p. 819.

[129] Nesta hipótese, a natureza jurídica precisa do instrumento designado como Termo de Ajustamento de Conduta seria, em rigor, de acordo para ressarcimento, categoria genérica, suficientemente amparada e disciplinada pela legislação civil.

[130] SÃO PAULO (Estado). Ministério Público do Estado de São Paulo. *Resolução nº 1.193/2020-CPJ, de 11 de março de 2020*. São Paulo: MPSP, 2020. Disponível em: http://biblioteca.mpsp.mp.br/phl_img/resolucoes/1193compilado.pdf. Acesso em: 7 out. 2021.

pois há diferença de funcionalidade entre os instrumentos, como esboçado no capítulo 1, item 1.4. Essa assimetria é acentuada pela Lei nº 14.230/2021, que reforça o caráter sancionatório da ação de improbidade, pretendendo afastar sua coincidência com as ações civis públicas, destinadas à proteção do patrimônio público e social, do meio ambiente e de outros interesses difusos e coletivos, as quais se submetem aos termos da Lei nº 7.347/1985, conforme se extrai do artigo 17-D.[131]

A proposta de enquadramento remete o operador a normas não pertinentes ao regime do instrumento consensual regido pela Lei de Improbidade, sendo por isso também inoportuna. Há relevância neste apontamento, entre outras razões, pois, em hipótese de lacuna na disciplina normativa do acordo, deve-se recorrer, por analogia, em primeiro lugar, ao microssistema da tutela da probidade e não ao regramento previsto para o Termo de Ajustamento de Conduta, conforme demonstrado no capítulo anterior.

Renata Lane discorda, igualmente, que "o ANPC seja um gênero do TAC", por se tratar de "uma espécie própria, prevista para os atos de improbidade administrativa tipificados na Lei nº 8.429/1992, com conteúdo essencialmente sancionatório".[132] Deve-se concordar com o posicionamento, pois o legislador criou modalidade específica de instrumento consensual no âmbito da Lei de Improbidade para conformar a aplicação de sanções do diploma legal.

Em sentido contrário, Christiano Jorge Santos e Silvio Antonio Marques entendem não haver diferença ontológica entre o acordo

---

[131] "Art. 17-D. A ação por improbidade administrativa é repressiva, de caráter sancionatório, destinada à aplicação de sanções de caráter pessoal previstas nesta Lei, e não constitui ação civil, vedado seu ajuizamento para o controle de legalidade de políticas públicas e para a proteção do patrimônio público e social, do meio ambiente e de outros interesses difusos, coletivos e individuais homogêneos.
Parágrafo único. Ressalvado o disposto nesta Lei, o controle de legalidade de políticas públicas e a responsabilidade de agentes públicos, inclusive políticos, entes públicos e governamentais, por danos ao meio ambiente, ao consumidor, a bens e direitos de valor artístico, estético, histórico, turístico e paisagístico, a qualquer outro interesse difuso ou coletivo, à ordem econômica, à ordem urbanística, à honra e à dignidade de grupos raciais, étnicos ou religiosos e ao patrimônio público e social submetem-se aos termos da Lei nº 7.347, de 24 de julho de 1985."

[132] A autora entende que se trata de ato administrativo bilateral, sobre o qual incidiria o regime do Direito Administrativo Sancionador, em especial a Lei de Improbidade e as normas compatíveis previstas na Lei nº 12.846/2013 (LANE, Renata. *Acordos na improbidade administrativa*: termo de ajustamento de conduta, acordo de não persecução cível e acordo de leniência. Rio de Janeiro: Lumen Juris, 2021. p. 188).

de não persecução cível, o termo de ajustamento de conduta (Lei nº 7.347/1985), o acordo de leniência (Lei nº 12.846/2013) e o termo de autocomposição (Lei nº 13.140/2015), afirmando que "a taxonomia adotada pelas diversas leis em relação ao ajuste não altera sua essência ou sua natureza jurídica".[133]

Para estudo científico do direito importa, entretanto, não a fisionomia ontológica desses institutos, mas as propriedades e os efeitos atribuídos pela ordem jurídica a cada um deles. Nesse aspecto, o regime jurídico do instrumento consensual previsto na LIA difere daquele incidente sobre o TAC, assim como são distintos os tratamentos conferidos pela legislação ao Termo de Ajustamento de Conduta e ao acordo de leniência. Entre as distinções, basta ressaltar, novamente, a dimensão sancionatória e as finalidades implícitas referidas nos itens 1.4 e 1.5, que não foram antevistas no instrumento indicado na Lei nº 7.347/1985. O acordo previsto na Lei nº 8.429/1992 pressupõe a caracterização de ato de improbidade, servindo para modular as consequências legais irrogadas àquela específica conduta.[134]

Equiparar o acordo de não persecução civil à modalidade de Termo de Ajustamento de Conduta oculta essa característica central que os aparta: o conteúdo sancionatório do primeiro, o qual reflete em diversos aspectos do instrumento.[135] Para além disso, parece haver pouca utilidade na equiparação do acordo à figura do TAC, considerando (i) a singela disciplina normativa no âmbito da Lei nº 7.347/1985; e (ii) a existência de parâmetros próprios para a ferramenta consensual da LIA. Em outros termos, a importação da figura perde sentido diante da criação de instrumento específico na matéria.

---

[133] SANTOS; Christiano Jorge; MARQUES, Silvio Antonio. Pacote anticrime (Lei 13.964/2019) e acordo de não persecução cível na fase pré-processual: entre o dogmatismo e o pragmatismo. *Revista de Processo*, São Paulo, v. 303, p. 291-314, maio 2020.

[134] Acresça-se, ainda, que o acordo de leniência tem regramento específico delineado no art. 16 da Lei nº 12.846/2013 e pautado na cooperação do acusado com as investigações, a qual justifica a mitigação ou isenção de sanções.

[135] Em sentido próximo: "esclareça-se que o acordo de não persecução cível não se confunde com o Termo de Ajustamento de Conduta – TAC. Com efeito, o ANPC exige, para sua realização a configuração de ato de improbidade administrativa e admite concessões mútuas, todavia, o TAC comporta imposição unilateral de adequações de conduta em se tratando de ilegalidades e irregularidades administrativas" (PEREIRA, Leydomar Nunes. *Solução consensual na improbidade administrativa*: acordo de não persecução civil. Belo Horizonte: Editora Dialética, 2020. p. 61).

Como arremate, vale citar o posicionamento de Emerson Garcia, que enfatiza a incongruência de buscar transpor a figura do Termo de Ajustamento de Conduta para a seara da improbidade. O autor esclarece que, apesar de ser desejável o diálogo entre as fontes, ele não pode chegar ao extremo de desestruturar o próprio sistema. E aponta como grande problema da adaptação do TAC para a seara da LIA a ausência de balizamentos. Com a superveniência de lei instituindo o acordo de não persecução civil, Garcia defende a revogação do artigo 1º, §2º, da Resolução CNMP nº 179/2017, que admite o termo de ajustamento para a responsabilização por ato ímprobo.[136]

De fato, à luz das modificações legislativas supervenientes – que criaram o acordo de não persecução civil –, parece incabível sustentar a tese de que o ajuste detém natureza jurídica de TAC ou buscar equipará-lo a essa figura como forma de compreender o instituto.

3.2 Negócio jurídico – material ou processual

Sob a ótica da teoria do fato jurídico, há quem sustente, por outro lado, que o acordo de não persecução civil se apresenta como negócio jurídico.[137] Desponta, assim, o requisito de livre manifestação

---

[136] GARCIA, Emerson. O direito sancionador brasileiro e a homologação judicial do acordo de não persecução cível: alguns pespontos. *In*: SALGADO, Daniel de Resende; KIRCHER, Luis Felipe Schneider; QUEIROZ, Ronaldo Pinheiro de (coord.). *Justiça consensual*: acordos penais, cíveis e administrativos. São Paulo: JusPodivm, 2022. p. 758-759.

[137] "Sob o ponto de vista da teoria do fato jurídico, concebe-se a natureza jurídica do ANPC como de um negócio jurídico bilateral e comutativo" (CAMBI, Eduardo; LIMA, Diogo de Araújo; NOVAK; Mariana Sartori. Reflexões sobre regime jurídico do acordo de não persecução cível. *In*: CAMBI, Eduardo; SILVA, Danni Sales; MARINELA, Fernanda (org.). *Pacote anticrime*. Curitiba: Escola Superior do MPPR, 2020. p. 67. v. 1). No mesmo sentido, entende Landolfo Andrade: "O acordo de não persecução cível tem natureza jurídica de negócio jurídico, na medida em que depende da clara e livre manifestação de vontade das partes. Embora os efeitos mais importantes deste negócio jurídico estejam previstos na lei, a declaração de vontade, ínsita no acordo de não persecução cível, tornará específica a forma de incidência da norma no caso concreto, vinculando os pactuantes aos efeitos expressos no ajuste" (ANDRADE, Landolfo. Acordo de não persecução cível: primeiras reflexões. *Genjurídico*, [*s. l.*], 5 mar. 2020. Disponível em: http://genjuridico.com.br/2020/03/05/acordo-de-nao-persecucao-civel/. Acesso em: 15 set. 2020). Cite-se, também: "o acordo de não persecução cível (ANPC) tem natureza jurídica de negócio jurídico, na medida em que depende da clara e livre manifestação de vontade das partes em celebrar a avença, em razão de sua natureza consensual bilateral" (PEREIRA, Leydomar Nunes. *Solução consensual na improbidade administrativa*: acordo de não persecução civil. Belo Horizonte: Dialética, 2020. p. 59). Para Renato de Castro Lima, seria negócio jurídico *sui generis*, em razão da reduzida liberdade das partes (CASTRO, Renato de Lima. Acordo de

de vontade das partes para estabelecimento de obrigações, além da característica de concessões mútuas, havendo utilidade no enquadramento por esse prisma. Essa classificação foi adotada expressamente em Resolução do Ministério Público do Estado do Espírito Santo,[138] que atribui ao instrumento a natureza de "espécie de negócio jurídico, aplicável às questões envolvendo a prática de ato de improbidade administrativa", conforme disposto no artigo 1º, §1º.

Deve-se ter em vista, todavia, que as partes não estão aptas a negociar, de modo irrestrito, os termos da avença, pois há regras e princípios regentes do domínio punitivo da improbidade que incidem sobre o acordo e devem ser observados.

Com efeito, tratando-se de ajuste que visa conformar o plexo de penalidades passíveis de imposição ao infrator, é necessário, em primeiro lugar, a observância das sanções previstas em lei, além dos limites legalmente estipulados. A destinação de eventuais valores a título de ressarcimento, perdimento de bens e multa civil sujeita-se também às regras da Lei nº 8.429/1992, que indicam a pessoa jurídica lesada como legítima credora. Deve haver, ainda, proporcionalidade das obrigações e eventuais penas ajustadas em relação à gravidade da conduta e demais critérios de dosimetria indicados na LIA, em medida eficiente para a repressão e prevenção do ilícito. Portanto, a liberdade negocial não é ilimitada, mas condicionada por parâmetros extraíveis da ordem jurídica e, sobretudo, pelas finalidades de interesse público almejadas.

Em sentido similar, Wallace Paiva Martins Junior entende que a natureza jurídica do acordo de não persecução civil é de convenção, incidindo sobre o direito material, isto é, "a admissão de ato de improbidade e sua responsabilização", com delimitação das sanções entabuladas e os efeitos do cumprimento das obrigações assumidas em face da pretensão punitiva, entre outros aspectos. O instrumento pode ser, ainda, híbrido, versando sobre situações

---

não persecução cível na lei de improbidade administrativa. *In*: CAMBI, Eduardo; SILVA, Danni Sales; MARINELA, Fernanda (org.). *Pacote anticrime*. Curitiba: Escola Superior do MPPR, 2020. p. 258. v. 1).

[138] ESPÍRITO SANTO. Ministério Público do Estado do Espírito Santo. Resolução COPJ nº 009, de 13 de setembro de 2021. *Diário Oficial do MPES*, Vitória, ES, 14 set. 2021, com retificação no dia subsequente. Disponível em: https://www.mpes.mp.br/Arquivos/Anexos/2336e7cc-798d-4d8b-951c-402bee3367f9.pdf. Acesso em: 15-09-2021.

jurídicas processuais, como pode suceder na hipótese de fixação de colaboração processual.[139]

De fato, o acordo de não persecução civil pode conter, além da modulação sobre os efeitos da conduta praticada, negócio jurídico processual, como autoriza o artigo 190 do Código de Processo Civil, que prevê cláusula geral de negociação no âmbito do processo judicial.[140] O fundamento legal é reforçado pela alteração incluída pela Lei nº 14.230/2021, que passou a determinar a aplicação do procedimento comum previsto no CPC para a ação de improbidade. A viabilidade da medida encontra respaldo, ainda, no artigo 17, §10-A, da Lei nº 8.429/1992, que reconhece amplo espectro de solução consensual, conforme apontado no item 1.5. Exemplos e limites para tais convenções processuais serão expostos no capítulo seguinte, que trata do objeto do instrumento e das obrigações passíveis de serem avençadas.

Com posicionamento distinto, o Ministério Público do Estado de Goiás expediu enunciado em que afirma ser o instrumento um negócio jurídico estritamente processual, "por meio do qual se negocia o processo, mediante o reconhecimento do fato e a negociação de condições que não têm natureza de sanção", mas consubstanciariam obrigações com os mesmos efeitos práticos das penas.[141]

O entendimento parece ter sido endossado pela Resolução nº 01/2021, ato normativo próprio editado para regulamentar os parâmetros procedimentais mínimos a serem observados para a celebração de acordo de não persecução civil no âmbito do *Parquet* estadual, pois há previsão das obrigações correspondentes às

---

[139] MARTINS JUNIOR, Wallace Paiva. Acordo de não persecução cível. In: BARROS, Francisco Dirceu et al. (coord.). *Acordos de não persecução penal e cível*. Salvador: JusPodivm, 2021. p. 336.

[140] No mesmo sentido entendem Adriano Andrade, Cleber Masson e Landolfo Andrade, para os quais o acordo de não persecução cível, além de constituir negócio jurídico material, pode "ostentar funcionalidades processuais" (ANDRADE, Adriano; MASSON; Cleber; ANDRADE, Landolfo. *Interesses difusos e coletivos*. 11. ed. Rio de Janeiro: Forense; Método, 2021. p. 859. v. 1).

[141] Para ilustrar a proposta do órgão, no lugar da fixação da pena da perda da função pública, seria ajustada a assunção da obrigação de renúncia irretratável ao cargo ou função pública ocupada; no lugar da suspensão dos direitos políticos, o compromisso de não exercício destes direitos ou de direitos destes decorrentes no prazo estipulado e assim por diante (GOIÁS. Ministério Público do Estado de Goiás. *Enunciados do Grupo de Trabalho instituído por meio da Portaria nº 897/2020, de 4 de maio de 2020*. [Goiânia]: MPGO, 2020. Disponível em: http://www.mpgo.mp.br/boletimdompgo/2020/09-set/cao/patrimonio_publico_terceiro_setor/pdfs/pdf2.pdf. Acesso em: 20 set. 2020).

sanções legais, no artigo 6º, além do reconhecimento do caráter de negócio jurídico processual. Contudo, estabelece-se que, por meio dele, é possível negociar "o poder de punir estatal".[142] Entre as justificativas apresentadas pelo órgão, alega-se ser supostamente inviável a negociação do direito material (as sanções propriamente ditas), cabendo composição tão somente do processo (o poder-dever de ação), "à semelhança dos institutos consensuais penais". A compreensão adotada no documento técnico fundamenta-se, ainda, na alegação de que a disciplina legal e constitucional vigente não se compatibilizaria com a aplicação das sanções previstas na Lei nº 8.429/1992 sem o devido processo legal, citando o artigo 20 do diploma, que exige o trânsito em julgado para efetivação das penas de perda da função pública e suspensão dos direitos políticos. Consta, também, a suposta inexistência de disciplina legal específica que "autorize a aplicação de sanções de forma diversa do método tradicional de jurisdição (acusação/instrução/sentença)".

É necessário demover essa específica interpretação sobre a natureza do acordo de não persecução civil, por uma série de razões jurídicas. Em primeiro lugar, cabe ressaltar a incontroversa existência de normas jurídicas que autorizam a aplicação de sanções de forma diversa do método tradicional de jurisdição. No capítulo 1 deste estudo, optou-se por indicar diplomas legais do Direito Administrativo Sancionador que permitem, de forma explícita e precisa, a solução pacífica de conflitos por meio da consensualidade na atividade sancionatória exercida pelo Estado, com mecanismos de substituição, atenuação, mitigação e ajustamento, via acordo, das penas passíveis de serem impostas ao infrator.

Mesmo no campo da Lei nº 12.846/2013, que prevê fase de responsabilização judicial da pessoa jurídica infratora[143] – e, portanto, o percurso da jurisdição para aplicação de determinadas sanções –, há autorização expressa para celebração de acordo de

---

[142] "Art. 2º O acordo de não persecução cível é negócio jurídico-processual, por meio do qual se negocia o poder de punir estatal, mediante o esclarecimento do fato e o estabelecimento de condições com aptidão para proteção suficiente do patrimônio público" (GOIÁS. Ministério Público do Estado de Goiás. *Resolução nº 01/2021*. Goiânia: MPGO, 2021. Disponível em: http://www.mpgo.mp.br/portal/arquivos/2021/03/11/17_32_31_51_Resolu%C3%A7%C3%A3o_CPJ_1_2021_ANPC.pdf. Acesso em: 14 out. 2021).

[143] "Art. 18. Na esfera administrativa, a responsabilidade da pessoa jurídica não afasta a possibilidade de sua responsabilização na esfera judicial."

leniência e encerramento da atividade punitiva, com isenção e/ou atenuação das penas, incluindo-se tanto aquelas previstas no artigo 6º (fase de responsabilização administrativa – publicação extraordinária e multa) quanto no artigo 19, nomeadamente a proibição de receber incentivos, subsídios, subvenções, doações ou empréstimos de órgãos ou entidades públicas e de instituições financeiras públicas ou controladas pelo poder público (pelo prazo de um a cinco anos), nos termos do artigo 16, §2º.[144]

A Lei Anticorrupção confere à autoridade máxima de cada órgão ou entidade pública, como regra, a competência para celebrar acordo de leniência, outorgando-lhe margem de atuação para ajustar e negociar, juntamente com a pessoa jurídica colaboradora, as sanções cabíveis pela conduta ilícita praticada. Trata-se, sem dúvida, de norma jurídica que autoriza a modulação da extensão do poder punitivo e, por consequência, a negociação do "direito material", e não apenas sobre o processo de responsabilização. Essa singela perspectiva afasta a alegação de que não haveria, "no microssistema de combate à corrupção", institutos consensuais que permitam antecipar a imposição de sanções (i.e., aplicação da pena sem a via judicial).

A narrativa da impossibilidade de negociação sobre a medida do sancionamento parece estar atrelada, na verdade, à equivocada compreensão de que o interesse público não poderia ser tutelado por meio de composição no âmbito da atividade sancionatória do Estado. Contudo, cabe retomar, como exposto no capítulo 1, item 1.4, não haver qualquer malferimento do sistema constitucional vigente (tampouco dos princípios da supremacia e indisponibilidade do interesse público) pela simples atuação consensual, ainda que esta incida sobre essa peculiar tarefa estatal. As ferramentas criadas pelo extenso número de diplomas legais já exemplificados neste estudo se predestinam à consecução legítima de variadas finalidades de interesse público, e não para desprover esse mesmo interesse.

O direito fundamental ao devido processo legal, inscrito no artigo 5º, inciso LVI, da Constituição da República, também não constitui óbice à conformação das sanções previstas na LIA, dado

---

[144] "§2º A celebração do acordo de leniência isentará a pessoa jurídica das sanções previstas no inciso II do art. 6º e no inciso IV do art. 19 e reduzirá em até 2/3 (dois terços) o valor da multa aplicável."

que o acordo pressupõe, como é evidente, a livre manifestação de vontade do acusado em se submeter ao sancionamento ajustado, em vista do reconhecimento da prática de conduta ímproba. Acresça-se que o instrumento está sujeito à homologação do Poder Judiciário, ainda que firmado extrajudicialmente, conforme será abordado adiante.

Não há norma constitucional que vincule o conceito e a garantia do devido processo legal ao processo contencioso, *"full trial*, ou mesmo à instrução probatória obrigatória em juízo", sendo viável a aplicação de sanções tanto por meio do sistema de acesso à justiça por adjudicação quanto pelo sistema de resolução consensual de conflitos, que coexistem, conforme apontam Américo Bedê Freire Junior e Letícia Lemgruber.[145]

O argumento de que o artigo 20 da Lei nº 8.429/1992 vedaria a negociação da própria sanção é também impróprio. A um, porque esse dispositivo tem sua aplicabilidade limitada à hipótese de adjudicação judicial do sancionamento. A norma exige o trânsito em julgado da condenação, antes da efetivação da perda da função pública e suspensão dos direitos políticos, como medida de segurança jurídica, em face da gravidade das aludidas sanções. A aplicação do comando tem como pressupostos a resistência do acusado à pretensão sancionatória e a controvérsia acerca da responsabilidade pela conduta. Não incide se há reconhecimento, por solução consensual, da prática de ato de improbidade, com livre sujeição às penas ajustadas. Logo, é inviável extrair do dispositivo qualquer óbice à negociação de sanções.

O mesmo fundamento se aplica diante do §9º do artigo 12 da Lei nº 8.429/1992, com a redação dada pela Lei nº 14.230/2021. O dispositivo dispõe que todas as sanções só poderão ser executadas após o trânsito em julgado da sentença condenatória. Não há sentido em atribuir ao comando caráter impeditivo para o ajustamento das sanções, considerando a voluntariedade da submissão à punição e a previsão de ferramenta consensual na esfera punitiva pelo próprio diploma legal.

---

[145] FREIRE JUNIOR; Americo Bedê; LEMBRUGER, Letícia. Os acordos de não persecução penal e cível: permissões e vedações. *In*: BARROS, Francisco Dirceu *et al.* (coord.). *Acordos de não persecução penal e cível*. Salvador: JusPodivm, 2021. p. 358-360.

Cumpre reforçar, portanto, que o acordo de não persecução civil, se compreendido sob a teoria do fato jurídico, não pode ser interpretado como negócio jurídico estritamente processual, em que seria possível transacionar apenas sobre o exercício processual da pretensão sancionatória. A dimensão do instrumento é mais profunda que isto, cabendo no seu escopo a efetiva negociação da extensão do sancionamento, dentro dos parâmetros legais.

Nesse sentido entende Fabio Medina Osório, segundo o qual o acordo tem natureza de direito material, "implicando renúncia à pretensão punitiva e negociação de sanções, sendo esta sua finalidade primária".[146]

3.3 Outras classificações

Afora os posicionamentos apontados anteriormente, é possível encontrar outras classificações na doutrina a respeito do acordo de não persecução civil.

Nesse sentido, João Paulo Lordelo Guimarães Tavares sustenta, por exemplo, que, no campo da improbidade, seria possível solução consensual, como gênero, da qual seriam espécies o acordo de não persecução civil e a "colaboração premiada". No primeiro, o legitimado ativo se comprometeria a não ajuizar a ação de improbidade, cumpridas determinadas condições por parte do causador do ilícito.

Por colaboração premiada, o autor refere-se, em rigor, à contribuição probatória no bojo da composição, isto é, instrumento consensual que possua como principal finalidade a obtenção de prova para a investigação do ato ímprobo.[147] Havendo esta natureza, sugere a aplicação, por analogia, dos requisitos previstos no artigo

---

[146] OSÓRIO, Fábio Medina. *Natureza jurídica do instituto da não persecução cível previsto na lei de improbidade administrativa e seus reflexos na lei de improbidade empresarial*. [S. l.]: [s. n.], [2020?]. Disponível em: https://www.migalhas.com.br/arquivos/2020/3/8A049E343B44ED_Artigopacoteanticrimeeimprobid.pdf. Acesso em: 19 out. 2021, p. 23.

[147] Pode gerar má compreensão o uso da expressão colaboração premiada para significar apenas colaboração probatória do infrator em composição no domínio da improbidade e não propriamente o acordo de colaboração premiada, negócio jurídico processual do Direito Penal, previsto na Lei nº 12.850/2013.

4º da Lei nº 12.850/2013, de modo que a contribuição do colaborador deva resultar em uma ou mais utilidades referidas no dispositivo. Conclui, então, que seria possível "celebrar acordo de não persecução cível com ou sem colaboração premiada".[148]

Com relação à proposta de sistematização, é certo que o acordo de não persecução civil pode conter, como obrigações a cargo do infrator, a colaboração com as investigações. Da mesma forma, o ajuste pode estar desvinculado desse pressuposto, limitando-se a solucionar, de forma rápida e pacífica, o litígio, com a fixação da medida do sancionamento reputada proporcional para o caso. Em ambas as hipóteses, está-se diante de acordo de não persecução civil, modalidade de solução consensual prevista para o âmbito da improbidade e que comporta funcionalidades específicas, como a contribuição com as investigações.

Se eventual ajuste concreto tem como principal premissa a obtenção de provas, parece inadequado o recurso às normas da colaboração premiada, instituto penal, considerando que há parâmetros passíveis de serem extraídos da própria Lei nº 8.429/1992 e da Lei nº 12.846/2013, notadamente nos §§1º e 4º do artigo 16, que elencam requisitos cumulativos e determinam a necessidade de o acordo estipular as condições para assegurar a efetividade da colaboração e o resultado útil do processo.

Renato de Lima Castro também classifica as soluções consensuais nesta matéria a partir das finalidades mencionadas, distinguindo os instrumentos que teriam colaboração do autor do ilícito daqueles que não exigiriam essa contrapartida. De acordo com o autor, o acordo de não persecução civil seria gênero "para abarcar todas as espécies abstratamente previstas na legislação", entre elas: compromisso de ajustamento de conduta, acordos de não persecução em sentido estrito não instrumentais e acordos de não persecução cível de caráter instrumental.[149]

---

[148] TAVARES, João Paulo Lordelo Guimarães. A colaboração premiada nas ações de improbidade administrativa: o estado da arte após a Lei nº 13.964/2019 (Pacote "anticrime"). *In*: TAVARES, João Paulo Lordelo G. (coord.). *Pacote "Anticrime"*: Lei 13.964/2019 na visão de Procuradores da República. Salvador: JusPodivm, 2020. p. 105-106.

[149] CASTRO, Renato de Lima. Acordo de não persecução cível na lei de improbidade administrativa. *In*: CAMBI, Eduardo; SILVA, Danni Sales; MARINELA, Fernanda (org.). *Pacote anticrime*. Curitiba: Escola Superior do MPPR, 2020. p. 255-257. v. 1.

Os acordos de não persecução ditos "instrumentais" se concretizariam, segundo a tese ventilada, "nas colaborações premiadas ocorridas na improbidade administrativa ou no acordo de leniência", marcados pela importância de elementos probatórios fornecidos. Já os "não instrumentais" não dependeriam de qualquer espécie de colaboração do infrator, devendo recair sobre atos ímprobos "de gravidade média/grave, ou de escassa gravidade, que são as modalidades de ato de improbidade de menor potencial ofensivo".[150] Por fim, o compromisso de ajustamento de conduta seria terceira espécie de acordo de não persecução civil, limitado à fixação do prazo ou forma de cumprimento da obrigação pactuada, citando-se, como exemplo, o parcelamento do ressarcimento ao erário ou da multa civil imposta.

Novamente, há obstáculos ao proveito da classificação, na medida em que aglutina, sob o mesmo signo "acordo de não persecução civil", universo diversificado de instrumentos, com funcionalidades e regramentos distintos, como sucede com o acordo de leniência e o compromisso de ajustamento de conduta. Além disso, o signo foi utilizado pela legislação apenas no âmbito da Lei nº 8.429/1992, para designar a ferramenta consensual própria desta esfera de responsabilização.

No tocante à suscitada correlação do chamado "acordo de não persecução cível em sentido estrito não instrumental" a ilícitos de gravidade mediana ou de escassa gravidade, deve-se interpretá-la como meramente exemplificativa, porquanto não há nenhum fundamento legal que restrinja, de antemão, a aplicação do instituto a casos de menor ou maior magnitude. O acordo se presta, a princípio, para adequado e proporcional dimensionamento da carga punitiva aplicável ao caso concreto, sempre em vista de vantagens advindas do encerramento célere e pacífico do litígio e de outras obrigações assumidas pelo infrator, o que pode se revelar útil mesmo em face de ilícitos graves. Isso não impede, é claro, que a gravidade da conduta seja ponderada no âmbito da negociação, sendo inclusive medida de dosimetria expressamente prevista nos artigos 12 e 17-B, §2º, da Lei nº 8.429/1992.

Uma terceira classificação é apresentada por Fábio Medina Osório, segundo o qual teria ocorrido uma bifurcação da natureza jurídica do acordo em comento. O instrumento expressaria, de um

---

[150] *Ibidem*, p. 256.

lado, colaboração premiada no âmbito da improbidade, quando decorrer de ajustes celebrados em ações ou investigações penais; e, de outro, assumiria "contornos de termos de ajustamento de conduta quando for celebrado independentemente de acordos pelos mesmos fatos na seara penal".[151]

O autor compreende que o ajuste tem natureza de "direito material bifronte", alternando sua fisionomia a depender da vinculação ou não com eventual colaboração premiada realizada na esfera penal. Inexistindo esse vínculo, aponta que o acordo equivaleria à figura do TAC.

Não será adotado o aludido posicionamento, pois, no âmbito da responsabilização por ato ímprobo, a ferramenta escolhida pelo legislador para disciplinar as consequências normativas sancionatórias foi o acordo de não persecução civil, cabendo aplicar a modalidade consensual prevista nesta seara do Direito Administrativo Sancionador.[152] O recurso a figuras do Direito Penal é, ainda, inoportuno, em virtude dos diferentes objetos.

Se a negociação envolver ilícitos puníveis na esfera cível e criminal, as obrigações deverão ser estabelecidas em instrumentos distintos, "seja com vistas à celebração do acordo de colaboração premiada ou de não persecução penal, seja de acordo em matéria de improbidade administrativa, ante a diferença de sistemáticas, normatização, consequências e execução", conforme disposto na Resolução nº 3/2021-CPJ, do Ministério Público do Estado de Mato Grosso do Sul,[153] ainda que as tratativas sejam conduzidas de forma conjunta pelos órgãos competentes. Essa solução foi adotada, também, em Resolução do Ministério Público do Estado de São Paulo.[154]

---

[151] OSÓRIO, Fábio Medina. Natureza jurídica do instituto da não persecução cível previsto na lei de improbidade administrativa e seus reflexos na lei de improbidade empresarial. [S. l.]: [s. n.], [2020?]. Disponível em: https://www.migalhas.com.br/arquivos/2020/3/8A049E343B44ED_Artigopacoteanticrimeeimprobid.pdf. Acesso em: 19 out. 2021, p. 35.

[152] Renata Lane sustenta a mesma interpretação (LANE, Renata. *Acordos na improbidade administrativa*: termo de ajustamento de conduta, acordo de não persecução cível e acordo de leniência. Rio de Janeiro: Lumen Juris, 2021. p. 232-233).

[153] MATO GROSSO DO SUL. Ministério Público do Estado de Mato Grosso do Sul. Resolução nº 3/2021-CPJ, de 1/06/2021. *Diário Oficial do Ministério Público de Mato Grosso do Sul*, Campo Grande, 1º jul. 2021. Disponível em: https://www.mpms.mp.br/domp/2021/06/01. Acesso em: 7 out. 2021.

[154] "Art. 4º As tratativas que envolverem ilícitos puníveis na esfera cível e criminal serão estabelecidas preferencialmente de forma conjunta pelos órgãos do Ministério Público com

Por fim, vale citar a classificação endossada por Fernando da Fonseca Gajardoni, segundo o qual o acordo em exame constitui negócio jurídico material, "cujo foco de acertamento é a reparação dos danos e sancionamento do agente", mas que teria traços do acordo de composição civil dos danos, de termo de ajustamento de conduta e de acordo de não persecução penal. Conforme o autor, haveria duas espécies de acordo em tema de improbidade: o acordo de não persecução civil, celebrado antes da propositura da ação e a transação/reconhecimento, firmado no curso da medida judicial ou do cumprimento de sentença.[155]

Como demonstrado anteriormente, embora se concorde com o escopo material do ajuste, é impróprio equipará-lo aos demais instrumentos mencionados, sobretudo o termo de ajustamento de conduta e a ferramenta penal. Com relação à reparação civil, trata-se de obrigação que deverá compor o acordo de não persecução civil, caso haja efetivo prejuízo ao erário a ser reparado. Portanto, o acordo subsiste, em tese, sem este traço, desde que inexista dano.

No tocante à proposta de reconhecimento de duas espécies de ajuste com base no momento da celebração e com nomenclaturas distintas, basta assinalar que ela é *contra legem*, pois o artigo 17-B, §4º, da Lei nº 8.429/1992 dispõe que o acordo de não persecução civil poderá ser firmado no curso da investigação ou no decorrer da ação de improbidade, razão pela qual também não será adotada neste livro.

3.4 Ato jurídico convencional

Para o fim deste estudo, adota-se a compreensão de que o acordo de não persecução civil, previsto na Lei nº 8.429/1992, constitui

---

atribuições nas respectivas áreas de atuação, em instrumentos distintos, seja com vistas à celebração do acordo de colaboração premiada ou de não persecução penal, seja de acordo em matéria de improbidade administrativa" (SÃO PAULO (Estado). Ministério Público do Estado de São Paulo. *Resolução nº 1.193/2020-CPJ, de 11 de março de 2020*. São Paulo: MPSP, 2020. Disponível em: http://biblioteca.mpsp.mp.br/phl_img/resolucoes/1193compilado.pdf. Acesso em: 7 out. 2021).

[155] GAJARDONI, Fernando da Fonseca *et al*. *Comentários à Nova Lei de Improbidade Administrativa*: Lei 8.429/1992, com as alterações da Lei 14.230/2021. 5. ed. São Paulo: Thomson Reuters Brasil, 2021. p. 380-381.

espécie do gênero ato jurídico convencional, na perspectiva da teoria do fato jurídico.[156]

Trata-se de ato jurídico, pois pressupõe a manifestação de vontade das partes envolvidas – infrator e órgão legitimado[157] – com o objetivo de produzir efeitos de direito. É convencional (e opõe-se ao ato jurídico unilateral), porque exige, para sua conclusão, o acerto de vontades, "que se integram em um ato jurídico único, mediante o acordo quanto ao fim querido", na concepção de Oswaldo Aranha Bandeira de Mello.[158]

Por meio do acordo de não persecução civil, o órgão público legitimado e o acusado entabulam obrigações recíprocas e, mais que isso, disciplinam os efeitos jurídicos previstos em lei para a prática de ato ímprobo. O instrumento possibilita a modulação da extensão do poder punitivo estatal no campo da responsabilização por improbidade administrativa.

Como afirmado anteriormente, a ferramenta inserida na LIA é uma das respostas da ordem jurídica para a caracterização de ato ímprobo, cabendo no seu conteúdo obrigações que sejam proporcionais e eficazes à repressão e prevenção do ilícito qualificado. Há, sem dúvida, composição e negociação entre as partes sobre o direito material, isto é, sobre as sanções passíveis de serem impostas ao infrator, com possibilidade de ajustamento, mitigação ou isenção de determinadas penas.

Na concepção de ato jurídico convencional, despontam duas características relevantes para a compreensão do acordo: a livre manifestação de vontade do acusado e o espaço de negociação sobre os termos e fins da avença.

---

[156] Assim como o acordo de leniência, da Lei nº 12.846/2013, constitui outra espécie de ato jurídico convencional, como afirma Celso Antônio Bandeira de Mello (*Curso de direito administrativo*. 35. ed. São Paulo: Malheiros, 2021. p. 886-887).

[157] Por vontade do órgão, deve-se entender aquela manifestada pelos agentes públicos que o presentam, na execução das competências instituídas por lei e atribuídas aos cargos que exercem. O móvel ou a vontade do agente é sobretudo relevante em atos expedidos no exercício de competência discricionária, cabendo avaliar, para além da intenção do agente, se o resultado produzido está ou não em descompasso com a ordem jurídica e as finalidades legais.

[158] MELLO, Oswaldo Aranha Bandeira de. *Princípios gerais de direito administrativo*. 3. ed. São Paulo: Malheiros, 2010. p. 434-450. v. 1.

3.4.1 Livre consentimento do pactuante, assistência por advogado e transparência

A validade do ajuste depende do caráter voluntário da negociação, especialmente sob a ótica do administrado. É inválido instrumento que decorra de composição na qual o celebrante-infrator tenha sua liberdade de manifestação privada ou reduzida, como pode suceder em hipóteses de ameaça, coação (física ou moral), dolo (não acidental) ou nas quais o infrator seja induzido em erro. Havendo vício na declaração de vontade e no consentimento, deve-se apurar se há causa para invalidação do ajuste, servindo, neste ponto, as disposições da legislação civil acerca da anulabilidade do negócio jurídico viciado.[159]

É importante que a negociação se paute, portanto, em valores republicanos, dentro dos parâmetros legais, assegurando-se o exercício livre do consentimento pelas partes envolvidas. Cumpre, ainda, que os acusados sejam representados e acompanhados por advogado ou defensor público, para viabilizar a tomada de decisão informada, a respeito das condições e obrigações propostas e o alcance delas, em virtude da indiscutível gravidade do objeto e da privatividade da tarefa de assessoria jurídica (artigo 1º, II, da Lei nº 8.906/1994 – Estatuto da Advocacia).

Ademais, o Ministério Público não estaria autorizado a prestar o assessoramento jurídico do acusado, por vedação constitucional e em razão de suas atribuições, conforme disposto no artigo 128, §5º, inciso II, "b", da Constituição da República. A Advocacia Pública também não poderia fazer esse papel, pois cabe a ela, com exclusividade, a representação judicial e a consultoria jurídica dos entes públicos, em vista dos artigos 131 e 132 da Carta Magna.

Em acréscimo, a decisão informada é princípio regente da conciliação e mediação, previsto no artigo 166 do Código de Processo Civil,[160] cabendo sua aplicação para o escopo ora tratado, o que supõe

---

[159] *Vide* capítulos IV e V do Código Civil, relativos aos defeitos e à invalidade do negócio jurídico, respectivamente.

[160] "O consenso somente deve ser obtido após a correta compreensão do problema e das consequências do acordo. A informação garante uma participação dos interessados substancialmente qualificada. A qualificação da informação qualifica, obviamente, o diálogo. Eis o princípio da decisão informada" (DIDIER, 2020, p. 366).

a promoção da clareza nas cláusulas e tratativas, com o objetivo de assegurar a previsibilidade dos compromissos que serão assumidos por ambas as partes e, por consequência, reforçar o cumprimento do próprio acordo.

Com a edição da Lei nº 14.230/2021, há previsão expressa no artigo 17-B, §5º, de que as negociações para a celebração do acordo ocorrerão entre o Ministério Público, de um lado, e, de outro, o investigado ou demandado com o seu defensor.

Os órgãos legitimados devem buscar o aprimoramento da clareza e transparência da negociação. Nesse sentido, convém o estabelecimento de regras procedimentais, envolvendo aspectos como iniciativa da proposta, rito interno ao órgão para avaliação, confirmação e homologação do acordo, elucidação das competências nesta matéria, registro dos atos e documentos produzidos nas tratativas, entre outros que possam fomentar consensualidade e segurança jurídica. A fixação de regras dessa natureza deve vir acompanhada, é claro, da mais ampla publicidade sobre o seu teor, de tal sorte que eventuais interessados tenham prévia ciência acerca do processo de celebração.

O regime da publicidade impõe, ainda, a acessibilidade aos elementos do expediente (inquérito civil ou procedimento administrativo) no qual tenha sido formulada proposta de acordo, bem como o direito do pactuante de conhecer as decisões que sobre ela forem tomadas. Há, em suma, necessidade de visibilidade dos atos praticados, sem desbordar da confidencialidade eventualmente aposta a determinadas informações e documentos e da garantia constitucional e legal de sigilo.

Em harmonia com o exposto, cabe ressaltar a oportuna previsão – não exaustiva evidentemente – de direitos do celebrante perante o Ministério Público Federal, na Orientação nº 10, da 5ª Câmara de Coordenação e Revisão, sobre procedimentos e diretrizes a serem avaliados na celebração de acordos no âmbito da improbidade administrativa. De acordo com o artigo 15, o pactuante possui direito a: (i) celebrar o acordo com voluntariedade, vedada qualquer forma de ameaça, coerção ou coação no processo de celebração;[161]

---

[161] Consta no parágrafo único do mesmo dispositivo que "não configura ameaça, coação ou coerção o membro do Ministério Público Federal que negocia o acordo indicar ao interessado as medidas judiciais que entende cabíveis, em tese, para a hipótese de insucesso

(ii) ter ciência da tramitação dos procedimentos administrativos ou inquéritos civis, em que tenha formulado proposta de acordo ou esteja na condição de celebrante, ter vista dos respectivos autos, obter cópias de documentos neles contidos e conhecer as decisões proferidas; e (iii) ter previsibilidade adequada das consequências sancionatórias e não sancionatórias decorrentes do acordo celebrado com o MPF, entre outros.

O princípio da publicidade não impede, todavia, que se imponha sigilo temporário dos termos de eventual acordo enquanto se entabulam tratativas preliminares à sua formação e homologação, tendo por objetivo resguardar a eficiência da investigação e da própria negociação entre as partes (a exemplo do disposto no artigo 16, §6º, da Lei nº 12.846/2013),[162] observada a necessidade de fundamentação da medida. Para tanto, é comum, por exemplo, a subscrição de termo de confidencialidade pelas partes negociantes, cabendo destacar que a frustração da negociação não importa reconhecimento da prática do ato ilícito, a despeito de não haver disposição expressa na Lei nº 8.429/1992, mas apenas na Lei nº 12.846/2013.

Na linha exposta, vale citar que o Ministério Público do Estado de São Paulo, por meio da Resolução nº 1.193/2021-CPJ (artigo 9º e 11), reconhece o sigilo das tratativas preliminares entre o órgão e o pactuante, até a homologação, determinando, todavia, o registro em suporte digital de todas as reuniões, com informações sobre data, lugar, participantes e resumo dos assuntos discutidos.

3.4.2 Negociação regrada nos termos da Lei

O enquadramento do acordo como ato jurídico convencional detém aptidão adicional para evidenciar a existência de margem de negociação no domínio punitivo da LIA, mas regrada nos limites indicados pela ordem jurídica. Permite visualizar, ainda, que o arranjo

---

da negociação, desde que essas medidas estejam incluídas em sua esfera de atribuições" (BRASIL. Ministério Público Federal. 5ª Câmara de Coordenação e Revisão. *Orientação nº 10*. Brasília, DF: MPF, 2020. Disponível em: http://www.mpf.mp.br/atuacao-tematica/ccr5/orientacoes/orientacao-no-10-2020-anpc.pdf. Acesso em: 1º out. 2021).

[162] "§6º A proposta de acordo de leniência somente se tornará pública após a efetivação do respectivo acordo, salvo no interesse das investigações e do processo administrativo."

do instrumento não se restringe a interesses contrapostos, como se poderia supor a partir das posições de acusado e acusador. Há interesses recíprocos e finalidades que se comungam nesta espécie de avença, como o encerramento célere, seguro, pacífico, menos custoso e proporcional da atividade punitiva, que importa a ambas as partes.

A categoria lógico-jurídica "ato jurídico convencional" é operativa para afastar qualquer necessidade de equiparar o acordo de não persecução civil a figuras como o Termo de Ajustamento de Conduta e o acordo de leniência. Este último poderia ser concebido como outra espécie de ato jurídico convencional,[163] mas com funcionalidade e regramento próprios, indicados na Lei nº 12.846/2013.

O acordo de não persecução civil deve ser compreendido, assim, como categoria própria, instrumento consensual típico da Lei nº 8.429/1992, que visa disciplinar o escopo de sancionamento, nos termos a seguir demonstrados.

3.5 Ato jurídico convencional de caráter sancionatório

Além de ato jurídico convencional, o acordo de não persecução civil possui caráter sancionatório, sendo este um traço relevante para a compreensão do instrumento e distintivo em relação a outras ferramentas existentes.

A afirmação serve para sublinhar três características. Em primeiro lugar, o ajuste se insere no exercício da atividade punitiva do Estado, especificamente aquela voltada à responsabilização prevista na Lei nº 8.429/1992. Bem por isso, a ferramenta se destina a atingir finalidades úteis a essa tarefa estatal e a alcançar vantagens que não seriam obtidas com a tradicional judicialização do sancionamento. Impõem-se, aqui, as observações feitas no capítulo 1, item 1.4, deste estudo, relativo ao contexto teórico da consensualidade no Direito Administrativo Sancionador.

---

[163] ZOCKUN, Maurício. Vinculação e discricionariedade no acordo de leniência. *Revista Colunista de Direito de Estado*, [s. l.], n. 142, 2016. Disponível em: http://www.direitodoestado.com.br/colunistas/Mauricio-Zockun/vinculacao-e-discricionariedade-no-acordo-de-leniencia. Acesso em: 10 jul. 2021.

Trata-se de instrumento consensual que viabiliza, por meio da conformação das sanções, o atingimento de objetivos macro estipulados no ordenamento, a exemplo da repressão e prevenção dos ilícitos, assim como outros desideratos já elencados, tais como a pacificação de conflitos sociais, a redução do custo do processo, a apresentação de resposta satisfatória e rápida para a sociedade, a adequada destinação de recursos públicos, a recondução do infrator ao plano da legalidade, o retorno de valores para o erário e o incremento na atividade investigava, quando houver colaboração do celebrante.

Tais elementos compõem o exame da vantajosidade ao interesse público na resolução consensual do litígio, sendo importante identificá-los no processo de negociação e atribuir-lhes o peso reputado apropriado pelas partes no caso concreto e à luz do ordenamento.

Em segundo lugar, a afirmativa inicial indica que o acordo versa sobre sanções, constituindo composição no que concerne ao alcance do sancionamento previsto abstratamente na LIA. Por esse motivo, rechaça-se a tese de que se trata de negócio jurídico estritamente processual, relacionado apenas ao exercício da pretensão punitiva em juízo, como já demonstrado. O instrumento tem por objeto a aplicação consensual das penas legais e alberga a possibilidade de mitigação, atenuação e isenção do plexo de penalidades passíveis de imposição.

O entendimento adotado neste livro é oposto ao sustentado por Calil Simão, segundo o qual o acordo de não persecução civil não é um instrumento de aplicação consensual de sanções. De acordo com o autor, as condições fixadas no ajuste não possuem natureza jurídica de pena, qualificando-se como medidas alternativas que "atendam de forma mais adequada o interesse público no caso concreto". Uma vez cumpridas tais obrigações, haveria a descaracterização do interesse de agir para a demanda e o acordo consistiria em "ajuste para não se apurar, judicialmente, o ilícito, consequentemente, a correspondente responsabilidade".[164]

---

[164] SIMÃO, Calil. *Improbidade administrativa*: teoria e prática. 5. ed. Leme, SP: Mizuno, 2021. p. 410-416.

Há efeito concreto na interpretação acolhida pelo autor e deletério ao infrator. Se as obrigações previstas no acordo de não persecução civil não possuem natureza de sanção, seria possível argumentar que sua assunção e cumprimento não encerram propriamente o sancionamento adequado para o caso concreto, mas apenas afastam a pretensão punitiva processual do órgão legitimado celebrante. Sob essa ótica, o acordo não importaria solução definitiva e segura para o infrator.

Ronaldo Pinheiro de Queiroz sustenta a tese de que, no âmbito extrajudicial, não se convenciona a aplicação imediata das sanções em sentido estrito, pois "o que se negocia na prática (...) são medidas com efeitos práticos equivalentes ao da sanção, mas não as sanções propriamente ditas".[165] Em outras palavras, segundo o autor, ajustam-se obrigações e comportamentos que levam a efeitos análogos aos das penalidades.

Ainda que firmado extrajudicialmente, o acordo de não persecução civil constitui instrumento criado pela legislação para conformar a aplicação de sanções, isto é, para modular a extensão do sancionamento devido pela prática de ato de improbidade, submetendo-se, ainda, à homologação pelo Poder Judiciário. É impróprio, portanto, pretender conferir ao instrumento caráter precário ou de conteúdo meramente cível, obrigacional, a despeito de seu *nomen iuris*, como se expôs no item 2 deste capítulo.

Na perspectiva defendida no presente estudo, o acordo pressupõe a configuração formal e material da improbidade, o que significa a verificação da prática de conduta que, de forma cumulativa, amolde-se à noção jurídico-constitucional de improbidade,[166] esteja recoberta por tipo descrito na Lei nº 8.429/1992 e importe ofensa

---

[165] Somente em relação à suspensão dos direitos políticos, considerando o compromisso do Poder Judiciário em dar cumprimento à cominação, o autor sustenta que o acordo extrajudicial está autorizado a negociar a sanção em si e não apenas o seu efeito prático (QUEIROZ, Ronaldo Pinheiro de. Alguns dilemas no acordo de não persecução cível. *In*: SALGADO, Daniel de Resende; KIRCHER, Luis Felipe Schneider; QUEIROZ, Ronaldo Pinheiro de (coord.). *Justiça consensual*: acordos penais, cíveis e administrativos. São Paulo: JusPodivm, 2022. p. 679-680).

[166] Não se inclui no conceito jurídico-constitucional de improbidade a mera quebra da legalidade. É necessário que o ilícito seja acompanhado de agravo ao bem jurídico tutelado pelo art. 37, §4º, da Constituição – a probidade na Administração –, que centraliza valores como honestidade, zelo, lealdade e imparcialidade no exercício da função.

relevante aos bens jurídicos tutelados na tipificação realizada pelo diploma legal.[167]

A compreensão da necessidade de caracterização formal e material da conduta ímproba afasta eventual tentativa indevida de direcionar o uso do acordo para a solução de casos que não configuram sequer lesão à noção de improbidade (como a mera quebra da legalidade), cabendo ao órgão legitimado endereçá-las por meio de outras medidas adequadas e proporcionais previstas no ordenamento, e não o instrumento consensual em questão. Impede, ainda, a utilização do acordo como saída em favor do sancionamento, quando não existir sequer prova do ilícito.

Nesse aspecto, cabe destacar a oportuna previsão contida no artigo 12-A da Resolução nº 080/2020, do Conselho Superior do Ministério Público do Estado de Mato Grosso, que reconhece a inaplicabilidade do acordo quando inexistente conduta qualificada como ímproba sob o prisma formal e material, sem prejuízo da viabilidade da celebração de compromisso de ajustamento de conduta para reparar eventual dano.[168]

É de se notar que a necessidade de lesividade relevante ao bem jurídico tutelado é exigida, expressamente, para a modalidade prevista no artigo 11, por força da nova redação conferida pela Lei nº 14.230/2021. Embora referida ao tipo específico, a previsão deve ser compreendida como aplicável às três modalidades de ato ímprobo, reverberando sobre o acordo, que pressupõe, como dito, a configuração da conduta sob o prisma material.

Conquanto não prevista na disciplina constante do artigo 17-B da Lei nº 8.429/1992, o acordo de não persecução civil supõe, na linha exposta, a confissão da prática de ato ímprobo pelo infrator,

---

[167] Para considerações importantes sobre tipificação formal e material de improbidade, *vide*: OLIVEIRA, José Roberto Pimenta. *Improbidade administrativa e sua autonomia constitucional*. Belo Horizonte: Fórum, 2009. p. 280-285.

[168] "Art. 12-A. Caso se conclua no decorrer da apuração que, apesar de afetar direitos metaindividuais, o dano ao erário ou eventual enriquecimento ilícito não decorram de conduta qualificada como ato de improbidade administrativa sob o aspecto formal e material, não se aplicam as disposições desta Resolução, sendo possível, todavia, a celebração de Compromisso de Ajustamento de Conduta para repará-lo ou restituí-lo, respectivamente" (MATO GROSSO. Ministério Público do Estado do Mato Grosso. *Resolução nº 080/2020-CSMP*. Cuiabá, MT: MPMT, 2020. Disponível em: https://www.mpmt.mp.br/secao/550. Acesso em: 7 out. 2021).

limitada a essa específica esfera de responsabilidade, em analogia com o acordo de leniência previsto na Lei nº 12.846/2013 (artigo 16, §1º, III). A premissa do reconhecimento do ilícito justifica, nos planos lógico e axiológico, o sancionamento de um indivíduo, pela via consensual, de forma consentânea à Constituição Federal. Essa concepção autoriza a execução do acordo, em caso de descumprimento de seus termos, sem necessidade de firmar a responsabilidade em fase de conhecimento no processo judicial, pois as sanções foram compostas, em solução consensual e não apenas obrigações alternativas, paralelas.

Por estar inserido no sistema de responsabilização por ato de improbidade administrativa, o ANPC deve ser interpretado e aplicado como instrumento consensual que visa aprimorar esse sistema punitivo, fundado no princípio republicano – projeto jurídico-político de limitação da conduta de agentes públicos[169] – e fomentado pela Convenção de Palermo (Decreto federal nº 5.015/2004), como exposto no capítulo 1, item 1.5. Cabe conferir-lhe, por consequência, racionalidade e coerência, com foco na efetividade do primado da responsabilidade.

Em terceiro lugar, a inserção da modalidade consensual no aludido sistema de responsabilização implica, ainda, reconhecê-la como acordo com repercussão sancionatória, nos termos do artigo 37, §4º, da Constituição. Conforme afirma José Roberto Pimenta Oliveira, o domínio punitivo da improbidade administrativa é primariamente sancionatório e secundariamente reparatório.[170] Comina sanções de cunho repressivo (gravame, penalidade) – na perspectiva de dissuadir e prevenir o ilícito –, para além da mera reparação ou ressarcimento do dano, que pode ou não advir da conduta ímproba. A tutela realizada pela LIA ultrapassa a preservação do erário, alcançando o bem jurídico da probidade para punir os que desviam do exercício probo da função pública,

---

[169] "Regime republicano é regime de responsabilidade. Os agentes públicos respondem pelos seus atos. Todos são, assim, responsáveis" (ATALIBA, Geraldo. *República e Constituição*. 3. ed. São Paulo: Malheiros, 2011. p. 67).

[170] OLIVEIRA, José Roberto Pimenta. Desafios e avanços na prevenção e no combate à corrupção, na atuação cível do Ministério Público Federal, nos 30 anos da Constituição Federal. *In*: HIROSE, Regina Tamami (coord.). *Carreiras típicas de Estado*: desafios e avanços na prevenção e no combate à corrupção. Belo Horizonte: Fórum, 2019. p. 189.

como, aliás, consta no artigo 1º da Lei, com a redação dada pela Lei nº 14.230/2021.[171]

Por esse motivo, o escopo do acordo de não persecução civil não pode se limitar à obrigação de recomposição do patrimônio público lesado, exigindo alguma medida adicional de sancionamento se se pretende solucionar adequadamente a atividade punitiva. A obrigação reparatória do prejuízo não constitui propriamente sanção, sob a ótica repressiva, mas é necessária consequência da prática do ilícito, fundada, antes de tudo, na máxima segundo a qual quem quer que cause dano a outrem é obrigado a repará-lo. No âmbito da improbidade, cabe ao agente condenado tornar o patrimônio público ao *status* anterior à lesão causada por sua conduta.

É esse o entendimento consolidado do Superior Tribunal de Justiça, segundo o qual o ressarcimento, por não representar pena, "deve vir acompanhada de pelo menos uma das sanções legais que, efetivamente, visam a reprimir a conduta ímproba e a evitar o cometimento de novas infrações".[172] Trata-se de posição amplamente endossada pela doutrina, que indica não ser possível "haver apenas a imposição do dever de reparar o dano", uma vez reconhecida a prática de ato de improbidade.[173]

A afirmação não significa, é claro, que o acordo deve conter, de forma obrigatória, todas as sanções previstas na LIA – dado que o próprio artigo 12 dispõe que podem ser aplicadas isolada ou cumulativamente[174] –, mas somente que a obrigação de reparar o

---

[171] "Art. 1º O sistema de responsabilização por atos de improbidade administrativa tutelará a probidade na organização do Estado e no exercício de suas funções, como forma de assegurar a integridade do patrimônio público e social, nos termos desta Lei."

[172] Por todos, *vide* AgRg no Agravo em REsp 606.352-SP, relatora ministra Assusete Magalhães, julgado em 15 dez. 2015. Cite-se, ainda, o seguinte trecho: "Caracterizado o ato de improbidade administrativa, o ressarcimento ao erário constitui o mais elementar consectário jurídico, não se equiparando a uma sanção em sentido estrito e, portanto, não sendo suficiente por si só a atender ao espírito da Lei nº 8.429/97, devendo ser cumulada com ao menos alguma outra das medidas previstas em seu art. 12" (BRASIL. Superior Tribunal de Justiça. REsp 1.019.555-SP, Rel. Min. Castro Meira, julgado em 16-06-2009, DJ 29-06-2009).

[173] GAJARDONI, Fernando da Fonseca *et al*. *Comentários à Lei de Improbidade Administrativa*: Lei 8.429, de 02 de junho de 1992. 4. ed. São Paulo: Thomson Reuters Brasil, 2020. p. 188.

[174] *Vide* Tese nº 11 da Edição nº 40 – Improbidade Administrativa II, do material "Jurisprudência em Teses" do Superior Tribunal de Justiça: "o magistrado não está obrigado a aplicar cumulativamente todas as penas previstas no art. 12 da Lei nº 8.429/92, podendo, mediante adequada fundamentação, fixá-las e dosá-las segundo a natureza, a gravidade e as consequências da infração" (AgRg no AREsp 538656/SE, Rel. Ministro Napoleão Nunes Maia Filho, Primeira Turma, julgado em 23-06-2015,

erário seja acompanhada de pena proporcional, visando à prevenção e repressão da conduta ímproba. A redação atual do *caput* do dispositivo citado corrobora o exposto, na medida em que impõe a aplicação das cominações nele previstas, "independentemente do ressarcimento integral do dano patrimonial, se efetivo".

No artigo 17-B, incisos I e II, a Lei nº 8.429/1992 fixa a reparação integral do dano e a reversão da vantagem indevida à pessoa jurídica lesada como condicionantes objetivos mínimos para a celebração de acordo de não persecução civil. O dispositivo não autoriza o encerramento da atividade punitiva, pela via do ajuste, apenas com a assunção dessas obrigações, mas exige a previsão delas no instrumento se, da conduta ilícita, decorrer dano ao patrimônio público ou vantagem ilícita auferida pelo infrator.

Em sentido diverso, Julizar Barbosa Trindade Junior sustenta que o dispositivo legal admitiria a celebração de acordo de não persecução mesmo sem a pactuação de nenhuma medida propriamente punitiva. Para o autor, o ajuste poderia "assumir tanto um caráter verdadeiramente sancionatório quanto um caráter meramente substitutivo de sanção".[175]

No entanto, a interpretação não parece ser comportada pelos termos da Lei nº 8.429/1992. A um, porque o comando legal citado indica que o integral ressarcimento é medida mínima do instrumento, resultado necessário dele. A dois, porque a própria LIA comina sanções – que não a reparação do erário – pela prática de ato de improbidade, notadamente as inscritas no artigo 12 do diploma, de modo que o reconhecimento do ilícito, na via consensual, exige a resposta delimitada pelo legislador. Em terceiro lugar, porque a

---

DJe 05-08-2015; AgRg no AREsp 239300/BA, Rel. Ministro Og Fernandes, Segunda Turma, julgado em 24-03-2015, DJe 01-07-2015; REsp 1091420/SP, Rel. Ministro Sérgio Kukina, Primeira Turma, julgado em 23-10-2014, DJe 05-11-2014; REsp 1416406/CE, Rel. Ministro Humberto Martins, Segunda Turma, julgado em 14-10-2014, DJe 24-10-2014; REsp 1324418/SP, Rel. Ministro Herman Benjamin, Segunda Turma, julgado em 05-08-2014, DJe 25-09-2014; REsp 1280973/SP, Rel. Ministra Eliana Calmon, Segunda Turma, julgado em 17-12-2013, DJe 07-05-2014; AgRg no REsp 1305243/RS, Rel. Ministro Mauro Campbell Marques, Segunda Turma, julgado em 16-05-2013, DJe 22-05-2013; AgRg nos EDcl no AREsp 033898/RS, Rel. Ministro Benedito Gonçalves, Primeira Turma, julgado em 02-05-2013, DJe 09-05-2013).

[175] TRINDADE JÚNIOR, Julizar Barbosa. A pactuação da sanção de suspensão de direitos políticos no acordo de não persecução civil (ANPC). *In*: DAL POZZO, Augusto Neves; OLIVEIRA, José Roberto Pimenta (coord.). *Lei de Improbidade Administrativa Reformada*. São Paulo: Thomson Reuters Brasil, 2022. p. 698-699.

estrutura constitucional do sistema de responsabilidade por ato ímprobo foi configurada para imprimir severas penas aos infratores e não apenas a reparação do patrimônio público.

Da leitura do §2º, do mesmo artigo, extrai-se, igualmente, a necessidade de imposição de ao menos uma sanção, além da reparação ou perdimento, porquanto o dispositivo dispõe que, em qualquer caso, a celebração do acordo considerará a "personalidade do agente, a natureza, as circunstâncias, a gravidade e a repercussão social do ato de improbidade", elementos aferidos para dimensionar a medida do sancionamento e não a extensão do ressarcimento, que será sempre integral, por força dos artigos 12, 16 e 17-B, inciso I, da LIA.

Renata Lane compreende que o acordo não pode substituir a aplicação de sanção, isentando totalmente o celebrante. Para a autora, o instrumento deve prever uma das penas do domínio da improbidade administrativa, possuindo, necessariamente, cunho sancionatório, como sustentado neste livro. Seria possível, a princípio, a isenção total de sanções, entretanto, "apenas a lei poderia autorizar uma imunidade total aos atos de improbidade", por força do artigo 37, §4º, da Constituição, que prevê reserva legal para a gradação das penas.[176]

Nesse sentido, a Orientação nº 10 da 5ª Câmara de Coordenação e Revisão do MPF expressamente dispõe, no artigo 23, §2º, que "fica vedada a concessão de isenção total de penalidades".[177]

Para o fim deste livro, adota-se a noção, portanto, de que o acordo de não persecução civil deve conter alguma medida de sancionamento para solucionar a responsabilização por ato de improbidade administrativa. Esse traço o distingue, por exemplo, de eventual Termo de Ajustamento de Conduta ou outro *nomen iuris* atribuído a instrumento que vise apenas modular a forma, o tempo e o modo de cumprimento da obrigação de reparar o patrimônio público lesado.

Vale destacar que a tese aqui sustentada, no que concerne ao caráter sancionatório do ajuste, à necessidade de previsão de

---

[176] LANE, Renata. *Acordos na improbidade administrativa*: termo de ajustamento de conduta, acordo de não persecução cível e acordo de leniência. Rio de Janeiro: Lumen Juris, 2021. p. 168-171.

[177] BRASIL. Ministério Público Federal. 5ª Câmara de Coordenação e Revisão. *Orientação nº 10*. Brasília, DF: MPF, 2020. Disponível em: http://www.mpf.mp.br/atuacao-tematica/ccr5/orientacoes/orientacao-no-10-2020-anpc.pdf. Acesso em: 1º out. 2021.

alguma sanção típica da Lei nº 8.429/1992 e ao reconhecimento da conduta ímproba, foi amplamente adotada nos atos normativos expedidos pelos órgãos legitimados, a exemplo das Resoluções dos Ministérios Públicos do Estado de São Paulo,[178] do Estado do Mato Grosso,[179] do Estado do Piauí[180] e do Estado do Espírito Santo,[181] que disciplinam o acordo nas suas respectivas esferas. A Resolução CNMP nº 179/2017 também já indicava a exigência de imposição de ao menos uma sanção da LIA.

No âmbito da Advocacia-Geral da União, previu-se, em sentido similar, que "o ANPC tem natureza sancionatória e reparatória", devendo o acordo estipular "o ressarcimento do dano, o perdimento de bens ou valores acrescidos ilicitamente ao patrimônio, quando houver, e a aplicação de pelo menos uma das sanções previstas na Lei nº 8.429, de 1992", conforme Portaria Normativa AGU nº 18, de julho de 2021, editada anteriormente à Lei nº 14.230/2021 para regulamentar o instrumento na instituição.[182]

A compreensão acertada do caráter sancionatório do ajuste passa também pela preservação do princípio *ne bis in idem* ou *non bis in idem*, em relação às sanções aplicáveis ao mesmo fato por violação ao mesmo sistema de improbidade (identidade de fato e fundamento jurídico/bem jurídico). Nesse ponto, entretanto, a Lei nº 14.230/2021 não oferece solução adequada para a relação entre a Lei de Improbidade e a Lei nº 12.846/2013, que integram o mesmo domínio punitivo. No artigo 3º da Lei nº 8.429/1992, consta que não

---

[178] SÃO PAULO (Estado). Ministério Público do Estado de São Paulo. *Resolução nº 1.193/2020-CPJ, de 11 de março de 2020*. São Paulo: MPSP, 2020. Disponível em: http://biblioteca.mpsp.mp.br/phl_img/resolucoes/1193compilado.pdf. Acesso em: 7 out. 2021.

[179] MATO GROSSO. Ministério Público do Estado do Mato Grosso. *Resolução nº 080/2020-CSMP, de 09 de novembro de 2020*. Cuiabá, MT: MPMT, 2020. Disponível em: https://www.mpmt.mp.br/secao/550. Acesso em: 7 out. 2021.

[180] PIAUÍ. Ministério Público do Estado do Piauí. *Resolução CPJ/PI nº 04, de 17 de agosto de 2020*. Teresina, PI: MPPI, 2020. Disponível em: https://www.mppi.mp.br/internet/wp-content/uploads/2020/08/RESOLUCAO-CPJ-04-2020.pdf. Acesso em: 7 out. 2021.

[181] ESPÍRITO SANTO. Ministério Público do Estado do Espírito Santo. Resolução COPJ nº 009, de 13 de setembro de 2021. *Diário Oficial do MPES*, Vitória, 14 set. 2021, com retificação no dia subsequente. Disponível em: https://www.mpes.mp.br/Arquivos/Anexos/2336e7cc-798d-4d8b-951c-402bee3367f9.pdf. Acesso em: 15 set. 2021.

[182] BRASIL. Advocacia-Geral da União. Portaria Normativa AGU nº 18, de 16 de julho de 2021. *Diário Oficial da União*, Brasília, DF, 19 jul. 2021. Disponível em: https://www.in.gov.br/en/web/dou/-/portaria-normativa-agu-n-18-de-16-de-julho-de-2021-332609935. Acesso em: 7 out. 2021.

serão aplicadas as penalidades do diploma à pessoa jurídica, caso o ato de improbidade administrativa seja também sancionado como ato lesivo à Administração Pública de que trata da Lei Anticorrupção. O dispositivo vedaria, portanto, aplicação cumulativa das Leis, derrogando o artigo 30, I, da Lei nº 12.846/2013.[183] Contudo, a Lei nº 14.230/2021 introduziu outro dispositivo, dispondo que as sanções aplicadas a pessoas jurídicas com base na LIA e na LAC deverão observar o princípio constitucional do *non bis in idem* (artigo 12, §7º, Lei nº 8.429/1992), o que supõe, é claro, incidência combinada dos diplomas legais, mas com observância do princípio. Há, assim, problema não solucionado pela alteração legislativa, que deverá ser enfrentado, nos casos concretos para definição do escopo de sanções passíveis de ajustamento.[184]

Em face do exposto, embora a Lei nº 14.230/2021 tenha atribuído ao ajuste o nome de "acordo de não persecução civil", deve-se conferir ao termo "civil" sentido estrito de oposição à esfera de responsabilidade "penal", como dispõe o artigo 37, §4º, da Constituição, ao apartar os aludidos domínios punitivos. A expressão será adotada neste livro para designar o instrumento, visto que introduzida no Direito positivo. Contudo, a compreensão do instituto pressupõe que em seu objeto há sanções da Lei de Improbidade e não apenas obrigações meramente reparatórias e de natureza cível.

Afora o caráter sancionatório do acordo de não persecução civil, é importante reiterar que o instrumento pode assumir contornos específicos, sendo possível diferenciar acordos de "pura reprimenda", em que o acusado aceita a aplicação imediata das medidas sancionatórias convencionadas, abreviando-se o processo

---

[183] "Art. 30. A aplicação das sanções previstas nesta Lei não afeta os processos de responsabilização e aplicação de penalidades decorrentes de: I – ato de improbidade administrativa nos termos da Lei nº 8.429, de 2 de junho de 1992; (…)."

[184] Diante da contradição dos dispositivos legais, um caminho possível seria sustentar a manutenção da aplicação cumulativa, a teor do art. 30, da Lei nº 12.846/2013, que não foi objeto de derrogação expressa pelo legislador, incidindo, todavia, a vedação ao *bis in idem* para aquelas sanções de mesma natureza e fim, como é o caso da multa, que figura tanto na LIA quanto na LAC, para as pessoas jurídicas. Em sentido diverso entende Edilson Pereira Nobre Júnior, apontando que o artigo 3º, §2º, da Lei nº 8.429/92 permitiria apenas o sancionamento da pessoa jurídica com base na Lei nº 12.846/2013 (NOBRE JÚNIOR, Edilson Pereira. Improbidade administrativa e a proibição do *bis in idem*. *In*: DAL POZZO, Augusto Neves; OLIVEIRA, José Roberto Pimenta (coord.). *Lei de Improbidade Administrativa Reformada*. São Paulo: Thomson Reuters Brasil, 2022. p. 250-252).

de responsabilização; e "acordos de colaboração" ou que contemplam contribuição probatória no seu objeto.

Nessa última modalidade, conforme já apontado no presente livro, o acordo de não persecução civil visa à obtenção de informações e de meios de prova que comprovem o ilícito, com a assunção pelo celebrante de obrigações, por exemplo, de promover a identificação de outros coautores, partícipes, beneficiários, assim como localizar bens, direitos e valores e a produzir provas para elucidação da conduta ímproba.

Contendo o instrumento essa feição colaboratória, a medida do sancionamento e eventuais benefícios reconhecidos ao celebrante devem ser adequados e proporcionais às vantagens obtidas com a celebração do ajuste e seus resultados para a investigação ou para o processo, notadamente a abrangência da responsabilização de agentes e terceiros envolvidos no ilícito.

CAPÍTULO 4

OBJETO

Conforme apontado no capítulo anterior, a proposta deste estudo atribui ao acordo de não persecução civil a natureza jurídica de ato jurídico convencional de caráter sancionatório. Esse enquadramento, nos termos expostos, acarreta reflexos nas condições do ajuste e no seu próprio objeto, que deve conter a medida de sancionamento reputada adequada e proporcional para o caso concreto.

Neste capítulo, abordar-se-á o escopo do acordo, notadamente as sanções e obrigações passíveis de serem legitimamente convencionadas, à luz do ordenamento jurídico. Antes disso, todavia, é necessário indicar alguns pressupostos do instrumento, sintetizando determinadas condições que devem estar presentes, em vista das considerações já delineadas ao longo do livro.

4.1 Considerações iniciais sobre os pressupostos do acordo de não persecução civil

Como assinalado, na perspectiva defendida no presente estudo, o acordo pressupõe a configuração formal e material da improbidade, devendo ser utilizado para disciplinar as consequências jurídicas da caracterização dessa específica conduta proscrita pelo Direito.

Por esse motivo, afirmou-se, em primeiro lugar, a vedação do uso do instrumento para colher hipóteses de ofensa não relevante ao bem jurídico da probidade ou como alternativa imprópria para buscar o sancionamento, sem mínimo elemento probatório. Em segundo, apontou-se a necessidade de reconhecimento da prática do ato ímprobo (confissão limitada a essa esfera de responsabilidade), tal qual sucede no regramento do acordo de leniência, da Lei nº 12.846/2013 (artigo 16, §1º, III), cabendo identificar, nessa operação, o tipo ao qual se subsume a conduta irrogada ao acusado para os fins de precisar o regime sancionatório aplicável, promover segurança jurídica e assegurar eventual controle de legalidade posterior pelo Judiciário.

Indicou-se, ainda, que o caráter sancionatório do instrumento exige a composição de ao menos uma ou algumas das sanções previstas no artigo 12 da LIA, não sendo viável encerrar a responsabilização por ato de improbidade com a previsão apenas de reparação do erário ou de outra cominação não prevista no dispositivo legal. A medida de sancionamento deverá ser dimensionada à luz dos parâmetros – não exaustivos – indicados no §2º do artigo 17-B, como a personalidade do agente, a natureza e a gravidade do ilícito, entre outros.

Além desses pressupostos, havendo dano causado ao patrimônio público, assim como o recebimento de vantagem indevida, o acordo deverá, necessariamente, contemplar a reparação integral do prejuízo ao erário e a reversão ou perdimento de bens e valores acrescidos ilicitamente. É viável, entretanto, a composição no tocante ao prazo e forma do cumprimento dessas obrigações. Trata-se de escolha legítima feita pelo legislador e que será também objeto de análise no subitem reservado ao ressarcimento.

Como condições mínimas do instrumento, cabe elencar, portanto, (i) o compromisso de cessação das condutas ilícitas, desde a proposta de acordo; (ii) a assunção da participação nos ilícitos, com indicação do tipo incurso e suas circunstâncias concretas; (iii) a demonstração do dano e de valores acrescidos ilicitamente, quando for o caso; (iv) o compromisso de cooperação permanente com as investigações; (v) além, é claro, da sanção aplicável.

A exigência de assunção da responsabilidade relaciona-se ao caráter sancionatório do acordo, no sentido de que nele são pactuadas efetivamente as sanções legais (as previstas no diploma legal para aplicação no processo judicial),[185] e não obrigações alternativas que,

---

[185] FREIRE JUNIOR; Americo Bedê; LEMBRUGER, Letícia. Os acordos de não persecução penal e cível: permissões e vedações. In: BARROS, Francisco Dirceu et al. (coord.). *Acordos de não persecução penal e cível*. Salvador: JusPodivm, 2021. p. 368.

acaso descumpridas, ensejarão o ajuizamento de medida judicial. Daí porque é relevante a descrição da conduta ímproba e sua subsunção a tipo específico da Lei nº 8.429/1992, como aponta Vladimir Aras.[186] A indicação da tipologia encontra amparo, ainda, no artigo 17, §10-D, segundo o qual, para cada ato de improbidade administrativa, deverá necessariamente ser apontado apenas um tipo entre aqueles previstos nos artigos 9º, 10 e 11 do diploma legal.

Além desses requisitos, é conveniente a previsão de (v) cláusula penal (compensatória ou moratória) e cláusula resolutiva expressa na hipótese de descumprimento; (vi) contribuição probatória, se o caso, com detalhamento dos elementos de informação fornecidos e indicação do destino das provas acaso descumprido o ajuste; (vii) especificação de bens para garantia do cumprimento das obrigações; (viii) e implementação de programas de integridade, a teor do artigo 17-B, §6º, da Lei.

Há, todavia, um pressuposto adicional, implícito ao ajuste e merecedor de algum aprofundamento: a constatação, no caso concreto, da vantajosidade da resolução consensual ao interesse público.

Com efeito, a escolha pela ferramenta consensual deve refletir a verificação de que há vantagens sobre a tutela da probidade administrativa em oposição à persecução em juízo das sanções. Como apontado no capítulo 1 deste livro, a ordem jurídica passou a disponibilizar instrumento específico para a solução de conflitos no âmbito da LIA, o que significa o reconhecimento, no plano normativo, de que o acordo detém utilidade potencial à consecução do interesse público. Isso impõe aos órgãos legitimados o papel de avaliar se a ferramenta é idônea à tutela desse interesse diante do caso concreto, cabendo-lhes examinar um conjunto de finalidades, notadamente a efetividade das sanções, o encerramento célere do litígio e eventual contribuição probatória para a investigação, como aponta Wallace Paiva Martins Junior.[187]

---

[186] ARAS, Vladimir. Os acordos cíveis da lei de improbidade administrativa e da lei anticorrupção empresarial. In: SALGADO, Daniel de Resende; KIRCHER, Luis Felipe Schneider; QUEIROZ, Ronaldo Pinheiro de (coord.). *Justiça consensual*: acordos penais, cíveis e administrativos. São Paulo: JusPodivm, 2022. p. 597.

[187] MARTINS JUNIOR, Wallace Paiva. Acordo de não persecução cível. In: BARROS, Francisco Dirceu et al. (coord.). *Acordos de não persecução penal e cível*. Salvador: JusPodivm, 2021. p. 334.

Nesse sentido, Adriano Andrade, Cleber Masson e Landolfo Andrade[188] destacam que a aferição da "adequação, da justiça e da razoabilidade da resolução consensual" pode ocorrer por meio da aplicabilidade de testes de fatores e/ou indicadores de resultado, como: (i) a realização de prognóstico a respeito da probabilidade de procedência da pretensão punitiva em juízo e o conteúdo de eventual provimento condenatório em cotejo com os termos do acordo; (ii) a consideração dos riscos envolvidos no litígio, como a complexidade, o custo e a duração do processo; e (iii) se foi analisada a capacidade das partes envolvidas para o cumprimento do quanto acordado, entre outros.

Esses elementos são relevantes porque propiciam ao órgão legitimado tomada de decisão bem fundamentada acerca da utilidade ao interesse público de eventual solução negociada. O mapeamento dos cenários fáticos e jurídicos possíveis, em eventual acordo e no processo judicial de responsabilização, é fundamental para ambas as partes negociantes, mas se impõe com intensidade ao Poder Público, que tem o dever de pautar o instrumento em parâmetros erigidos solidamente.

Cabe ao órgão legitimado a tarefa apurada de avaliar não só se a solução consensual, em oposição à judicialização, apresenta-se como medida oportuna e adequada para a tutela da probidade no caso concreto (considerando eventual cenário processual alcançado, caso já proposta ação de improbidade), como também se os termos e obrigações contidos na proposta de acordo atendem a esse mesmo fim de interesse público, à luz de condicionantes indicadas no artigo 17-B da Lei nº 8.429/1992, como: a personalidade do agente, a natureza, as circunstâncias, a gravidade e a repercussão social do ato de improbidade e as vantagens do encerramento rápido do litígio, entre outros fatores.

Nesse sentido, a análise da pertinência ou da "vantajosidade" da celebração do acordo não deve ser regida pela lógica estrita econômica. Não deve se limitar a questões como os custos do processo e da utilização da máquina pública ou voltar-se apenas à maximização da multa civil que retorna ao ente público lesado. Essa apreciação deve se orientar para o exame da adequada tutela da probidade nos casos concretos, que possuem variáveis distintas e complexas.

---

[188] ANDRADE, Adriano; MASSON, Cleber; ANDRADE, Landolfo. *Interesses difusos e coletivos*. 11. ed. Rio de Janeiro: Forense; Método, 2021. v.1, p. 861-862.

A Resolução nº 1.193/2020-CPJ do Ministério Público paulista,[189] no artigo 2º, dispõe nesse sentido, indicando ser pressuposto do acordo de não persecução "a verificação de que este meio é mais vantajoso ao interesse público do que o ajuizamento da ação civil por ato de improbidade ou seu prosseguimento"; disposição reproduzida, por exemplo, no artigo 4º da Resolução nº 01/2021, do *Parquet* de Goiás.[190]

Conforme exposto no capítulo 1, os órgãos legitimados possuem o dever-poder de examinar, no caso concreto, a vantajosidade do uso do mecanismo consensual previsto na Lei nº 8.429/1992. Essa ferramenta deve (e não apenas pode) ser utilizada se se revelar medida indispensável para a tutela idônea e eficaz da probidade. Além disso, a busca pelo consenso, inclusive na atividade punitiva do Estado, constitui forma mais harmônica de compor divergências e interesses legítimos envolvidos, sendo, exatamente por isso, a via preferencial a ser adotada.

Aliás, é oportuno que o Ministério Público e a pessoa jurídica lesada priorizem, sempre que possível, a resolução consensual e extrajudicial, sobretudo se esta via for capaz de solucionar o conflito de forma célere, segura, econômica e satisfatória às expectativas dos titulares de direitos enredados. A promoção do consenso antes da propositura de medida judicial favorece a redução da litigiosidade e contribui também para a implementação rápida da medida de sancionamento aplicável ao infrator e da obrigação de reparar o erário.

4.2 Discricionariedade para celebração do acordo e a questão da existência ou não de direito subjetivo público à sua formalização

Elencados os principais pressupostos do acordo de não persecução civil, cabe realçar que, como regra, não há direito

---

[189] SÃO PAULO (Estado). Ministério Público do Estado de São Paulo. *Resolução nº 1.193/2020-CPJ, de 11 de março de 2020*. São Paulo: MPSP, 2020. Disponível em: http://biblioteca.mpsp.mp.br/phl_img/resolucoes/1193compilado.pdf. Acesso em: 7 out. 2021.

[190] GOIÁS. Ministério Público do Estado de Goiás. *Resolução nº 01/2021*. Goiânia: MPGO, 2021. Disponível em: http://www.mpgo.mp.br/portal/arquivos/2021/03/11/17_32_31_51_Resolu%C3%A7%C3%A3o_CPJ_1_2021_ANPC.pdf. Acesso em: 14 out. 2021.

subjetivo do acusado à sua celebração. Essa afirmação não se fundamenta na expressão "poderá" constante no *caput* do artigo 17-B da Lei nº 8.429/1992, em que se atribui a competência para manejo da ferramenta. Isso porque a adoção do termo no dispositivo não significa, necessariamente, à luz do ordenamento jurídico, outorga de competência discricionária (neste caso competência para compor).

A respeito, basta relembrar o uso do vocábulo "poder" na redação do artigo 55 da Lei federal nº 9.784/1999 (Lei de processo administrativo federal), ao tratar da convalidação de atos administrativos. Embora o termo sugira liberdade para a Administração Pública escolher entre convalidar ou não, no caso concreto o saneamento pode se revelar um dever, sobretudo se a situação gerada pelo ato viciado já estiver estabilizada pelo Direito, como decorrência da segurança jurídica e boa-fé do administrado.

Da mesma forma, não deriva, *ipso facto*, da natureza negocial ou convencional do ajuste, à qual estaria atrelada alguma noção de liberdade de ajustar. É comum encontrar na doutrina especializada este fundamento.[191] No entanto, a questão da existência ou não de direito subjetivo do acusado a celebrar acordo precede o debate acerca da "vontade" do órgão público em compor. O que deve se examinar, nesta matéria, é se a ordem jurídica, ao delimitar o instrumento, confere ao infrator o direito de exigir a sua celebração em face do órgão acusador – ficando afastada a discussão acerca da voluntariedade em face de eventual imposição legal – como pode suceder em acordos cujo delineamento possibilite a formação de direito subjetivo, em face da delimitação vinculada da competência para compor.

---

[191] Há quem sustente a inexistência de direito subjetivo com base na natureza de negócio jurídico bilateral atribuída ao acordo de não persecução e na voluntariedade exigida para sua formação (ARAS, Vladimir. Os acordos cíveis da lei de improbidade administrativa e da lei anticorrupção empresarial. *In*: SALGADO, Daniel de Resende; KIRCHER, Luis Felipe Schneider; QUEIROZ, Ronaldo Pinheiro de (coord.). *Justiça consensual*: acordos penais, cíveis e administrativos. São Paulo: JusPodivm, 2022. p. 573; FREIRE JUNIOR, Americo Bedê; LEMBRUGER, Letícia. Os acordos de não persecução penal e cível: permissões e vedações. *In*: BARROS, Francisco Dirceu *et al.* (coord.). *Acordos de não persecução penal e cível*. Salvador: JusPodivm, 2021. p. 371; e OLIVEIRA, José Roberto Pimenta; GROTTI, Dinorá Adelaide Musetti. Consensualidade no direito administrativo sancionador: breve análise do acordo de não persecução cível, na orientação normativa nº 10/2020, da 5ª CCR-MPF. *In*: SALGADO, Daniel de Resende; KIRCHER, Luis Felipe Schneider; QUEIROZ, Ronaldo Pinheiro de (coord.). *Justiça consensual*: acordos penais, cíveis e administrativos. São Paulo: JusPodivm, 2022. p. 821).

A rigor, a inexistência de direito subjetivo à celebração do acordo de não persecução civil decorre da conformação legal dos requisitos e da natureza da apreciação a ser realizada pelo órgão legitimado quando instado a compor nessa matéria.

Como apontado anteriormente, a celebração do instrumento pressupõe a verificação da sua vantajosidade ao interesse público, em oposição à persecução em juízo da responsabilização do infrator. Para delimitar essa tarefa, a ordem jurídica estabeleceu uma série de balizas e parâmetros a serem avaliados e que são coloridos pelas nuances e particularidades dos casos concretos.

No artigo 17-B da Lei nº 8.429/1992, o legislador impôs condicionantes indispensáveis, como o integral ressarcimento do dano e a reversão à pessoa jurídica lesada da vantagem indevida obtida. Em relação a esses parâmetros não remanesceria ampla margem de apreciação subjetiva pelos órgãos legitimados, salvo no tocante à verificação da existência do dano e do enriquecimento ilícito e da respectiva extensão deles, que pode se revelar controvertida, em especial em casos de cartel e contratos complexos entabulados com a Administração Pública.

Sucede, entretanto, que, no §2º do artigo precitado a Lei estabeleceu balizas cuja aferição, no caso concreto, se dá dentro de alguma margem de liberdade intelectiva facultada aos órgãos legitimados. O dispositivo faz uso de conceitos com determinado grau de fluidez na sua aplicabilidade, notadamente: a personalidade do agente, a natureza, as circunstâncias, a gravidade e a repercussão social do ato de improbidade e as vantagens, para o interesse público, da rápida solução do caso.

É certo que a imprecisão dessas concepções pode ser reduzida em face da constatação dos elementos do caso concreto, mas, ainda assim, parece difícil eliminar, por completo, margem de apreciação pelo órgão incumbido da persecução a respeito dos parâmetros dispostos na legislação.

O dispositivo opera com o estabelecimento de algumas variáveis que devem ser observadas na escolha pela celebração do instrumento. Não indica, por exemplo, quais circunstâncias despontariam para a solução negocial ou mesmo em que intensidade ou medida a gravidade do ato deve orientar esse exame. Não parece que o acordo servirá apenas para casos de pequena gravidade, mas sim que este fator seja ponderado em conjunto com os demais parâmetros. Da mesma forma, não consta, na Lei, indicativo do peso que deveria ser conferido a cada um deles. Portanto, todas essas questões acabam se inserindo na avaliação realizada pelo Estado, outorgando ampla discricionariedade para aferir, de forma responsável, a pertinência da via consensual nos casos concretos.

De fato, a norma explicita a apreciação discricionária quando atribui diretamente ao órgão legitimado o exame das vantagens ao interesse público da rápida solução do caso, o que significa, a rigor, a pertinência da própria solução consensual.

A natureza da tarefa aqui tratada confere ao Ministério Público e à pessoa jurídica lesada análise complexa da utilidade ao interesse público na solução consensual de controvérsia fundada na prática de ato ímprobo. Afora os elementos indicados no artigo 17-B, coloca-se para o órgão legitimado o exame de eventual colaboração probatória fornecida pelo acusado e sua utilidade para a persecução dos ilícitos e de terceiros envolvidos.

De acordo com Wallace Paiva Martins Junior, a legislação criou prerrogativa para o órgão legitimado, "a ser exercida, de maneira responsável com base em elementos de convicção coligidos em apuração prévia" e que reflete "o exercício de discricionariedade para a escolha da alternativa que, no caso concreto, for melhor para o interesse público específico".[192]

Haverá situações em que as particularidades do caso concreto recomendem, de forma contundente, a solução consensual do litígio, em vista dos critérios indicados na Lei e do estado do processo, se em curso responsabilização judicial, assim como a possibilidade de êxito, a abrangência da responsabilização negociada, entre outros fatores. Por outro lado, também existirão hipóteses em que o acordo estará vedado, seja por não representar tutela eficaz da probidade administrativa, à luz da apreciação realizada pelo Estado, seja porque o investigado ou demandado está impedido de celebrá-lo, por ter descumprido ANPC pretérito, em prazo inferior a cinco anos, contado do conhecimento do efetivo inadimplemento pelo

---

[192] MARTINS JUNIOR, Wallace Paiva. Acordo de não persecução cível. *In*: BARROS, Francisco Dirceu *et al.* (coord.). *Acordos de não persecução penal e cível*. Salvador: JusPodivm, 2021. p. 338.

Ministério Público, nos termos do artigo 17-B, §7º, da LIA. Enquanto a primeira hipótese enseja, ainda, ampla margem de avaliação acerca do cabimento do acordo de não persecução, a segunda resulta em impedimento objetivo para sua celebração.

Em face do desenho normativo do instituto, sobretudo no que diz respeito às balizas elencadas, não parece viável sustentar, como regra, a existência de direito subjetivo do acusado a entabular o ajuste com o Estado, que, por meio de seus órgãos de persecução, realizará a apreciação da pertinência da solução consensual, conforme as circunstâncias do caso concreto.[193]

A respeito do tema, vale citar julgado do Tribunal de Justiça paulista em que a Corte afirma a natureza discricionária do acordo, por se tratar de "prerrogativa institucional do Ministério Público e não direito subjetivo".[194]

No entanto, cumpre assinalar que, uma vez preenchidos os requisitos legais do acordo, na leitura realizada pelo órgão legitimado das nuances do caso concreto, a resolução pela via do acordo se impõe, em detrimento da solução judicial, por se tratar de via prioritária, pelas razões já indicadas neste livro. A ordem jurídica não cede espaço para negativa arbitrária a acordo por parte do Estado se o próprio órgão de acusação compreende que as circunstâncias do caso tornam adequada a via não contenciosa.

Por outro lado, há direito subjetivo do infrator à apreciação de sua proposta de acordo, assim como a correspondente resposta fundamentada pelo órgão legitimado. Tal direito fundamenta-se: (i) no direito de petição inscrito no artigo 5º, XXXIV, alínea "a", da Constituição da República; (ii) na própria previsão legal de acordo de não persecução, pois a ordem jurídica, ao criar o instrumento, impôs ao Estado o dever de avaliar se a solução consensual é mais idônea à consecução do interesse público e dos demais interesses enredados,

---

[193] O Superior Tribunal de Justiça, em caso isolado e por meio de despacho monocrático, negou pedido de retirada de pauta de julgamento virtual, por considerar que o acordo de não persecução civil não seria um direito subjetivo do réu (BRASIL. Superior Tribunal de Justiça. AgInt no RtPaut no AgInt no RE nos EDcl no AgInt no Ag em REsp 1.341.323, Rel. Min. Maria Thereza de Assis Moura, j. 05-05-2020).

[194] SÃO PAULO (Estado). TJSP. Apelação Cível 1000023-33.2020.8.26.0646; Relator Sidney Romano dos Reis; Órgão Julgador: 6ª Câmara de Direito Público; Foro de Urânia – Vara Única; Data do Julgamento: 28-06-2021; Data de Registro: 29-06-2021.

em oposição à via contenciosa, conforme exposto no capítulo 1 e reiterado no início deste; e (iii) no dever de motivação, inscrito no artigo 37, *caput*, do Texto Constitucional e, no âmbito do Ministério Público, reforçado no artigo 129, §4º, combinado com artigo 93, IV.

Cumpre destacar que o infrator possui direito a ter suas alegações e elementos de informação efetivamente avaliados pelo Estado, como decorrência do contraditório. Cabe ao órgão legitimado, por sua vez, motivar, de forma percuciente, eventual negativa à proposta de acordo, indicando as razões de fato e de direito que justificam a não adoção da solução consensual, à luz dos parâmetros legais e constitucionais.

Além disso, é imprescindível que os órgãos legitimados observem impessoalidade, cabendo-lhes adotar critérios isonômicos na apreciação de propostas de acordo, assim como na formulação das cláusulas e obrigações a cargo do investigado. Deve haver tratamento paritário a casos que se assemelhem sob o ponto de vista fático e jurídico. O tratamento desigual e sem fundamento para o discrímen, além de violar os princípios constitucionais da imparcialidade, isonomia e segurança jurídica, embaraça a própria lógica de prevenção e repressão dos ilícitos, revelando à sociedade e aos infratores inconsistência e injustiça no enfrentamento da improbidade.

Nesse ponto, vale a didática previsão inscrita no artigo 3º, IV, da Lei nº 13.874/2019, denominada de Declaração de Direitos de Liberdade Econômica. Embora a seara da improbidade não constitua propriamente o objeto de incidência do diploma legal, o dispositivo veicula norma que pode ser transportada para a matéria, ao indicar como direito de toda pessoa natural ou jurídica receber tratamento isonômico de órgãos e de entidades da administração pública quanto ao exercício de atos de liberação da atividade econômica, hipótese em que o ato de liberação estará vinculado aos mesmos critérios de interpretação adotados em decisões administrativas análogas anteriores.

Na esteira do comando legal citado, o investigado também detém direito a tratamento isonômico pelo Estado no que diz respeito à celebração de acordo de não persecução civil, de tal sorte que a competência para compor deve ser exercida com observância dos critérios adotados em decisões anteriores para casos análogos. Havendo absoluta e estreita correspondência entre as hipóteses examinadas, é possível, a princípio, sustentar a existência de direito subjetivo do acusado à solução consensual, desde que o Estado não apresente razões relevantes para oposição e que justifiquem o tratamento desigual, a evidenciar distinção de casos.

Como apontam Américo Bedê Freire Junior e Letícia Lemgruber, no caso de acordo prévio em situação jurídica análoga, aumentaria o ônus argumentativo do Estado "para agir de forma diversa, seja discordando do oferecimento do acordo, seja apresentando cláusulas diferenciadas".[195]

Para assegurar a observância da isonomia na atividade negocial do Estado, é obrigatório o cumprimento do dever de publicidade. Cumpre dar transparência aos acordos pretéritos, assim como às decisões e precedentes administrativos acerca de propostas de ajuste, sem prejuízo de hipóteses legais de sigilo ou eventual ocultação de parcela sigilosa, se o caso. Os órgãos legitimados precisam divulgar, de forma ativa, de preferência em sítio eletrônico, tais dados, com fundamento na Lei de Acesso à Informação (Lei nº 12.527/2011), notadamente nos artigos 3º, 5º, 6º, 7º (§§2º e 3º) e 8º, *caput* e §2º.

Para esse fim, é oportuna a divulgação em base de dados nos sítios eletrônicos dos órgãos legitimados, cabendo citar, por exemplo, a publicidade dada aos acordos de leniência firmados pela Controladoria-Geral da União, em conjunto com a Advocacia-Geral da União.[196]

Vale mencionar, também, a previsão contida no artigo 14, parágrafo único, da Resolução CPJ nº 040/2020, do Ministério Público do Estado da Paraíba,[197] segundo a qual, ressalvadas as

---

[195] FREIRE JUNIOR, Americo Bedê; LEMBRUGER, Letícia. Os acordos de não persecução penal e cível: permissões e vedações. *In*: BARROS, Francisco Dirceu *et al.* (coord.). *Acordos de não persecução penal e cível*. Salvador: JusPodivm, 2021. p. 372.

[196] BRASIL. Controladoria-Geral da União. [Sítio eletrônico oficial], [Brasília, DF], [201-?]. Disponível em: https://www.gov.br/cgu/pt-br/assuntos/combate-a-corrupcao/acordo-leniencia/acordos-celebrados. Acesso em: 20 abr. 2022.

[197] PARAÍBA. Ministério Público do Estado da Paraíba. *Resolução CPJ nº 040/2020 de 28 de setembro de 2020*. Regulamenta, no âmbito do Ministério Público do Estado da Paraíba, parâmetros procedimentais a serem observados para a celebração do Acordo de Não Persecução Cível – ANPC e do Acordo de Leniência, envolvendo as sanções cominadas aos atos de improbidade administrativa, definidos na Lei nº 8.429, de 02.06.1992, e aos atos praticados contra a Administração Pública, definidos na Lei nº 12.846, de 1º-08-2013. João Pessoa: MPPB, 2020. Disponível em: http://www.mppb.mp.br/index.php/atos-e-normas. Acesso em: 15 set. 2021.

situações excepcionais devidamente justificadas de manutenção de sigilo, deve ser implementada aba específica no sítio eletrônico do órgão, que disponibilizará acesso público a banco de dados com o inteiro teor de todos os acordos de não persecução civil ou acordo de leniência firmados, para viabilizar efetivo controle social acerca do cumprimento de suas cláusulas.

No Ministério Público do Estado do Mato Grosso do Sul, também se previu a manutenção de banco de dados acerca dos casos de acordo de não persecução. Adicionalmente, foi disciplinado regime de publicidade dos acordos homologados pelo Conselho Superior da instituição, que deverão, não sendo o caso de sigilo, ser publicados no Diário Oficial do *Parquet* estadual, salvo se diferentemente recomendar o interesse das investigações e de eventual processo a ele relacionado, mediante despacho fundamentado. A publicação dar-se-á em extrato, contendo as informações indicadas no artigo 10, da Resolução nº 3/2021-CPJ.[198] O mesmo caminho foi adotado nas normativas dos Ministérios Públicos de Pernambuco[199] e do Amapá,[200] que determinam o acesso ao inteiro teor dos acordos homologados por meio de publicação no sítio eletrônico do órgão ou em banco de dados público.

É somente por meio do acesso a essas informações que os investigados e a sociedade podem aferir tratamento isonômico (ou não) por parte do Estado e verificar como (e em que medida) o órgão acusatório dirige o enfrentamento da improbidade pela via consensual.

Com posicionamento no mesmo sentido, vale citar Vladimir Aras, segundo o qual "os motivos para deferimento ou indeferimento

---

[198] MATO GROSSO DO SUL. Ministério Público do Estado de Mato Grosso do Sul. Resolução nº 3/2021-CPJ, de 1/06/2021. *Diário Oficial do MPMS*, Campo Grande, 1º jun. 2021. Disponível em: https://www.mpms.mp.br/domp/2021/06/01. Acesso em: 7 out. 2021.

[199] PERNAMBUCO. Ministério Público do Estado de Pernambuco. Conselho Superior do Ministério Público. *Resolução nº 01/2020*. Recife: MPPE, 2020. Disponível em: https://www.mppe.mp.br/mppe/institucional/caops/caop-patrimonio-publico/material-apoio-caop-patrimonio-publico/category/84-legislacao?download=10289:resolucao-csmp-n-01-2020. Acesso em: 15 set. 2021.

[200] AMAPÁ. Ministério Público do Estado do Amapá. Colégio de Procuradores de Justiça. Resolução nº 003/2020-CPJ. *Diário Oficial Eletrônico*, Macapá, 22 set. 2020. Disponível em: https://www.mpap.mp.br/intranet/uploads/banco_publicacoes/2021_03/7e42ce95fb8ac70ca4596713c3f18381b3021016.pdf. Acesso em 12 jul. 2022.

do processo negocial devem ser claramente descritos nas *guidelines* internas, que devem ser públicas".[201]

Além da observância da transparência, como medida para assegurar a imparcialidade na celebração de acordos de não persecução civil, é fundamental que os órgãos legitimados procurem desenvolver mecanismos que fomentem o tratamento adequado para casos análogos, sendo viável, por exemplo, a elaboração de instrumentos como "acordos de adesão" institucionais, com cláusulas predefinidas para determinadas situações ilícitas, especialmente aquelas reiteradas e de baixa gravidade e complexidade.

4.3 Sanções, ressarcimento integral do erário e perdimento de bens como obrigações principais do ajuste

O acordo de não persecução civil tem em seu objeto as sanções indicadas na Lei nº 8.429/1992, passíveis de serem impostas pela prática de ato de improbidade. Além delas, o instrumento deve conter em seu escopo, na hipótese de haver dano ao erário e enriquecimento indevido, as obrigações de reparação integral do erário e de perdimento dos bens ilicitamente acrescidos. Essas são as obrigações centrais do ajuste, cujo delineamento será abordado adiante.

4.3.1 Sanções e medida proporcional de sancionamento

Conforme apontado no capítulo 3, subitem 5, o acordo de não persecução civil tem natureza sancionatória e deve contemplar em seu objeto ao menos uma das sanções previstas na Lei nº 8.429/1992. A necessidade de alguma medida de sancionamento, além de estar implícita no artigo 17-B do diploma legal, deriva

---

[201] ARAS, Vladimir. Os acordos cíveis da lei de improbidade administrativa e da lei anticorrupção empresarial. *In*: SALGADO, Daniel de Resende; KIRCHER, Luis Felipe Schneider; QUEIROZ, Ronaldo Pinheiro de (coord.). *Justiça consensual*: acordos penais, cíveis e administrativos. São Paulo: JusPodivm, 2022. p. 592.

do próprio sistema constitucional de responsabilização por ato ímprobo, que não se limita a impor obrigação de reparação cível como reposta ao ilícito.

Desde já, cumpre destacar que a perda dos bens ou valores acrescidos ilicitamente ao patrimônio, embora referida no artigo 12 da Lei nº 8.429/1992, como sanção, não pode ser computada como medida punitiva autônoma em eventual ajuste, pois a reversão desses valores, a rigor, constitui consequência cível, fundada no artigo 884, do Código Civil;[202] daí porque é tratada no artigo 17-B, como consequência preliminar e indispensável de qualquer acordo de não persecução civil, à qual deve ser acrescida ao menos uma cominação de natureza punitiva.

Dito isto, o acordo em exame pode prever a aplicação imediata e convencionada de qualquer das sanções previstas na Lei de Improbidade, quais sejam: perda da função pública, suspensão dos direitos políticos, multa civil e proibição de contratar com o Poder Público ou de receber benefícios ou incentivos fiscais ou creditícios, direta ou indiretamente, ainda que por intermédio de pessoa jurídica da qual o infrator seja sócio majoritário.

Por força dos princípios constitucionais da legalidade e tipicidade,[203] o instrumento deve observar, todavia, as sanções previstas na Lei para cada modalidade de ato ímprobo. Assim, tratando-se de ato de improbidade que importa enriquecimento ilícito (artigo 9º), serão passíveis de composição as penalidades indicadas no artigo 12, I; por sua vez, se a conduta se enquadrar nos artigos 10 ou 11 (prejuízo ao erário ou violação de princípios da Administração), poderão ser compostas as sanções descritas, respectivamente, nos incisos II e III do aludido dispositivo.

---

[202] "Art. 884. Aquele que, sem justa causa, se enriquecer à custa de outrem, será obrigado a restituir o indevidamente auferido, feita a atualização dos valores monetários."

[203] O Superior Tribunal de Justiça, ao examinar a viabilidade de imposição da sanção de cassação de aposentadoria em ação de improbidade administrativa, reafirmou a incidência do princípio da legalidade estrita no domínio do Direito Administrativo Sancionador, afiançando que "no âmbito da persecução cível por meio de processo judicial, e por força do princípio da legalidade estrita em matéria de direito sancionador, as sanções aplicáveis limitam-se àquelas previstas pelo legislador ordinário, não cabendo ao Judiciário estendê-las ou criar novas punições, sob pena, inclusive, de violação ao princípio da separação dos poderes" (STJ, EREsp 1.496.347/ES, Rel. p/ acórdão Ministro Benedito Gonçalves, Primeira Seção, *DJe* de 28-04-2021).

Como cediço, para cada modalidade de ato ímprobo a Lei imputa um conjunto de sanções passível de ser aplicado (isolada ou cumulativamente – artigo 12, *caput*) e fixa, ainda, limites diferentes para as cominações, que são mais gravosas na hipótese do artigo 9º e decrescem, em intensidade, nas hipóteses dos artigos 10 e 11. Esses parâmetros legais também devem ser respeitados na composição, considerando que a ordem jurídica gizou o alcance reputado adequado como consequência do ilícito.

Por esse motivo, se o comportamento praticado pelo infrator se subsumir, por exemplo, à tipologia do artigo 11, que trata da violação dos princípios da Administração Pública, não serão aplicáveis as sanções de perda da função pública e suspensão dos direitos políticos, que foram extirpadas do artigo 12, inciso III, após a edição da Lei nº 14.230/2021, a despeito da notória gravidade das condutas ali descritas, a indicar, no caso concreto, possível incompatibilidade para o exercício do cargo público.[204] Já a multa civil – passível de imposição – poderá alcançar até 24 (vinte e quatro) vezes o valor da remuneração percebida pelo agente, ficando a proibição de contratar sujeita ao prazo máximo de 4 (quatro) anos indicado na Lei.

Caso uma mesma conduta ofenda simultaneamente mais de um dos artigos 9º, 10 e 11, da Lei de Improbidade, deve prevalecer o conjunto de sanções previstas para o ato mais gravoso, em simetria do que ocorre na responsabilização judicial.

Vale mencionar que, no âmbito do Ministério Público do Estado de São Paulo, há situação peculiar em relação aos critérios para aplicação de sanções. Por meio da Resolução nº 1.193/2020-CPJ,

---

[204] Nesse ponto, embora não seja objeto do presente livro, seria possível sustentar a inconstitucionalidade material da Lei nº 14.230/2021, à luz do devido processo legal substantivo e da proporcionalidade, na parte em que excluiu, de forma prévia e absoluta, a possibilidade de aplicação das sanções de perda da função pública e suspensão dos direitos políticos para os atos de improbidade que importam violação aos princípios. Verifica-se possível tratamento desproporcional na própria Lei, na medida em que condutas subsumíveis, por exemplo, ao art. 10, XI (liberar verba pública sem a estrita observância das normas pertinentes), poderiam ensejar tais sanções, mas a revelação de segredo, propiciando beneficiamento por informação privilegiada ou colocando em risco a segurança da sociedade e do Estado (art. 11, III), não resultaria sequer na perda da função pelo infrator, muito embora este último comportamento possa se revelar, em concreto, mais grave e deletério, denotando, ainda, incompatibilidade para exercício do cargo.

com a redação dada pela Resolução nº 1.308/2021-CPJ,[205] o órgão estabeleceu regime diferenciado, exigindo a previsão no acordo de não persecução civil de duas ou mais medidas sancionatórias na hipótese de ato previsto no artigo 9º da Lei nº 8.429/1992 ou uma ou mais medidas na hipótese de atos elencados nos artigos 10 e 11, desde que se trate de "investigação ou processo que não exija colaboração do investigado", conforme disposto no artigo 5º, inciso VIII, do aludido ato normativo. Em investigação ou processo que demande colaboração do infrator, autoriza-se o membro do *Parquet* a ajustar uma ou mais medidas sancionatórias para quaisquer hipóteses de atos de improbidade.

Em outras palavras, eventual acordo sobre ato que importe enriquecimento ilícito (artigo 9º) deverá observar, necessariamente, o patamar mínimo de duas sanções,[206] salvo se o processo ou a investigação correspondente demandarem colaboração do investigado, hipótese na qual, sendo esta prevista no instrumento e efetivada pelo pactuante, será possível mensurar o sancionamento a partir de apenas uma sanção.

A lógica que parece fundamentar o regramento seria a maior gravidade do ato descrito no artigo 9º da Lei e, ao mesmo tempo, a utilidade da colaboração para o enfrentamento dos ilícitos, que deve ser premiada. A princípio, parece viável a estipulação de regramento na forma disposta pelo Ministério Público paulista, considerando-a como escolha institucional do órgão de imputar maior medida de sancionamento, em termos de espécies de sanções, para a prática de atos que importam enriquecimento ilícito e premiar a colaboração probatória.

---

[205] SÃO PAULO (Estado). Ministério Público do Estado de São Paulo. *Resolução nº 1.193/2020-CPJ*, de 11 de março de 2020. São Paulo: MPSP, 2020. Disponível em: http://biblioteca.mpsp.mp.br/phl_img/resolucoes/1193compilado.pdf. Acesso em: 22 abr. 2022.

[206] No âmbito do Ministério Público do Estado da Paraíba, há previsão similar no sentido de exigir a cumulação de pelo menos duas sanções, no caso de ato tipificado no art. 9º da Lei nº 8.429/1992, conforme consta no art. 3º, VI, da Resolução CPJ nº 040/2020 (PARAÍBA. Ministério Público do Estado da Paraíba. *Resolução CPJ nº 040/2020, de 28 de setembro de 2020*. Regulamenta, no âmbito do Ministério Público do Estado da Paraíba, parâmetros procedimentais a serem observados para a celebração do Acordo de Não Persecução Cível – ANPC e do Acordo de Leniência, envolvendo as sanções cominadas aos atos de improbidade administrativa, definidos na Lei nº 8.429, de 02.06.1992, e aos atos praticados contra a Administração Pública, definidos na Lei nº 12.846, de 01.08.2013. João Pessoa: MPPB, 2020. Disponível em: http://www.mppb.mp.br/index.php/atos-e-normas. Acesso em: 15 set. 2021).

Contudo, a previsão pode gerar obstáculos à consensualidade e à solução pacífica e adequada em determinados casos. Em primeiro lugar, deve-se ter em consideração que a legislação já estabeleceu o tratamento punitivo mais gravoso aos atos de improbidade que importam enriquecimento ilícito, atribuindo limite maior para as sanções de suspensão de direitos políticos e proibição de contratar e receber benefícios do Poder Público, além de cominar as penas de perda da função pública e multa civil. Portanto, o dimensionamento mais rigoroso em casos de atos ímprobos de enriquecimento indevido poderia, a princípio, ser solucionado por meio do ajustamento de ao menos uma das penas em patamar mais elevado ou máximo e, não sendo esta medida suficiente e eficaz diante das nuances do caso concreto, com o acréscimo de outras sanções ao instrumento.

A exigência de previsão de ao menos duas sanções para o ato previsto no artigo 9º, da Lei, sem consideração prévia acerca das particularidades do caso concreto, pode inviabilizar a celebração de acordos em hipóteses de baixa gravidade e pequeno proveito patrimonial obtido pelo agente, considerando a possibilidade de o acusado reputar desproporcional a aplicação de duas sanções, além do perdimento de bens auferidos e eventual reparação do erário devida.

Com relação a limites mínimos para as sanções, cumpre notar que a Lei nº 14.230/2021 alterou a estrutura do artigo 12, reformando, por exemplo, a sistemática das penas de suspensão dos direitos políticos (cujos patamares de base e máximo eram previamente fixados no dispositivo, na redação anterior) e de proibição de contratar e receber benefícios ou incentivos fiscais ou creditícios, cujo prazo era fixo para cada modalidade de ato ímprobo. Após a modificação, o diploma legal indica apenas limites máximos para ambas as penalidades.

De toda forma, no ajustamento das sanções, considerando a necessidade de convencionar ao menos uma delas, é necessário juízo de proporcionalidade apurado na fixação do patamar da medida, que deve ser suficiente para a repressão do ilícito. A inexistência de patamar mínimo nessas sanções não autoriza o órgão legitimado a convencionar cominação irrisória ou não proporcional às particularidades do caso, como a gravidade da conduta.

No que concerne à dosimetria das sanções, cabe a observância dos parâmetros igualmente prescritos na Lei, notadamente no artigo 17-B, §2º, que remete a elementos como a personalidade do agente, a natureza, as circunstâncias, a gravidade e a repercussão social do ato de improbidade. Com relação à complexa aferição da personalidade do infrator, esta deve se dar com base em dados concretos a respeito do perfil subjetivo, a exemplo do que sucede no âmbito do Direito Penal.[207]

Além desses critérios, cabe a aplicação, em matéria de acordo, das balizas indicadas no artigo 17-C, da Lei nº 8.429/1992, que dispõe a respeito da sentença proferida na ação de improbidade. Nessa linha, o órgão legitimado deve considerar os obstáculos e as dificuldades reais do gestor e as exigências das políticas públicas a seu cargo, sem prejuízo dos direitos dos administrados e das circunstâncias práticas que houverem imposto, limitado ou condicionado a ação do agente, em aderência às disposições introduzidas na ordem jurídica pela Lei nº 13.655/2018 (LINDB).

É necessária, também, a observância, na tarefa de aplicação das sanções, dos princípios da proporcionalidade e da razoabilidade, impondo-se a aferição de elementos como: natureza, gravidade e impacto da infração cometida, extensão do dano causado, proveito patrimonial obtido pelo agente, circunstâncias agravantes e atenuantes, atuação do agente em minorar os prejuízos e as consequências advindas de sua conduta omissiva ou comissiva e antecedentes do agente, nos termos do inciso IV, do mesmo dispositivo legal citado.

Podem ser acrescidos, ainda, elementos previstos no artigo 7º da Lei nº 12.846/2013, em especial para as pessoas jurídicas infratoras, como a vantagem pretendida pelo infrator e sua situação econômica,

---

[207] "VI – Quanto à personalidade do agente, esta "resulta da análise do seu perfil subjetivo, no que se refere a aspectos morais e psicológicos, para que se afira a existência de caráter voltado à prática de infrações penais, com base nos elementos probatórios dos autos, aptos a inferir o desvio de personalidade de acordo com o livre convencimento motivado, independentemente de perícia. Não se admite, pois, que seja presumido que o réu ostenta personalidade distorcida em razão da gravidade do próprio delito ou com fundamento em condenação por fato posterior ao apurado nos autos" (BRASIL. Superior Tribunal de Justiça. HC 566.684/SP, Quinta Turma, Rel. Min. Ribeiro Dantas, DJe de 17-06-2020). Vide ainda: HC 340.007/RJ, Rel. Ministra Maria Thereza de Assis Moura, Sexta Turma, julgado em 01-12-2015, DJe 11-12-2015; HC 514.309/SP, Rel. Ministro Reynaldo Soares Da Fonseca, Quinta Turma, julgado em 13-08-2019, DJe 30-08-2019.

o efeito negativo produzido pela infração, a cooperação para a apuração dos ilícitos, a existência de mecanismos e procedimentos internos de integridade e o valor dos contratos mantidos pela pessoa jurídica com o órgão ou entidade pública lesados.

No que concerne à adoção de programas de integridade pela pessoa jurídica infratora, é necessário exame apurado em casos de repetição de condutas ilícitas e a efetividade do sistema de *compliance* criado pela empresa. A adoção de programas dessa natureza deve favorecer a dosimetria da pena em favor da pactuante, mas desde que sejam reais, efetivos e não fictícios, como aparência para burlar a lei.

Com fundamento no mesmo artigo 17-C, inciso V, da Lei nº 8.429/1992, é necessário considerar a dosimetria das penas já aplicadas ao agente relativas ao mesmo fato, ainda que oriundas de sistemas de responsabilização distintos do sistema de responsabilização por ato de improbidade. Trata-se de dispositivo que deriva do princípio da proporcionalidade, coibindo excesso punitivo pelo Estado.[208]

Nos termos do artigo 12, §3º, da Lei nº 8.429/1992, aplicável também para a solução negocial, no caso de responsabilização de pessoa jurídica, devem ser considerados os efeitos econômicos e sociais das sanções, de modo a viabilizar a manutenção de suas atividades. Por meio do comando normativo, busca-se preservar a função social da empresa, cabendo ao órgão legitimado o dever de considerar o impacto que a medida de sancionamento terá sobre a continuidade da atividade empresarial.

A previsão é oportuna e veicula, em rigor, algo que vem sendo objeto de consideração por órgãos de acusação na celebração de acordos de leniência com pessoas jurídicas infratoras. A preservação da existência da empresa, a despeito dos ilícitos confessados, é

---

[208] Como apontam Clovis Beznos e Fernanda Fritoli, "as sanções aplicadas pelo Estado a um determinado sujeito, no exercício de parcela de sua respectiva competência, diante de um mesmo fato, devem ser consideradas para fins de fixação das demais penalidades, em respeito ao princípio da proporcionalidade, não podendo haver qualquer excesso punitivo, mesmo em se tratando de sistemas de responsabilização distintos" (BEZNOS, Clovis; FRITOLI, Fernanda Ghiuro Valentini. O princípio do *ne bis in idem* e as normas jurídicas de natureza sancionatória. *Revista Eletrônica de Direito do Centro Universitário Newton Paiva*, Belo Horizonte, n. 45, p. 60-70, set./dez. 2021. Disponível em: https://revistas.newtonpaiva.br/redcunp/wp-content/uploads/2022/01/DIR45-04.pdf. Acesso em: 6 jun. 2022).

importante, entre outras razões, para a manutenção e ampliação de empregos e para que sejam obtidos valores necessários à reparação dos ilícitos perpetrados.[209]

Na fixação das obrigações pecuniárias, é relevante também que o órgão de acusação verifique a capacidade de pagamento (*ability to pay*) da pessoa física ou jurídica celebrante, constituindo dado fundamental para que se tenha previsibilidade acerca do adimplemento por parte do infrator. Nesse sentido, vale citar, por exemplo, a previsão contida no artigo 15 da Orientação nº 10 da 5ª Câmara de Coordenação e Revisão do Ministério Público Federal, segundo o qual é direito do celebrante perante o órgão ter sua capacidade econômico-financeira avaliada para fins de estipulação de obrigações pecuniárias nos acordos.[210] Comando similar consta no artigo 2º, §1º, II, do Provimento nº 16/2021 – PGJ, que disciplina o acordo de não persecução civil no âmbito do Ministério Público do Estado do Rio Grande do Sul.[211]

A capacidade de pagamento da pessoa jurídica infratora deve ser avaliada, por exemplo, para o fim de delimitar o modo e o tempo de pagamento das obrigações pecuniárias, como o parcelamento de valores, ou a necessidade de exigir eventual garantia ou a manutenção de medida cautelar de indisponibilidade de bens. A respeito, vale registrar que a Lei nº 8.429/1992, no artigo 18, §4º, autoriza expressamente o parcelamento, em até 48 (quarenta e oito) parcelas mensais corrigidas monetariamente, do débito resultante

---

[209] Cite-se, por exemplo, o acordo firmado pelo Ministério Público Federal com a empresa Odebrecht S.A. em dezembro de 2016 e o instrumento celebrado pela AGU e pela CGU com a mesma sociedade empresária, nos quais consta expressamente essa consideração como justificativa de interesse público, conforme Cláusula 2ª e Cláusula 3.4.3, dos respectivos ajustes. Acordo firmado pelo MPF disponível em: https://www.conjur.com.br/dl/acordo-leniencia-odebrecht-mpf.pdf. Acordo firmado pela AGU-CGU disponível em: https://www.gov.br/cgu/pt-br/assuntos/combate-a-corrupcao/acordo-leniencia/acordos-firmados/odebrecht.pdf.

[210] BRASIL. Ministério Público Federal. 5ª Câmara de Coordenação e Revisão. *Orientação nº 10*. Brasília, DF: MPF, 2020. Disponível em: http://www.mpf.mp.br/atuacao-tematica/ccr5/orientacoes/orientacao-no-10-2020-anpc.pdf. Acesso em: 1º out. 2021.

[211] "§1º A celebração do Acordo de Não Persecução Cível e a definição das sanções e seus patamares deverão levar em conta: (…) II – a capacidade financeira do agente, bem como o proveito patrimonial por ele auferido" (RIO GRANDE DO SUL. Ministério Público do Estado do Rio Grande do Sul. *Provimento nº 16/2021 – PGJ*. Porto Alegre: MPRS, 2021. Disponível em: https://www.mprs.mp.br/legislacao/provimentos/14578/. Acesso em: 5 jun. 2022).

de condenação por ato de improbidade, se o réu demonstrar incapacidade financeira de saldá-lo de imediato.

Ainda em relação à dosimetria das penas, nos casos de atos de menor ofensa aos bens jurídicos tutelados pela Lei de Improbidade, mas que ainda se revelem materialmente relevantes para justificar o sancionamento, o diploma legal determina que a sanção fique limitada à aplicação de multa, sem prejuízo do ressarcimento do dano e da perda dos valores obtidos, quando for o caso, conforme disposto no artigo 12, §5º.

Em vista da necessidade de observância do plexo de sanções previstas em lei para cada modalidade de ato de improbidade e dos critérios de dosimetria previstos, é essencial a indicação, no instrumento de acordo, da conduta praticada pelo infrator, com descrição detalhada do ilícito, com todas as suas circunstâncias e a qualificação da lesividade à probidade. A partir desse enquadramento, será possível aferir quais os limites do sancionamento, inclusive para eventual controle de legalidade posterior, seja em exame *interna corporis* ou pelo Judiciário.

Havendo pluralidade de imputações de atos ímprobos ou concurso material de condutas ilícitas, enquadráveis em distintas modalidades da Lei, o acordo pode recobrir, a princípio, apenas parcela dos atos, prosseguindo a investigação ou a ação no tocante à pretensão punitiva remanescente e fundada nas demais condutas. Trata-se de acordo parcial, em relação ao objeto.

Em sentido diverso, consta vedação na Orientação nº 10, da 5ª CCR, do Ministério Público Federal: "fica vedada a celebração do ANPC Judicial com escopo parcial, devendo o acordo englobar todos os atos de improbidade imputados ao proponente na ação de improbidade administrativa".[212] Inexiste, todavia, proibição na Lei nesse sentido.

Em hipótese de litisconsórcio passivo ou multiplicidade de investigados, também é possível acordo em relação a somente alguns destes, com o prosseguimento da ação ou investigação

---

[212] BRASIL. Ministério Público Federal. 5ª Câmara de Coordenação e Revisão. *Orientação nº 10*. Brasília, DF: MPF, 2020. Disponível em: http://www.mpf.mp.br/atuacao-tematica/ccr5/orientacoes/orientacao-no-10-2020-anpc.pdf. Acesso em: 1º out. 2021.

em face dos demais (acordo parcial em relação aos sujeitos ou partes). Nesse caso, é oportuno que o órgão de acusação busque colaboração probatória por parte dos celebrantes, caso viável, com o objetivo de incrementar a investigação ou a persecução em juízo contra os demais envolvidos, sobretudo se se tratar do mesmo contexto fático-probatório.

Deve-se destacar que o acordo de não persecução pode ser celebrado pelos agentes, públicos e privados, assim como pelas pessoas físicas e jurídicas, que estejam enredados nos atos ímprobos e possam ser alcançados nos termos dos artigos 2º e 3º da Lei nº 8.429/1992. Os terceiros também devem ter sua participação ou envolvimento na prática de improbidade administrativa bem definidos, sendo apropriada a descrição de sua atuação no acordo (ou documento anexo a este) para o fim de delimitar o alcance do sancionamento, como determina o artigo 17-C, VI, da Lei nº 8.429/1992.[213]

Por fim, tema interessante inserido nesta matéria consiste na viabilidade ou não de "escalonamento" das sanções. Fernando da Fonseca Gajardoni suscita a possibilidade de as penalidades serem escalonadas, "com a diminuição das reprimendas aplicadas ao agente conforme cumpra outras condicionantes estabelecidas na convenção", citando, como exemplos, a cessação dos efeitos da suspensão dos direitos políticos acaso o celebrante conclua a colaboração na revelação de novos fatos ou agentes envolvidos e a diminuição da multa civil convencionada se houver a reparação do dano antes do prazo fixado.[214]

Embora inexista autorização expressa na lei para tanto, a princípio as partes estariam livres para ajustar o sancionamento dessa maneira, cabendo observar, todavia, (i) a exigência de manutenção, ao cabo, de ao menos uma sanção imposta ao infrator; (ii) o acatamento dos limites mínimos previstos na lei para cada penalidade;

---

[213] "Art. 17-C. A sentença proferida nos processos a que se refere esta Lei deverá, além de observar o disposto no art. 489 da Lei nº 13.105, de 16 de março de 2015 (Código de Processo Civil): (...) VI – considerar, na fixação das penas relativamente ao terceiro, quando for o caso, a sua atuação específica, não admitida a sua responsabilização por ações ou omissões para as quais não tiver concorrido ou das quais não tiver obtido vantagens patrimoniais indevidas."

[214] GAJARDONI, Fernando da Fonseca et al. *Comentários à Nova Lei de Improbidade Administrativa*: Lei 8.429/1992, com as alterações da Lei 14.230/2021. 5. ed. São Paulo: Thomson Reuters Brasil, 2021. p. 392.

e (iii) a inafastabilidade das obrigações de reparar integralmente o erário e de devolver os bens acrescidos ilicitamente.

Apontadas as principais considerações gerais sobre a medida de sancionamento e os critérios de dosimetria em eventual acordo, cumpre abordar alguns aspectos acerca das sanções em espécie passíveis de serem convencionadas.

4.3.1.1 Perda da função pública

A perda da função pública constitui uma das sanções passíveis de serem convencionadas com o infrator, via acordo, aplicando-se exclusivamente às categorias previstas nos artigos 9º e 10 (enriquecimento ilícito e prejuízo ao erário), da Lei nº 8.429/1992, conforme já referido.

Em atos normativos editados pelos Ministérios Públicos estaduais, essa penalidade figura, por vezes, como "compromisso de renúncia", irretratável, a cargo, emprego, ou função pública ocupados, conforme se verifica nas Resoluções produzidas no âmbito dos Estados do Mato Grosso do Sul[215] e de Goiás.[216] A rigor, todavia, deve-se reputar que o ajuste compreende a própria sanção de perda da função pública, pelas razões já aduzidas neste livro, de modo que seu implemento independeria de ato subsequente de disposição por parte do acordante, dando-se por meio da comunicação do teor do instrumento ao órgão ou entidade pública a que estaria vinculado.

Na prática, para evitar discussões acerca de competência para dar cumprimento à pena (ou a algum ato material correspondente), sobretudo em casos de cargos eletivos ou de cargos de chefia de Poder ou autoridades máximas de entidades públicas, não se verifica prejuízo em ajustar a "renúncia ao cargo", apenas como forma de reforço à efetividade da sanção.

---

[215] MATO GROSSO DO SUL. Ministério Público do Estado de Mato Grosso do Sul. Resolução nº 3/2021-CPJ, de 1/06/2021. *Diário Oficial do Ministério Público de Mato Grosso do Sul*, Campo Grande, 1º jun. 2021. Disponível em: https://www.mpms.mp.br/domp/2021/06/01. Acesso em: 7 out. 2021.

[216] GOIÁS. Ministério Público do Estado de Goiás. *Enunciados do Grupo de Trabalho instituído por meio da Portaria nº 897/2020, de 4 de maio de 2020*. Goiânia: MPGO, 2020. Disponível em: http://www.mpgo.mp.br/boletimdompgo/2020/09-set/cao/patrimonio_publico_terceiro_setor/pdfs/pdf2.pdf. Acesso em: 20 set. 2020.

Como exemplo de previsão nesse sentido, vale citar a Resolução do Ministério Público do Mato Grosso do Sul, que, em seu artigo 4º, inciso III e §2º: (i) prevê a "renúncia da função pública" como uma das possíveis condições do ajuste; e (ii) impõe, na hipótese de ser esta avençada, a necessidade de registro, no respectivo termo, de cláusula explicitando que o compromissário, de forma irretratável, deverá requerer sua exoneração da respectiva função pública no prazo de 30 (trinta) dias, sob pena de ser considerado descumprido o acordo.

A definição do vínculo passível de ser afetado pela sanção (e em eventual acordo) foi questão controvertida durante muitos anos na jurisprudência nacional, mas encontra, agora, baliza expressa na Lei nº 8.429/1992. Como cediço, antes da Lei nº 14.230/2021, discutia-se se a perda da função pública alcançava apenas o cargo em que o agente praticou o ato de improbidade ou se atingiria aquele desempenhado no momento do trânsito em julgado da condenação.

Em decisão proferida em Embargos de Divergência, o Superior Tribunal de Justiça decidiu, por maioria, que a sanção de perda da função pública alcança qualquer cargo ou função que o agente exerça no momento do trânsito em julgado da condenação. A Corte entendeu que a pena cominada pela Lei de Improbidade teria o propósito de expurgar da Administração o indivíduo cujo comportamento revela falta de sintonia com o interesse coletivo.[217]

Com a edição da Lei nº 14.230/2021, todavia, adicionou-se dispositivo à Lei nº 8.429/1992, segundo o qual a aludida cominação atinge somente o vínculo de mesma qualidade e natureza que o agente público ou político detinha com o Poder Público na época do cometimento da infração, em oposição ao entendimento adotado pelo STJ, conforme consta no artigo 12, §1º, do diploma legal. Apenas de forma excepcional e para a hipótese de ato que importe enriquecimento ilícito (artigo 9º), a Lei autoriza que o magistrado estenda a pena aos demais vínculos, consideradas as circunstâncias do caso e a gravidade da infração.

---

[217] EDv nos EREsp 1.701.967/RS, relator Ministro Gurgel de Faria, relator para acórdão Ministro Francisco Falcão, Primeira Seção, julgado em 09-0902020, *DJe* de 02-02-2021.

Aplicando-se o novo regime à esfera do acordo de não persecução civil, a regra em eventual instrumento desta natureza é que a sanção ora tratada atinja apenas o vínculo exercido no momento da prática ilícita, sendo possível, excepcionalmente, ajustar a extensão da pena aos demais vínculos desempenhados pelo infrator, desde que configurado ato de improbidade inscrito no artigo 9º da Lei.

Em sentido distinto, Fernando da Fonseca Gajardoni entende que "não se aplica aos acordos a ressalva do artigo 12, §1º, da LIA (1ª parte)". Segundo o autor, "se há aceitação do agente público, ele pode perder o cargo/função pública atualmente ocupada".[218] Essa posição, todavia, não parece aderir aos princípios da legalidade e tipicidade. Isso porque o legislador delimitou o alcance do sancionamento devido pela prática de ato de improbidade e, nesse ponto, o vínculo passível de ser atingido pela pena de perda da função pública. Portanto, a negociação sobre a medida das sanções deve se pautar dentro dos limites legais, sob pena de se desbordar em excessos punitivos. O mero consentimento do infrator não é capaz de superar ou afastar o regime jurídico configurado pela Lei, sobretudo em matéria de restrição de direitos fundamentais.

Cumpre registrar, todavia, que a previsão legal teve sua eficácia suspensa por medida liminar proferida pelo Supremo Tribunal Federal na ADI 7236. A Suprema Corte, em sede de cognição sumária, entendeu que havia indícios de desrespeito ao princípio da razoabilidade, pois a incidência da norma poderia eximir determinados agentes dos efeitos da sanção constitucionalmente devida simplesmente em razão da troca de função ou da eventual demora no julgamento da causa.[219]

Note-se que o ajustamento da sanção de perda da função pública, com fundamento na LIA, é viável, ainda que o agente público já tenha sofrido a pena de demissão ou demissão a bem do serviço público pelos mesmos fatos em procedimento disciplinar.

---

[218] GAJARDONI, Fernando da Fonseca et al. Comentários à Nova Lei de Improbidade Administrativa: Lei 8.429/1992, com as alterações da Lei 14.230/2021. 5. ed. São Paulo: Thomson Reuters Brasil, 2021. p. 392.

[219] BRASIL. Supremo Tribunal Federal. ADI n. 7236/DF. Rel. Min. Alexandre de Moraes, autuada em 05 de setembro de 2022. Requerente: Associação Nacional dos Membros do Ministério Público – CONAMP.

Por força da independência entre as instâncias administrativa e de improbidade, o infrator poderia buscar no Judiciário, em tese, a anulação da decisão proferida no âmbito disciplinar – por questões formais, por exemplo, relacionadas ao procedimento –, logrando a reversão ao serviço público. Com a previsão, no ajuste, da pena de perda do cargo ou emprego desempenhado, fica inviabilizado o seu retorno, ainda em caso de eventual êxito na medida judicial anulatória. Logo, trata-se de medida que pode ser convencionada com o infrator, havendo utilidade e consequência jurídica prática.[220]

4.3.1.2 Multa civil

A multa civil, de natureza punitiva, desempenha papel valioso na prevenção e repressão do ilícito, em especial tendo em vista que, não raras vezes, o infrator obtém ou visa obter ganhos patrimoniais indevidos com a prática do ato de improbidade.

Essa específica sanção, nos termos do artigo 12 da Lei, pode ser convencionada, a princípio, diante de todas as categorias de atos ímprobos, observados os parâmetros indicados nos incisos I, II e III do mesmo dispositivo. Assim, a multa civil será equivalente ao valor do acréscimo patrimonial ou do dano, nas hipóteses dos artigos 9º e 10, respectivamente, e poderá alcançar até 24 (vinte e quatro) vezes o valor da remuneração percebida pelo agente, se apenado como incurso na modalidade do artigo 11 do diploma legal. Devem ser observados os limites fixos indicados nos dois primeiros dispositivos e o limite variável apontado no último, em eventual ANPC.

No entanto, se o valor calculado na forma dos incisos do artigo 12, precitado, revelar-se ineficaz para a reprovação e prevenção do ato de improbidade, em virtude da situação econômica do

---

[220] Em ação de improbidade proposta contra servidora estadual já demitida em procedimento administrativo disciplinar, a Procuradoria-Geral do Estado de São Paulo celebrou acordo com a acusada, contendo a previsão de perda da função pública, justamente com essa finalidade. Como reforço, convencionou-se o compromisso, por parte da servidora, de não propor ação anulatória em face da decisão administrativa que expurgou dos quadros da Administração (SILVEIRA, Mateus Camilo Ribeiro da. Primeiro acordo de não persecução cível celebrado pela PGE-SP. *JOTA – Coluna Advocacia Pública em Estudo*, São Paulo, 19 ago. 2021. Disponível em: https://www.jota.info/opiniao-e-analise/colunas/advocacia-publica-em-estudo/primeiro-acordo-de-nao-persecucao-civel-celebrado-pela-pge-sp-19082021. Acesso em: 6 jun. 2022).

acusado, a multa poderá ser aumentada até o dobro em eventual ajuste, conforme autoriza o §2º do comando legal, sendo acertado constar justificativa expressa para a pertinência da majoração no caso concreto.

Deve-se ressaltar que a multa civil foi selecionada pela Lei nº 14.230/2021 como sanção adequada para os atos de menor lesividade aos bens jurídicos tutelados pela LIA, sem prejuízo do ressarcimento do dano e da perda dos valores obtidos, quando for o caso, nos termos do artigo 12, §5º. Portanto, eventual ANPC sobre essas condutas deverá observar o alcance definido pelo diploma legal.

Em face da escolha legislativa, a sanção de multa pode ser considerada como ordinária no ajuste, sobrevindo a aplicação das demais penalidades mais gravosas se presentes fatores que recomendem o tratamento punitivo mais severo.

Conforme apontado, é lícito convencionar o tempo para adimplemento dessa obrigação pecuniária, à luz da capacidade de pagamento do infrator, mas respeitada a necessidade de promoção da reprovabilidade da conduta, sobretudo em termos de amplitude de parcelamento.

Com relação à destinação dos valores devidos a título de multa civil, entende-se que estes devem ser direcionados à pessoa jurídica lesada pelos atos de improbidade, na linha do que ocorre com o ressarcimento dos danos e a reversão dos bens e valores ilicitamente adquiridos (artigo 18, *caput*, da Lei nº 8.429/1992). Como aponta José Roberto Pimenta Oliveira, "se, dentre as cominações legais, está o pagamento de multa civil (artigo 12), não há conclusão senão de que o pagamento da multa civil, objeto da condenação, será executado e efetivado em favor do patrimônio do ente estatal ou governamental lesado", a quem foi outorgado o interesse em promover a tutela da probidade violada.[221] Em reforço, vale citar o teor do artigo 24 da Lei nº 12.846/2013 (a qual também contempla a pena de multa), que determina seja o montante da multa vertido, preferencialmente, aos órgãos ou entidades públicas prejudicadas.[222]

---

[221] OLIVEIRA, José Roberto Pimenta. *Improbidade administrativa e sua autonomia constitucional*. Belo Horizonte: Fórum, 2009. p. 317.

[222] "Art. 24. A multa e o perdimento de bens, direitos ou valores aplicados com fundamento nesta Lei serão destinados preferencialmente aos órgãos ou entidades públicas lesadas."

4.3.1.3 Proibição de contratar com o Poder Público e de receber benefícios ou incentivos fiscais ou creditícios

No tocante às penas de proibição de contratar e de receber benefícios ou incentivos fiscais ou creditícios, cumpre destacar a viabilidade de serem ajustadas em acordo sobre qualquer categoria de ato de improbidade.

Os limites máximos fixados no artigo 12 da Lei nº 8.429/1992 devem ser respeitados, conforme já aduzido, de tal sorte que a duração máxima da medida restritiva seja de 14 (catorze) anos, para atos de enriquecimento ilícito (artigo 9º), decrescendo em amplitude para os casos tipificados nos artigos 10 e 11 (doze e quatro anos, respectivamente).

A implementação concreta da sanção de proibição de contratar efetiva-se por meio da inserção dos dados referentes à condenação (como CPF e CNPJ das pessoas físicas e jurídicas proibidas, seus nomes ou denominações, data de início e término da proibição) no Cadastro das Empresas Inidôneas ou Suspensas de contratar com a Administração Pública (CEIS), de que trata a Lei nº 12.846/2013, observadas as limitações territoriais estipuladas, como determina o artigo 12, §8º, da LIA. A sanção pode também constar em Cadastro específico do ente federativo lesado.

Em termos de abrangência subjetiva, a penalidade é imponível às pessoas físicas e jurídicas responsabilizadas, assim como a agentes públicos. No mais, deve-se ter em consideração que a proibição de "contratar" alcança quaisquer ajustes bilaterais que possam ser entabulados com o Poder Público, independentemente do *nomen iuris* a eles atribuídos (contrato administrativo, contratos de direito privado, convênios, termos de parceria, contratos de gestão, termos de colaboração ou de fomento etc.).

Por se tratar de medida com potencial para imprimir sério gravame à continuidade da pessoa jurídica infratora, a Lei exige, como já dito, ponderação, no momento da fixação da penalidade, a respeito dos seus efeitos econômicos e sociais, de modo a viabilizar a manutenção das atividades empresariais (artigo 12, §3º), como decorrência do princípio da função social da empresa.

Note-se que a diretriz de preservação da função social da empresa já foi utilizada como fundamento pelo Superior Tribunal de Justiça para moderar a abrangência da pena de proibição de contratar e receber benefícios e incentivos, limitando-a apenas ao ente federativo com o qual a pessoa jurídica infratora entabulou relação contratual, pois a restrição indistinta e extensível a toda e qualquer unidade da Federação impediria a continuidade das atividades.[223] É possível localizar decisões que, mesmo sem fazer referência ao princípio em questão, moderavam a extensão da pena, com fundamento explícito apenas na proporcionalidade e razoabilidade, visando restringi-la, como exemplo, ao ente no qual fora praticado o ilícito.[224]

Antes da alteração promovida na Lei nº 8.429/1992, pela Lei nº 14.230/2021, debatia-se, portanto, acerca da abrangência da sanção, em relação aos entes federados. A jurisprudência pátria albergava, de todo modo, a possibilidade de condenação ampla, com o alcance da restrição para toda a Administração direta e indireta de qualquer dos Poderes dos entes políticos nacionais, desde que constasse, na sentença, o âmbito de aplicação.[225]

Com a edição da Lei nº 14.230/2021, todavia, esse cenário alterou-se. De acordo com o artigo 12, §4º, da Lei de Improbidade, em nova redação, apenas em caráter excepcional e por motivos relevantes devidamente justificados, a sanção de proibição de contratação com o Poder Público poderá extrapolar o ente público lesado pelo ato de improbidade. O legislador, nesse dispositivo, destaca, mais uma vez, a necessidade de observar os "impactos econômicos e sociais das sanções, de forma a preservar a função social da pessoa jurídica".

Eventual acordo de não persecução civil que contemple em seu objeto tal penalidade deverá respeitar o comando introduzido,

---

[223] EDcl no REsp 1.021.851/SP, relatora Ministra Eliana Calmon, Segunda Turma, julgado em 23/6/2009, DJe de 6/8/2009; EDcl no AgInt no AREsp 1.470.633/SP, relator Ministro Og Fernandes, Segunda Turma, julgado em 22/6/2021, DJe de 30/6/2021.
[224] AgInt no AREsp 791.744/SP, relator Ministro Sérgio Kukina, Primeira Turma, julgado em 23-11-2021, DJe de 25-11-2021.
[225] SÃO PAULO (Estado). TJSP. Embargos de Declaração Cível 0005274-82.2010.8.26.0037; Relator (a): Rebouças de Carvalho; Órgão Julgador: 9ª Câmara de Direito Público; Foro de Araraquara – 1ª Vara da Fazenda Pública; Data do Julgamento: 09-04-2014; Data de Registro: 10-04-2014.

de modo que a ampliação da abrangência da restrição, para além do ente público lesado pelo ilícito, deve suceder somente quando presentes motivos relevantes.

Embora o dispositivo não explicite quais seriam essas razões determinantes, parece viável e pertinente o recurso aos critérios de dosimetria indicados na Lei. A gravidade e o impacto da conduta, a extensão do dano causado – que ultrapasse um único ente lesado e seu território –, são elementos que podem servir para justificar o agravamento autorizado, sem prejuízo de outros.

4.3.1.4 Suspensão dos direitos políticos

Com relação à pena de suspensão dos direitos políticos, esta poderá ser ajustada em acordo de não persecução civil que tenha por objeto a prática dos atos de improbidade previstos nos artigos 9º e 10 da Lei de Improbidade, ficando afastada a negociação da sanção para a modalidade prevista no artigo 11 do diploma legal, que não contempla essa consequência punitiva, na atual redação.

Em virtude da medida cautelar deferida na ADI 6678/DF, em 1º de outubro de 2021,[226] mesmo antes da edição da Lei nº 14.230/2021, não seria viável o ajustamento da pena de suspensão dos direitos políticos para atos de improbidade que importam violação aos princípios, pois a Suprema Corte suspendeu a vigência da expressão "suspensão dos direitos políticos de três a cinco anos" do inciso III do artigo 12 da Lei nº 8.429/1992, expurgando a aplicação dessa penalidade para a hipótese ventilada.

No que concerne à extensão do sancionamento, o acordo deve respeitar os limites máximos previstos na Lei, de tal sorte que não poderá estipular suspensão dos direitos políticos por prazo superior a 14 (catorze) anos, se praticado o ato descrito no artigo 9º, nem superior a 12 (doze) anos, se em pauta a modalidade tipificada no artigo 10 do diploma legal.

É interessante notar que, assim como sucede com a pena de perda da função pública, a suspensão dos direitos políticos figura

---

[226] BRASIL. Supremo Tribunal Federal. ADI 6678/DF Medida cautelar. Relator Ministro Marco Aurélio. Decisão proferida pelo Min. Gilmar Mendes, Julgamento 01-10-2021, *DJE* 05-10-2021.

em determinados atos normativos expedidos por órgãos legitimados como "renúncia ao direito de candidatar-se a cargos públicos eletivos, por determinado período", tal como consta nas Resoluções dos Ministérios Públicos dos Estados do Espírito Santo,[227] Mato Grosso do Sul[228] e Piauí.[229]

A previsão, entretanto, destoa do regime da Lei nº 8.429/1992, seja porque: (i) o acordo de não persecução civil versa sobre a própria sanção de suspensão de direitos políticos e não sobre um compromisso a ela correspondente; (ii) seja porque a renúncia ao direito de candidatar-se a cargos públicos eletivos não equivale estritamente à suspensão dos direitos políticos, que constitui restrição maior ao conjunto de prerrogativas públicas do cidadão.

De fato, a pena de suspensão dos direitos políticos, em sua configuração constitucional e legal, implica retirada temporária do: (i) direito de alistamento e de voto; (ii) direito ao sufrágio em plebiscito, referendo ou iniciativa popular de leis; (iii) direito de elegibilidade; (iv) direito de filiação partidária; (v) direito de criação de partidos políticos; (vi) direito de propositura de ação popular; e (vii) direito de exercer cargos públicos, entre outros.[230] A renúncia ao direito de candidatar-se a cargo eletivo representaria, portanto, apenas parcela dos efeitos da suspensão dos direitos políticos, atingindo o direito de elegibilidade.

Assim, o acordo de não persecução deve conter, na verdade, a estipulação do reconhecimento expresso da suspensão desses direitos por prazo determinado, como consequência punitiva determinada pela Lei de Improbidade.

---

[227] ESPÍRITO SANTO. Ministério Público do Estado do Espírito Santo. Resolução COPJ nº 009, de 13 de setembro de 2021. *Diário Oficial do MPES*, Vitória, 14 set. 2021, com retificação no dia subsequente. Disponível em: https://www.mpes.mp.br/Arquivos/Anexos/2336e7cc-798d-4d8b-951c-402bee3367f9.pdf. Acesso em: 15 set. 2021.

[228] MATO GROSSO DO SUL. Ministério Público do Estado de Mato Grosso do Sul. Resolução nº 3/2021-CPJ, de 1/06/2021. *Diário Oficial do Ministério Público de Mato Grosso do Sul*, Campo Grande, 1º jun. 2021. Disponível em: https://www.mpms.mp.br/domp/2021/06/01. Acesso em: 7 out. 2021.

[229] PIAUÍ. Ministério Público do Estado do Piauí. *Resolução CPJ/PI nº 04, de 17 de agosto de 2020*. Teresina: MPPI, 2020. Disponível em: https://www.mppi.mp.br/internet/wp-content/uploads/2020/08/RESOLUCAO-CPJ-04-2020.pdf. Acesso em: 7 out. 2021.

[230] Para mais exemplos do impacto da pena em direitos concretos do cidadão, *vide*: OLIVEIRA, José Roberto Pimenta. *Improbidade administrativa e sua autonomia constitucional*. Belo Horizonte: Fórum, 2009. p. 304.

A implementação da sanção pode se efetivar por meio da comunicação a órgãos da Justiça Eleitoral, valendo citar, nesse ponto, a Resolução Conjunta nº 06/2020, editada pelo Conselho Nacional de Justiça – CNJ e pelo Tribunal Superior Eleitoral – TSE, com o objetivo de instituir sistemática unificada para envio, no âmbito do Poder Judiciário, de informações referentes à condenação por improbidade administrativa e a outras situações que impactem no gozo dos direitos políticos. Consta no artigo 1º, inciso II e III, do ato normativo justamente as informações relativas a acordos de não persecução civil e cumprimento de sanções e termos de acordo de improbidade administrativa.

Cumpre pontuar que a imposição, via acordo, da grave sanção ora tratada é compatível com a Constituição da República, encontrando respaldo não só no artigo 37, §4º, que contempla expressamente a pena como resposta ao cometimento de atos ímprobos, como também no artigo 15, inciso V, da Carta Magna, segundo o qual a suspensão dos direitos políticos pode se dar em caso de improbidade administrativa. Além disso, a pena não significa renúncia de direitos políticos, mas apenas a restrição temporária ao exercício de direito fundamental, sendo aplicada, via acordo e por autorização dada pela Lei nº 8.429/1992, com livre, voluntária e informada aceitação da sanção.

A composição da sanção de suspensão de direitos políticos também não encontra óbice nos artigos 12, §9º e 20 da Lei nº 8.429/1992, que exigem o trânsito em julgado da sentença condenatória para início da execução das penalidades, pelas razões já expostas no capítulo 3, item 3.2, deste livro. Em síntese, os dispositivos têm aplicabilidade limitada à hipótese de adjudicação judicial do sancionamento. No mais, o próprio acordo se submete à homologação pelo Poder Judiciário, que proferirá sentença a transitar em julgado.

Por fim, questão relevante diz respeito à viabilidade da celebração de acordo de não persecução civil quando os atos ilícitos praticados puderem dar margem, em tese, à futura declaração de inelegibilidade, com base no artigo 1º, inciso I, alínea "l", da Lei complementar nº 64/1990, que alberga a hipótese daqueles que forem condenados à suspensão dos direitos políticos, em decisão transitada em julgado ou proferida por órgão judicial colegiado, por ato doloso de improbidade administrativa que importe lesão ao patrimônio público e enriquecimento ilícito.

Parcela da doutrina compreende que, sendo o caso subsumível à Lei Complementar nº 64/1990, "a convenção deverá prever obrigatoriamente a suspensão dos direitos políticos em seu objeto e, sendo inviável esse título para justificar a inelegibilidade",[231] caberia à propositura da ação de responsabilização por ato ímprobo. A justificativa apresentada consiste na suposta frustração da aplicação da Lei da Ficha Limpa por meio da celebração de acordo de não persecução civil sem a previsão de suspensão de direitos políticos, que não teria o condão de gerar a inelegibilidade à vista da exigência de condenação judicial para esse fim.[232]

Esse posicionamento seria endossado também por atos normativos expedidos por órgãos legitimados, a exemplo da Resolução nº 1.193/2020-CPJ do Ministério Público paulista, que prevê no artigo 3º a inviabilidade de celebração de acordo que afaste os efeitos previstos na citada Lei complementar, nos casos em que a conduta ímproba imputada se subsumir às hipóteses de inelegibilidade.

No âmbito do Ministério Público Federal, há previsão similar na Orientação nº 10 da 5ª Câmara de Coordenação e Revisão. Consta no artigo 23, §3º, que "fica vedada a concessão de isenção da penalidade de suspensão de direitos políticos, nas hipóteses de inelegibilidade disciplinadas pela Lei Complementar nº 135/2012 ('Lei da Ficha Limpa')".[233] A Advocacia-Geral da União também estabeleceu regra no sentido de que o acordo "não poderá afastar os efeitos previstos pela alínea 'l' do inciso I do artigo 1º da Lei Complementar nº 64, de 18 de maio de 1990" (Portaria Normativa AGU nº 18, de julho de 2021).[234]

---

[231] MARTINS JUNIOR, Wallace Paiva. Acordo de não persecução cível. In: BARROS, Francisco Dirceu et al. (coord.). Acordos de não persecução penal e cível. Salvador: JusPodivm, 2021. p. 348.
[232] No mesmo sentido, vide: OLIVEIRA, Beatriz Lopes de. Acordo de não persecução cível no Ministério Público. In: SALGADO, Daniel de Resende; KIRCHER, Luis Felipe Schneider; QUEIROZ, Ronaldo Pinheiro de (coord.). Justiça consensual: acordos penais, cíveis e administrativos. São Paulo: JusPodivm, 2022. p. 722-724.
[233] BRASIL. Ministério Público Federal. 5ª Câmara de Coordenação e Revisão. Orientação nº 10. Brasília, DF: MPF, 2020. Disponível em: http://www.mpf.mp.br/atuacao-tematica/ccr5/orientacoes/orientacao-no-10-2020-anpc.pdf. Acesso em: 1º out. 2021.
[234] BRASIL. Advocacia-Geral da União. Portaria Normativa AGU nº 18, de 16 de julho de 2021. Diário Oficial da União, Brasília, DF, 19 jul. 2021. Disponível em: https://www.in.gov.br/en/web/dou/-/portaria-normativa-agu-n-18-de-16-de-julho-de-2021-332609935. Acesso em: 7 out. 2021.

Em sentido diverso compreendem Adriano Andrade, Cleber Masson e Landolfo Andrade,[235] para quem a interpretação restritiva suscitada anteriormente poderia comprometer a atuação mais resolutiva dos entes legitimados à defesa da probidade administrativa. Sustentam que normas editadas por alguns Ministérios Públicos na linha exposta só alcançariam os acordos celebrados na fase judicial, quando existir decisão transitada em julgado ou prolatada por órgão colegiado, subsumível à hipótese de inelegibilidade. Antes da existência de uma decisão condenatória nesses moldes, poderia ser celebrado o acordo de não persecução.

Julizar Barbosa Trindade Júnior sustenta, em linha similar, que, apesar de a Lei da Ficha Limpa justificar a vedação a acordo nessa "hipótese de inelegibilidade", haveria de se admitir uma mitigação em casos concretos, "mediante reforçada e idônea justificação", à vista de outros interesses igualmente públicos e até mais relevantes que poderiam deixar de ser atendidos.[236] Américo Bedê Freire Junior e Letícia Lemgruber[237] entendem, por sua vez, que não haveria impedimento para firmar o acordo nessas hipóteses; existiria uma indicação, *prima facie*, no sentido de ser necessário pactuar a penalidade de suspensão dos direitos políticos, passível de ser contornada mediante fundamentação adequada.

Considerando que a Lei nº 8.429/1992 tem por objeto central dispor sobre as sanções aplicáveis em virtude da prática de atos de improbidade e que inexiste qualquer proibição ou restrição no citado diploma para a celebração de acordo contendo a isenção ou mitigação da pena de suspensão dos direitos políticos, a interpretação adequada parece apontar para a viabilidade do uso do instrumento, ainda que se trate de conduta tipificada cumulativamente nos artigos 9º e 10.

Se a Lei Complementar nº 64/1990 não contempla no inciso I, alínea "l)", a situação jurídica do reconhecimento, via acordo de não

---

[235] ANDRADE, Adriano; MASSON; Cleber; ANDRADE, Landolfo. *Interesses difusos e coletivos*. 11. ed. Rio de Janeiro: Forense; Método, 2021. p. 870. v. 1.

[236] TRINDADE JÚNIOR, Julizar Barbosa. A pactuação da sanção de suspensão de direitos políticos no acordo de não persecução civil (ANPC). *In*: DAL POZZO, Augusto Neves; OLIVEIRA, José Roberto Pimenta (coord.). *Lei de Improbidade Administrativa Reformada*. São Paulo: Thomson Reuters Brasil, 2022. p. 705-707.

[237] FREIRE JUNIOR; Americo Bedê; LEMBRUGER, Letícia. Os acordos de não persecução penal e cível: permissões e vedações. *In*: BARROS, Francisco Dirceu *et al.* (coord.). *Acordos de não persecução penal e cível*. Salvador: JusPodivm, 2021. p. 387.

persecução civil, de ato ímprobo que importe lesão ao patrimônio público e enriquecimento ilícito, mas apenas condenação judicial nesses moldes, podem-se debater a necessidade e a conveniência de modificação legislativa para inclusão da aludida hipótese de fato na norma, mas jamais conferir, por via oblíqua, interpretação ampliativa de hipótese de inelegibilidade, por todo vedada pela jurisprudência,[238] restringindo, ainda, a aplicação da Lei nº 8.429/1992, que, em rigor, estimula a resolução consensual da controvérsia.

A alteração imprimida na Lei de Improbidade, com a disciplina do acordo de não persecução civil, teve por objetivo justamente fomentar a consensualidade, à vista dos múltiplos fins de interesse público passíveis de serem alcançados e os ganhos correlatos. Há de se conferir interpretação ao instituto que potencialize os seus efeitos, observados os limites estabelecidos na ordem jurídica.

A prevalecer a tese impeditiva de acordo na hipótese mencionada, o Estado poderia deixar de solucionar casos de corrupção, por exemplo, sem eventual colaboração probatória fornecida pelo acusado. Assim, entende-se que o instrumento comporta a estipulação da sanção de suspensão de direitos políticos, mesmo quando se tratar de ato doloso de improbidade administrativa que importe lesão ao patrimônio público e enriquecimento ilícito.

4.3.2 Ressarcimento integral do dano ao erário

Afora as sanções típicas previstas na Lei de Improbidade Administrativa e tratadas anteriormente, o acordo de não persecução civil deve contemplar a reparação integral do prejuízo ao erário, caso haja dano concreto ao patrimônio público, em virtude da conduta ímproba.

O artigo 17-B, inciso I, da Lei, prevê que o instrumento deve ter como resultado o integral ressarcimento do dano. Trata-se de

---

[238] "5. As normas limitadoras da capacidade eleitoral passiva, direito fundamental que constitui um dos pilares do regime democrático, devem ser objeto de interpretação restritiva. Precedentes" (BRASIL. Superior Tribunal de Justiça. REsp Eleitoral 060062698, Acórdão, Relator Min. Luis Felipe Salomão, Publicação: PSESS – Publicado em Sessão, data 10-12-2020). No mesmo sentido, *vide* Recurso Ordinário 060020447, Acórdão, Relator Min. Jorge Mussi, Publicação: PSESS – Publicado em Sessão, data 19-12-2018, entre outros.

condição indispensável, mínima, do ajuste e não computável como sanção autônoma para encerrar a responsabilização por ato de improbidade, conforme exposto no capítulo 3, item 3.5, deste livro. A reparação não detém caráter punitivo, mas constitui mera consequência imposta pela ordem jurídica em face do dano causado, visando ao retorno à posição anterior à conduta danosa, *status quo ante*.

Portanto, reitera-se que, quando o dispositivo exige o integral ressarcimento do dano como resultado necessário do ajuste, não está autorizando a celebração de acordo de não persecução com a mera previsão desta obrigação. O instrumento em exame detém caráter sancionatório, devendo conter alguma medida de sancionamento se se pretende solucionar, adequadamente, a responsabilidade autônoma prevista no artigo 37, §4º, da Constituição.

A escolha contida do dispositivo, de exigir a reparação integral do prejuízo causado ao erário em todo acordo de não persecução com dano, é legítima e consentânea com a tutela da probidade administrativa.

Em tese, o legislador poderia ter autorizado a celebração do instrumento apenas com as medidas sancionatórias impostas na Lei, remetendo-se a matéria do ressarcimento para outra via, seja administrativa ou judicial, como o prosseguimento da ação para este específico fim ou, não havendo ação em curso, por meio da propositura de ação de ressarcimento pelo Ministério Público ou pela pessoa jurídica lesada. Seria possível pensar, ainda, em autorização para acordo com ressarcimento parcial, ao lado de eventuais sanções cabíveis.

Contudo, optou-se por determinar que, ao lado do sancionamento devido, o acordo deve englobar a obrigação de reparar integralmente o erário, de modo que não haverá solução consensual da controvérsia se o acusado não se dispuser a ressarcir o dano causado.

No comando normativo, há, em evidência, o objetivo de alavancar a tutela do patrimônio público. Dentro do universo de finalidades públicas passíveis de serem alcançadas pela via consensual e que se colocam para a avaliação do Poder Público no caso concreto, a legislação selecionou uma como cogente, enunciando a integridade do erário não só como resultado prático útil ao interesse público, mas necessário para o instrumento criado.

Convêm, nesse ponto, as observações feitas no capítulo 1 deste livro, notadamente no que concerne ao contexto teórico da consensualidade no Direito Administrativo Sancionador e os distintos fins e funções que os instrumentos consensuais podem perseguir. A Lei de Improbidade, por meio do artigo 17-B, buscou afiançar a reparação do patrimônio público como um desses múltiplos fins.

A previsão legal alberga a ideia de haver ganho de eficiência na tutela do patrimônio público e na solução de controvérsias decorrentes da prática de atos de improbidade, tendo em vista que a via do acordo, pacífica, não contenciosa e, como regra, menos custosa aos envolvidos, dependerá da assunção daquela obrigação de ressarcir. A exigência é oportuna, em especial considerando que, na tutela judicial da probidade, não é rara a baixa efetividade na tarefa de recompor o erário.[239]

Além disso, a previsão se coaduna com a nova redação do artigo 1º da Lei nº 8.429/1992, por força do qual se afirma que o sistema de responsabilização por ato de improbidade tutela a probidade na organização do Estado e no exercício de suas funções, como forma de assegurar a integridade do patrimônio público e social. Logo, o próprio diploma legal encarece a noção de que a tutela por ele veiculada se orienta para garantir a incolumidade do erário.

Fábio Medina Osório, em trabalho anterior à modificação imprimida pela Lei nº 14.230/2021, sustenta que o ente legitimado poderia, em juízo de ponderação, "sopesar, no caso concreto e como medida excepcional, se o ressarcimento, ainda que parcial, está em consonância com o melhor interesse da sociedade". Para o autor, seria possível, nas transações derivadas de acordo de colaboração, acordo de leniência e TAC, excepcionar a obrigação de reparação integral.[240]

---

[239] A respeito, *vide* estudo do Conselho Nacional de Justiça sobre o tema: GOMES JÚNIOR, Luiz Manoel (coord.); ALMEIDA, Gregório Assagra de *et al.* (equipe). *Lei de improbidade administrativa*: obstáculos à plena efetividade do combate aos atos de improbidade. Brasília, DF: Conselho Nacional de Justiça, 2015. p. 38.

[240] OSÓRIO, Fábio Medina. *Natureza jurídica do instituto da não persecução cível previsto na lei de improbidade administrativa e seus reflexos na lei de improbidade empresarial*. [S. l.]: [s. n.], [2020?]. Disponível em: https://www.migalhas.com.br/arquivos/2020/3/8A049E343B44ED_Artigopacoteanticrimeeimprobid.pdf. Acesso em: 19 out. 2021.

Conforme exposto, entende-se, no entanto, que essa possibilidade foi vedada pela Lei nº 14.230/2021, em vista de fins legítimos. Não cabe aos órgãos de acusação desfazer (ou alterar) o juízo[241] já realizado pela norma, sob pena de violação da legalidade.

Augusto Neves Dal Pozzo, Percival José Bariani Junior e João Negrini Neto[242] criticam o requisito legal, sugerindo que a possibilidade de ressarcimento parcial, via acordo, seria vantajosa ao interesse público, em oposição ao longo tempo para desfecho do processo. Além disso, suscitam a conveniência de substituição do ressarcimento pelo oferecimento de algum bem, serviço ou utilidade à Administração.

Os autores defendem que a exigência "intransigente do ressarcimento integral do dano" para celebração do acordo conflitaria com a lógica do Código de Processo Civil, que incentiva as partes a adotarem soluções consensuais. A Lei nº 8.429/1992, por meio do artigo 17, *caput*, adota, como regra, o rito do procedimento comum previsto no CPC, o que embasaria a alegação. Assim, aduzem que, em interpretação sistemática da LIA, não haveria razão para não admitir a propositura de acordos no caso de impossibilidade de ressarcimento integral do dano.

Entretanto, a Lei nº 8.429/1992, ao disciplinar os requisitos do acordo de não persecução civil no artigo 17-B, estabeleceu, de forma literal e expressa, a necessidade de reparação integral do dano. Não é razoável pretender afastar a previsão, com redação explícita nesse sentido, com base em interpretação "sistemática" da Lei e a partir dos princípios e preceitos gerais do Código de Processo Civil (artigo 3º, §2º). Há regra especial e específica na própria LIA que rege a matéria, sendo o texto legal ponto de partida e limite da atividade hermenêutica.

Note-se que a Lei nº 8.429/1992, ao submeter o rito da ação de improbidade ao procedimento comum do Código, ressalvou as disposições especiais inseridas na Lei, conforme dispõe o *caput* do

---

[241] Juízo quanto à conveniência e à utilidade ao interesse público da exigência da obrigação de ressarcimento integral como requisito indispensável para celebração do acordo de não persecução civil.

[242] DAL POZZO; Augusto Neves; BARIANI JUNIOR, Percival Jose; NETO, João Negrini. O regime jurídico do acordo de não persecução civil na lei de improbidade administrativa. *In*: DAL POZZO, Augusto Neves; OLIVEIRA, José Roberto Pimenta (coord.). *Lei de Improbidade Administrativa reformada*. São Paulo: Thomson Reuters Brasil, 2022. p. 612-613.

artigo 17. Portanto, descabe tentar superar o teor do artigo 17-B, inciso I, do diploma legal, a título de conferir interpretação sistemática, quando a própria Lei ressalva a aplicação de suas previsões particulares, em detrimento do CPC.

É pertinente refletir, por outro lado, sobre eventual modelo normativo alternativo, que contemple mitigação excepcional da obrigação de reparar integralmente o erário, em hipóteses específicas e quando presentes razões de interesse público. A exceção, dependente de modificação legislativa, poderia ser aplicada para casos, por exemplo, em que o acusado tem interesse em contribuir com elementos de prova e incrementar a investigação dos ilícitos, mas não detém capacidade financeira para se responsabilizar pela obrigação pecuniária em seu montante integral.

Apontada a legitimidade da escolha inscrita na Lei nº 8.429/1992, cabe destacar que a previsão da obrigação de ressarcir o erário em acordo de não persecução civil está sujeita, como é evidente, à existência de dano efetivo, concreto, decorrente da prática ilícita e atribuível ao infrator. A pretensão de reparação do erário depende da configuração de dano material passível de ser ressarcido, que observa, como regra, os requisitos da lei civil. Daí porque cabe a explicitação, no acordo, dos pressupostos da responsabilidade patrimonial: ação ou omissão ilícita, nexo de causalidade e o mencionado dano.

No tocante à indenização, esta deve se pautar na extensão do dano causado (artigo 944, do Código Civil), abrangidos os danos emergentes e os lucros cessantes. A reparação devida, todavia, deve deduzir o ressarcimento eventualmente ocorrido nas instâncias criminal, civil e administrativa que tiver por objeto os mesmos fatos, como dispõe o §6º do artigo 12 da Lei nº 8.429/1992.

Há necessidade de quantificação do dano e atualização monetária do respectivo montante. A Lei determina, nessa matéria, que, para fins de apuração do valor, sejam descontados os serviços efetivamente prestados, nos termos do artigo 18, §3º. O comando aplica-se, sobretudo, na hipótese de atos de improbidade que maculem contratos administrativos entabulados com o Poder Público, evitando-se locupletamento indevido do ente estatal.

A tarefa de quantificar dano, entretanto, nem sempre é simples. A análise da extensão do prejuízo pode depender de estimativas de preço de mercado, adoção de métricas e parâmetros para aferição de custos, cuja complexidade se intensifica em casos de fraude e cartelização em licitações e contratos, entre outros. Trata-se de atividade que demanda capacidade técnica e recursos humanos, que podem não estar à disposição da pessoa jurídica lesada.

A dificuldade na quantificação do prejuízo causado por vezes é acentuada pelo decurso de tempo entre o resultado danoso e a reparação, circunstância que pode exigir a aferição de estimativas pretéritas de preço de mercado.

Nos casos de reconhecimento de condutas colusivas praticadas há muito tempo, por exemplo, poderá ser difícil apurar o preço que teria sido praticado no cenário de ausência de cartel, com o objetivo de mensurar o prejuízo sofrido pelo ente público. É possível que se tenha que partir para métodos comparativos, seja para examinar o mercado cartelizado em outro momento do tempo ou, ainda, cotejá-lo com outros mercados passíveis de serem parametrizados.

Parâmetro viável de ser utilizado é o preço alcançado pelo mesmo contratante público em procedimento licitatório sem frustração de competitividade e com o mesmo objeto e características similares, além de ter sido conduzido em tempo próximo ou contemporaneamente. Contudo, pode não haver procedimento nesses moldes a servir como baliza.

No âmbito do Tribunal de Contas da União, essa temática é alvo de exame, tendo o órgão apreciado o prejuízo causado aos cofres públicos em razão de cartel em licitações promovidas pela Petrobrás; conduta investigada no bojo da denominada Operação "Lava Jato". Na Tomada de Contas nº 005/081/2015-7, a Corte alcançou a conclusão, após estudos técnicos empreendidos por órgão interno da instituição, de que o impacto da atuação do cartel "reduz em 17% (dezessete por cento) em média, o desconto ofertado em um cenário competitivo".[243]

No Tribunal de Justiça do Estado de São Paulo, há precedente em ação de improbidade administrativa, no qual a Corte paulista aplicou o aludido percentual de 17% (dezessete por cento) sobre o valor de contratos afetados por atuação cartelizada, para fixar

---

[243] BRASIL. Tribunal de Contas da União. Acórdão nº 3089/2015, Plenário, Rel. Min. Benjamin Zymler, julgado em 02-12-2015.

o prejuízo a ser ressarcido pelas empresas condenadas, citando inclusive o julgado do Tribunal de Contas da União.[244]

Trata-se de matéria, entretanto, ainda aberta a aprimoramento e que comporta relevante debate sobre a precisão e adequabilidade do percentual para os fins utilizados. De toda forma, o cenário indicado serve para ilustrar a complexidade da tarefa de quantificar eventuais danos causados ao erário.

No âmbito da Procuradoria-Geral do Estado do Rio de Janeiro, estabeleceu-se, por meio da Resolução PGE nº 4703, de 17 de maio de 2021, previsão oportuna no sentido de que os membros da Comissão Processante do acordo de não persecução civil poderão requisitar apoio técnico do órgão ou entidade lesada e/ou de quaisquer órgãos ou entidades públicas, inclusive para auxiliar na identificação e quantificação dos valores a serem negociados.[245]

Embora se tenha afirmado que o acordo deva conter a quantificação do prejuízo, é lícito que as partes convencionem a obrigação de reparar com base em estimativa do valor correspondente ao dano causado, caso não seja possível definir a totalidade do montante, à vista dos elementos de prova e informações disponíveis. Assim, é viável que o acordo de não persecução civil preveja um valor mínimo de indenização, a título de estimativa ou valor aproximado ao total devido, remetendo-se a apuração definitiva à vítima ou ao lesado.[246]

Nessa hipótese, remanesceria ao ente público lesado ou ao Ministério Público a possibilidade de buscar a complementação da

---

[244] TJSP. Apelação cível nº 0041369-29.2011.8.26.0053, Rel. Des. Luís Francisco Aguilar Cortez, julgado em 16-10-2019.

[245] RIO DE JANEIRO (Estado). Procuradoria-Geral do Estado do Rio de Janeiro. Resolução PGE nº 4703, de 17 de maio de 2021. Dispõe sobre procedimento para *atuação judicial e extrajudicial da Procuradoria-Geral do Estado em acordos de não persecução cível quanto a atos de improbidade administrativa*. Diário Oficial do Estado do Rio de Janeiro, Rio de Janeiro, 26 maio 2021, Parte I, fls. 37-38.

[246] De acordo com a Orientação nº 10 do MPF, o ANPC poderá prever valor mínimo de indenização. Contudo, em nosso juízo, a previsão, para ser legal, deve ser interpretada no sentido da viabilidade de estipular a obrigação reparatória com base na estimativa do ressarcimento integral devido, não sendo lícito convencionar valor parcial da indenização, a despeito de existirem elementos suficientes para precisar a extensão total do dano (BRASIL. Ministério Público Federal. 5ª Câmara de Coordenação e Revisão. *Orientação nº 10*. Brasília, DF: MPF, 2020. Disponível em: http://www.mpf.mp.br/atuacao-tematica/ccr5/orientacoes/orientacao-no-10-2020-anpc.pdf. Acesso em: 1º out. 2021).

indenização, que poderia se dar tanto por meio da celebração de aditivo ao ajuste firmado, de novo acordo exclusivamente ressarcitório ou por meio de cobrança em juízo do montante remanescente. Em termos de segurança jurídica e visando fomentar a utilidade do acordo de não persecução, o ideal é que se preveja, no instrumento, o compromisso de as partes aditarem a obrigação reparatória para incluir eventual valor descoberto e devido.

Tratando-se de mera estimativa, é fundamental que os órgãos de persecução não confiram quitação integral ao dano causado ao erário pelos atos ilícitos. Em todo caso, mesmo havendo quantificação do dano no ajuste, é recomendável a previsão de não reconhecimento da quitação total do dever de indenização decorrente dos prejuízos patrimoniais causados ao patrimônio público, tendo em vista a possibilidade de: (i) surgirem novos elementos indicativos de dano pelo mesmo fato; e (ii) terem sido omitidas informações e elementos de prova pelo acordante.

Ao disciplinar o acordo de não persecução civil, a Lei nº 14.230/2021 incluiu na Lei nº 8.429/1992 previsão específica relacionada à temática de quantificação de prejuízos ao erário no artigo 17-B. Consta no §3º do dispositivo que, para fins de apuração do valor do dano a ser ressarcido, deverá ser realizada a oitiva do Tribunal de Contas competente, que se manifestará com indicação dos parâmetros utilizados, no prazo de 90 (noventa) dias. Pela redação do dispositivo, tratar-se-ia de requisito formal-procedimental do acordo.

Entre possíveis finalidades da norma, é razoável inferir o fim de incrementar justamente a tarefa de delimitação dos prejuízos ao erário e integrar eventual competência dos Tribunais de Contas relacionada ao objeto do ajuste. Isso porque o acordo pode versar sobre ilícitos e comportamentos que tenham maculado ou atingido atos jurídicos ou contratos administrativos sujeitos à fiscalização dessas Cortes. Assim, a Lei buscaria agregar a participação dos aludidos órgãos de controle externo ao procedimento de celebração de acordo de não persecução, recorrendo à expertise deles na matéria.

O cumprimento da previsão legal exige, como consequência prática, a comunicação formal do acordo com dano ao erário à Corte de Contas, para que esta possa manifestar-se. Essa interlocução deveria preceder, a princípio, a finalização do ajuste, dado que ao órgão de controle caberia apresentar os parâmetros a serem adotados para a fixação da obrigação reparatória, que deve constar no instrumento. Ademais, a comunicação deve ser feita tanto na hipótese de acordo extrajudicial quanto em acordo firmado em juízo.

O atendimento da norma pode demandar, nessa perspectiva, a instituição de fluxos de interlocução entre os órgãos envolvidos, a edição de regulamentação para definir os trâmites e procedimentos para apuração do valor do dano nos Tribunais de Contas, assim como a mobilização de servidores e órgãos técnicos daquelas instituições para realizarem a atribuição legal.

O comando normativo, todavia, suscita uma série de questionamentos. Em primeiro lugar, questiona-se se a norma impõe, em todo e qualquer caso, a oitiva do Tribunal de Contas competente, assim como qual seria a consequência jurídica da ausência dessa oitiva, seja por não interlocução com o órgão de controle, seja por decurso do prazo de 90 (noventa) dias sem manifestação definitiva dele, a despeito de ter sido instado formalmente. Tais circunstâncias não foram tratadas pela Lei, não havendo disposição explícita acerca de eventual descumprimento da regra e seu efeito para a validade do ajuste.

Embora conste no dispositivo que "deverá ser realizada" a oitiva do órgão de controle, há quem sustente não se tratar de regra cogente.[247] Caso o Ministério Público e o acusado estejam de acordo com a fixação do dano com base em parâmetro documentado, seria lícita a celebração da avença sem necessidade de consultar o Tribunal de Contas, em especial se a pessoa jurídica lesada, ouvida nos termos do artigo 17-B, §1º, I, da Lei nº 8.429/1992, também estiver de acordo com o parâmetro de indenização estabelecido.[248]

---

[247] Para Wallace Paiva Martins Junior, a oitiva do TC seria "medida absolutamente desnecessária e inconstitucional". Segundo o autor, se o Ministério Público possuir elementos seguros da quantificação ou extensão do dano, "é completamente despicienda, custosa e morosa a provocação do Tribunal de Contas" (MARTINS JUNIOR, Wallace Paiva. Acordo de não persecução civil. In: DAL POZZO, Augusto Neves; OLIVEIRA, José Roberto Pimenta (coord.). *Lei de Improbidade Administrativa reformada*. São Paulo: Thomson Reuters Brasil, 2022. p. 633).

[248] GAJARDONI, Fernando da Fonseca *et al*. *Comentários à Nova Lei de Improbidade Administrativa*: Lei 8.429/1992, com as alterações da Lei 14.230/2021. 5. ed. São Paulo: Thomson Reuters Brasil, 2021. p. 384.

Segundo Beatriz Lopes de Oliveira, a oitiva do Tribunal, em casos de menor complexidade ou de menor repercussão patrimonial, seria "medida desnecessária, que só contribui para a morosidade na celebração do ajuste que pela própria natureza deve ser célere e eficiente".[249] De fato, a previsão legal, ao deixar de fazer distinções quanto à gravidade, à complexidade e à extensão do prejuízo nos casos, para efeito de determinar a oitiva, acaba por gerar mais atuação dos órgãos estatais, sem que dela advenha, necessariamente, ganho de eficiência, tendo em vista a capacidade de delimitação do dano pelo próprio órgão de acusação, em conjunto com o celebrante e a pessoa jurídica lesada.

Em casos de baixa complexidade, nos quais o montante possa ser mensurado por simples cálculo aritmético, seria possível sustentar, em princípio, apenas a ciência ao Tribunal de Contas competente para eventual impugnação, se o caso, facilitando-se o deslinde do ajuste.

De toda forma, considerando a opção legislativa de prestigiar a participação do Tribunal de Contas na tarefa de apuração do valor do dano a ser ressarcido, parece adequado extrair do dispositivo que essa oitiva deve ser observada pelos órgãos competentes. Em casos de acordos que versem sobre danos objeto de fiscalização empreendida pelas Cortes de Contas, a necessidade de consulta seria relevante, em consideração à preservação das múltiplas competências estatais em jogo.

Por esse caminho, a lógica seria conduzir a oitiva do Tribunal de Contas competente quando este tiver informações, elementos de prova e dados produzidos em sua atividade constitucionalmente estabelecida, capazes de contribuir com a delimitação do prejuízo. Nesses casos, é possível que haja interesse do Ministério Público ou da pessoa jurídica lesada na participação do órgão de controle, que poderá robustecer a quantificação do dano. O Poder Judiciário, ao examinar o ajuste submetido à homologação, também poderia reputar pertinente essa oitiva.

---

[249] OLIVEIRA, Beatriz Lopes de. Acordo de não persecução cível no Ministério Público. *In*: SALGADO, Daniel de Resende; KIRCHER, Luis Felipe Schneider; QUEIROZ, Ronaldo Pinheiro de (coord.). *Justiça consensual*: acordos penais, cíveis e administrativos. São Paulo: JusPodivm, 2022. p. 716.

Deve-se registrar que a disposição legal de oitiva dos Tribunais de Contas é objeto de questionamento por meio da ADI 7156 no Supremo Tribunal Federal.[250] Os autores imputam inconstitucionalidade formal ao dispositivo, sob o fundamento de que a atribuição pela lei dessa tarefa ao Tribunal de Contas violaria os artigos 73, 75 e 96, II, da Constituição, que atribuem às Cortes de Contas a iniciativa de leis que tratem de sua organização. E, sob o aspecto material, sustentam que o artigo 17-B, §3º, da Lei nº 8.429/1992, ao impor um dever ao Ministério Público de ouvir o Tribunal de Contas, implicaria violação a sua autonomia funcional, independência de seus membros e restrição do poder investigatório, vedada pelos artigos 127 e 129, inciso III, da Carta Magna. A mesma violação da autonomia se daria em detrimento do Tribunal, por conferir-lhe, supostamente, competência estranha àquelas estabelecidas constitucionalmente, que acabaria por exercer função de órgão coadjuvante do *Parquet*.

É interessante notar que, na ação, os autores postulam a declaração de inconstitucionalidade do dispositivo legal (entre outros) e, alternativamente, a fixação de interpretação conforme a Constituição, a fim de declarar o entendimento de que a oitiva do Tribunal de Contas para celebração de ANPC somente será impositiva ao Ministério Público e ao Tribunal quando essa diligência revelar-se indispensável à apuração dos fatos e se inserir nos contornos constitucionais da atuação da Corte de Contas.

O pedido alternativo corresponde à interpretação razoável do dispositivo e que acaba por preservar minimamente a exigência imposta pelo legislador, além de aderir às considerações expostas. Trata-se de interpretação que não redunda em violação à independência funcional dos membros do Ministério Público nem em imposição, ilegítima, de atribuição nova aos Tribunais de Contas. Até o momento, todavia, não há decisão liminar ou definitiva na ADI.

O dispositivo mencionado é objeto também da ADI 7236,[251] por meio da qual a entidade autora imputa inconstitucionalidade

---

[250] BRASIL. Supremo Tribunal Federal. *ADI n. 7156/DF*, Rel. Min. André Mendonça, autuada em 3 de maio de 2022. Requerente: Confederação Nacional dos Servidores e Funcionários Públicos das Fundações, Autarquias e Prefeituras Municipais.

[251] BRASIL. Supremo Tribunal Federal. *ADI n. 7236/DF*, Rel. Min. Alexandre de Moraes, autuada em 5 de setembro de 2022. Requerente: Associação Nacional dos Membros do Ministério Público – CONAMP.

sob o fundamento de que a condição de procedibilidade prevista na norma interferiria na autonomia do Ministério Público, além de transformar os Tribunais de Contas em "órgãos de assessoria" do *Parquet* em matéria de acordo de não persecução civil. Ao cabo, postula declaração de inconstitucionalidade parcial, sem redução de texto da norma, no sentido de que *"inexiste qualquer obrigação ou vinculação da instituição ministerial, mas antes uma faculdade, em colher a manifestação do Tribunal de Contas"*.

Em 27 de dezembro de 2022, o Relator deferiu a medida cautelar postulada para suspender, entre outros dispositivos legais, a eficácia do artigo 17-B, §3º, da Lei nº 8.429/92, indicando que *"a norma aparenta condicionar o exercício da atividade-fim do Ministério Público à atuação da Corte de Contas, transmudando-a em uma espécie de ato complexo apto a interferir indevidamente na autonomia funcional"* do órgão.[252] Portanto, a partir da decisão liminar, a oitiva do Tribunal de Contas acerca de parâmetros de quantificação do prejuízo causado ao erário em acordo de não persecução civil pode ser considerada como uma faculdade aos órgãos legitimados.

Antes da decisão, todavia, caso o órgão de acusação entendesse desnecessária a manifestação do TC competente, a despeito do teor expresso do artigo 17-B, §3º, da LIA, um caminho viável, para buscar afastar o comando, seria submeter a tese ao Poder Judiciário, que, a princípio, em controle difuso de constitucionalidade, poderia conferir interpretação conforme ou declarar a inconstitucionalidade da exigência, no momento da apreciação acerca da homologação do instrumento.

No que concerne à ausência de oitiva do Tribunal de Contas em determinado caso concreto, esta não pode significar nulidade do acordo. Havendo delimitação do prejuízo com base em dados e parâmetros sólidos, demonstrados pelo órgão de acusação e pelo infrator, descabe pretender cominar invalidade ao ajuste, em virtude de não manifestação do TC competente. Na hipótese de descumprimento do prazo legal, com maior razão deve se considerar que o ajuste pode seguir para exame do Poder Judiciário, se amparado em parâmetros adotados de comum acordo entre

---

[252] BRASIL. Supremo Tribunal Federal. *MC ADI n. 7236/DF*, Rel. Min. Alexandre de Moraes, 27 de dezembro de 2022.

acusação e acusado e com a concordância da pessoa jurídica lesada, sob pena de prejudicar a célere solução do caso. José Roberto Pimenta Oliveira e Dinorá Grotti entendem que a oitiva do Tribunal de Contas, "não é condição legal da existência, validade ou eficácia do ato consensual, pelo que este poderá ser regularmente celebrado e executado, na forma ajustada".[253]

No mesmo sentido é a conclusão transmitida por meio do Enunciado nº 731 do XI Fórum Permanente de Processualista Civis, segundo o qual: "o teor da manifestação do Tribunal de Contas competente não limita ou condiciona a celebração de acordo de não persecução cível".[254]

No âmbito do Ministério Público Federal, a orientação adotada foi pela não obrigatoriedade da oitiva do TCU, que poderá ser promovida a juízo do membro do *Parquet*, no exercício de sua independência funcional constitucionalmente assegurada, conforme item 126 da Nota Técnica nº 01/2021 da 5ª Câmara de Coordenação e Revisão, sobre a aplicação da Lei nº 8.429/1992, com as alterações da Lei nº 14.230/2021.[255]

A mesma posição é sustentada por Fabiana Lemes Zamalloa do Prado, para quem a determinação legal de oitiva do TC competente somente teria compatibilidade constitucional se fosse interpretada como uma possibilidade investigatória, "cuja adequação, para correta apuração dos fatos, será aferida, no caso concreto, pelo membro do Ministério Público, no exercício de sua independência funcional".[256]

---

[253] OLIVEIRA, José Roberto Pimenta; GROTTI; Dinorá Adelaide Musetti. Consensualidade no direito administrativo sancionador: breve análise do acordo de não persecução cível, na orientação normativa nº 10/2020, da 5ª CCR-MPF. *In*: SALGADO, Daniel de Resende; KIRCHER, Luis Felipe Schneider; QUEIROZ, Ronaldo Pinheiro de (coord.). *Justiça consensual*: acordos penais, cíveis e administrativos. São Paulo: JusPodivm, 2022. p. 840.

[254] O enunciado é destacado por Rodrigo de Bittencourt Mudrovitsch e Guilherme Pupe da Nóbrega como positivo (MUDROVITSCH, Rodrigo de Bittencourt; NÓBREGA, Guilherme Pupe da. Acordos de não persecução cível e o TCU. *Revista Consultor Jurídico*, [São Paulo], 13 maio 2022. Disponível em: https://www.conjur.com.br/2022-mai-13/improbidade-debate-acordos-nao-persecucao-civel-tcu. Acesso em: 20 jun. 2022).

[255] BRASIL. Ministério Público Federal. *Nota Técnica nº 1/2017 – 5ª CCR*. 5ª Câmara de Coordenação e Revisão – Combate à Corrupção. Brasília, DF: MPF, 2017. Disponível em: http://www.mpf.mp.br/atuacao-tematica/ccr5/notas-tecnicas/docs/nt-01-2017-5ccr-acordo-de-leniencia-comissao-leniencia.pdf. Acesso em: 31 mar. 2021.

[256] PRADO, Fabiana Lemes Zamalloa do. A ouvida prévia do Tribunal de Contas na celebração do Acordo de não persecução cível. *In*: CAMBI, Eduardo Augusto Salomão; GARCIA,

Convém citar que, no Tribunal de Contas do Estado de São Paulo, foi proferida deliberação no sentido de que o disposto no §3º do artigo 17-B da Lei nº 8.429/1992 não se harmoniza com a regra estrutural da divisão de Poderes e não encontra previsão nas competências conferidas aos Tribunais de Contas, de tal modo que "devem ser mantidos os procedimentos de fiscalização vigentes, bem como o fluxo de informações estabelecido nos Termos de Cooperação vigentes com o Ministério Público do Estado de São Paulo".[257]

Já no Tribunal de Contas do Mato Grosso do Sul, a Resolução nº 161, de 16 de março de 2022, acresceu dispositivo específico ao Regimento Interno da Corte para disciplinar aspectos internos da oitiva determinada pelo §3º do artigo 17-B, da Lei nº 8.429/1992, inclusive com estipulação de prazos para manifestações internas antecedentes à conclusão final do Tribunal.[258]

O Tribunal de Contas do Estado do Rio Grande do Norte editou Resolução[259] para disciplinar a sua participação técnica no âmbito de acordos de não persecução civil celebrados pelo Ministério Público. Há previsão de celebração de termo de cooperação técnica entre os órgãos, além de detalhado fluxo processual a ser seguido, com a indicação dos documentos que deverão ser enviados pelo *Parquet* à Corte de Contas. No tocante ao prazo de 90 (noventa) dias estipulado em lei, consta disposição no sentido de que este lapso só se iniciaria após o reenvio, pelo órgão ministerial, de eventuais informações complementares e necessárias para o exame do TCE.

A divergência de posicionamentos institucionais acaba por demonstrar a relevância do julgamento da ADI 7156, pelo Supremo Tribunal Federal, para que se delimite a necessidade (ou não)

Emerson; ZANETI JÚNIOR, Hermes. *Improbidade administrativa*: principais alterações promovidas pela Lei 14.230/2021. Belo Horizonte; São Paulo: D'Plácido, 2020. p. 356.

[257] SÃO PAULO (Estado). Tribunal de Contas do Estado de São Paulo. Processo SEI nº 13122/2021-07. Deliberação de 06 de maio 2022. *Diário Oficial do Poder Legislativo*, São Paulo, 7 maio 2022.

[258] MATO GROSSO DO SUL. Tribunal de Contas do Estado do Mato Grosso do Sul. Resolução TCE-MS nº 161, de 16 de março de 2022. *DOETC/MS nº 3082*, Campo Grande, 17 mar. 2022, p. 2. Disponível em: http://www.tce.ms.gov.br/portalservices/files/arquivo/nome/19605/9f da4053b118fa8204feade3af14a850.pdf. Acesso em: 20 jun. 2022.

[259] RIO GRANDE DO NORTE. Tribunal de Contas do Estado do Rio Grande do Norte. *Resolução nº 010/2022-TCE, de 17 de maio de 2022*. Natal: Tribunal de Contas do Estado do Rio Grande do Norte, 2022. Disponível em: http://www.tce.rn.gov.br/as/Legislacao_site/download/resolucoes_tce_rn/3_000010_2022_CGP_19.05.2022.1216.pdf. Acesso em: 6 jun. 2022.

de oitiva dos TC competentes nessa matéria. Até lá, eventual afastamento da regra imposta pela Lei nº 14.230/2021 poderia ser autorizado no momento da homologação do acordo, na forma indicada anteriormente, com motivação explícita dos celebrantes.

Um segundo questionamento relevante acerca do artigo 17-B, §3º, da Lei nº 8.429/1992 diz respeito a eventual discordância sobre o valor do dano indicado pelo órgão de acusação e aquele apontado pelo Tribunal de Contas ou entre ambos e o montante revelado pela pessoa jurídica lesada. O dispositivo não oferece solução para essas hipóteses.

Com a sobreposição de atuação nessa matéria, deve-se entender, em primeiro lugar, que o não acolhimento da manifestação da Corte de Contas pelo órgão legitimado "exige motivação tempestiva, suficiente e congruente", como bem pontuado no item 127 da Nota Técnica nº 01/2021 da 5ª Câmara de Coordenação e Revisão do MPF.[260] A pessoa jurídica lesada também poderá demonstrar, com parâmetros sólidos, valor distinto daquele apurado pelo TC competente.

Em caso de controvérsia, deve prevalecer o valor apurado e estabelecido no acordo, de forma conjunta entre órgão de acusação e acusado e com a concordância da pessoa jurídica lesada, que detém o maior interesse em delimitar, de forma adequada e percuciente, a extensão do dano sofrido, sendo a credora do ressarcimento devido. Nada impede, ainda, que o Ministério Público e o ente lesado demonstrem a ocorrência de dano superior àquele apurado pelo TC.

Nesse sentido, a manifestação técnica da Corte de Contas não teria, a princípio, força vinculante para o Poder Judiciário,[261] que poderia homologar o acordo, com apontamento de dano diverso do apontado pelo órgão de controle externo.

Examinado o requisito procedimental inscrito no artigo 17-B, §3º, da LIA, cumpre registrar ser lícita a composição da obrigação

---

[260] BRASIL. Ministério Público Federal. *Nota Técnica nº 1/2017 – 5ª CCR*. 5ª Câmara de Coordenação e Revisão – Combate à Corrupção. Brasília, DF: MPF, 2017. Disponível em: http://www.mpf.mp.br/atuacao-tematica/ccr5/notas-tecnicas/docs/nt-01-2017-5ccr-acordo-de-leniencia-comissao-leniencia.pdf. Acesso em: 31 mar. 2021.

[261] No mesmo sentido é o posicionamento de Daniel Amorim Assumpção Neves e Rafael Carvalho Rezende Oliveira (NEVES, Daniel Amorim Assumpção; OLIVEIRA, Rafael Carvalho Rezende. *Comentários à reforma da Lei de Improbidade Administrativa*: Lei 14.230, de 25.10.202 comentada artigo por artigo. Rio de Janeiro: Forense, 2022. p. 100).

de ressarcimento integral do dano em relação à forma, ao prazo e ao modo de seu cumprimento. A definição desses elementos da obrigação, todavia, deve se pautar na capacidade de pagamento dos infratores, como indica o artigo 18, 4º, do diploma legal, na forma disposta no subitem anterior.

Por fim, no que concerne à natureza da obrigação reparatória, se solidária ou divisível, cabe ressaltar que, por força do artigo 942 do Código Civil, vigora, como regra, a solidariedade entre os autores, partícipes e beneficiários do ato ímprobo. O dispositivo legal dispõe que, se a ofensa ou violação do direito de outrem tiver mais de um autor, todos responderão solidariamente pela reparação. No entanto, é necessário que os réus tenham causado o dano, de forma conjunta e com atuação ilícita determinante.[262]

Por outro lado, tratando-se de solução negociada, parece viável que o ressarcimento do dano ajustado corresponda à cota parte do agente celebrante, como autoriza o artigo 5º, §2º, da Portaria Normativa AGU nº 18/2021. Nessa hipótese, não haveria propriamente descumprimento do artigo 17-B, I, da LIA, mas reparação integral do prejuízo causado pelo infrator e atribuível a ele.

A partir dessa interpretação, é possível mitigar a dificuldade de acordo na hipótese de concurso de agentes e elevado prejuízo ao patrimônio público, hipótese na qual o acordante pode não deter capacidade econômica de arcar, sozinho, com o montante global, incluindo as cotas dos demais acusados. Tendo, por acaso, um dos réus participação menor no ilícito, ficaria aberta a via de exigir-lhe a reparação do erário em relação a sua cota parte.

4.3.3 Perdimento de bens e valores acrescidos ilicitamente

Além do sancionamento e do ressarcimento integral do erário, a Lei nº 8.429/1992 exige que o acordo de não persecução civil contem-

---

[262] Nos termos em que defendido, inclusive após as alterações da Lei nº 14.230/2021, em: SILVEIRA, Mateus Camilo Ribeiro da. Nova Lei de Improbidade e a solidariedade ao ressarcir o patrimônio público. *JOTA – Coluna Advocacia Pública em Estudo*, [s. l.], 26 abr. 2022. Disponível em: https://www.jota.info/opiniao-e-analise/artigos/nova-lei-de-improbidade-e-a-solidariedade-ao-ressarcir-patrimonio-publico-lesado-26042022. Acesso em: 30 jun. 2022.

ple a obrigação de o acusado devolver os bens e valores acrescidos ilicitamente ao seu patrimônio, em virtude da conduta ímproba.

O perdimento de bens, assim como a reparação do erário, não pode ser afastado do objeto do ajuste, sendo lícita apenas a composição em relação ao prazo e à forma de pagamento do respectivo montante, conforme aponta a Orientação nº 10 do MPF.[263] É o que se extrai tanto do artigo 17-B, inciso II, da LIA, que estipula como resultado mínimo do instrumento a reversão à pessoa jurídica lesada da vantagem indevida obtida, ainda que oriunda de agentes privados, quanto do caráter sancionatório do acordo de não persecução.

A obrigação de restituir totalmente o produto do enriquecimento e perdimento de bens, direitos ou valores que representem vantagem ou proveito direta ou indiretamente obtidos do ilícito não figura como sanção autônoma para efeito do encerramento adequado da responsabilização por ato de improbidade. A medida deve vir acompanhada de alguma sanção com caráter punitivo, tendo em vista que o perdimento objetiva eliminar os ganhos indevidos da prática ilícita, evitando enriquecimento sem justa causa.[264]

Assim, tendo sido auferidas vantagens ilícitas pelo acusado, o acordo deverá prever a transferência não onerosa, em favor da entidade lesada, da propriedade dos bens, direitos e valores que representem proveito direto ou indiretamente obtido da infração.

4.3.4 Destinação das obrigações pecuniárias

Como visto, o acordo de não persecução civil pode conter em seu objeto uma série de obrigações pecuniárias a cargo do acusado,

---

[263] "Art. 22 O ANPC não poderá conceder benefícios consistentes na redução de valores devidos a título de ressarcimento de danos materiais causados ao Erário, nem afastar o perdimento dos bens, direitos ou valores que representem vantagem ou proveito direta ou indiretamente obtidos da infração" (BRASIL. Ministério Público Federal. 5ª Câmara de Coordenação e Revisão. *Orientação nº 10*. Brasília, DF: MPF, 2020. Disponível em: http://www.mpf.mp.br/atuacao-tematica/ccr5/orientacoes/orientacao-no-10-2020-anpc.pdf. Acesso em: 1º dez. 2021).

[264] "Adquiridos de maneira ilícita, a perda de bens não pode ser excluída do acordo e não elimina o estabelecimento de uma ou das demais sanções legalmente previstas, sob pena de premiar-se o enriquecimento sem justa causa." Daí por que o acordo é "insuficiente se tiver como resultado mínimo e exclusivo o ressarcimento do dano ou a perda de bens" (MARTINS JUNIOR, Wallace Paiva. Acordo de não persecução civil. *In*: DAL POZZO, Augusto Neves; OLIVEIRA, José Roberto Pimenta (coord.). *Lei de Improbidade Administrativa reformada*. São Paulo: Thomson Reuters Brasil, 2022. p. 631).

notadamente: a obrigação de reparar o patrimônio público lesado, de restituir os bens auferidos ilicitamente e a multa civil.

O ressarcimento ao erário e o perdimento de bens têm destinação evidente, devendo reverter à pessoa jurídica lesada pelo ilícito, nos termos expressos do artigo 18 da Lei nº 8.429/1992. No que concerne à multa civil, deve ser dado o mesmo destino ao montante, considerando a lógica de que o ente público lesado é o natural credor das obrigações pecuniárias direcionadas a retribuir e reprimir o ilícito ou reparar o dano causado. Nesse sentido, é o posicionamento de parcela da doutrina, aplicando-se, por analogia, o dispositivo legal precitado.[265]

Renata Lane endossa a mesma compreensão, citando, ainda, o artigo 24 da LAC, por cuja força a multa e o perdimento de bens, direitos ou valores aplicados com fundamento na Lei devem ser destinados, preferencialmente, aos órgãos ou entidades públicas lesadas. De acordo com a autora, caberá ao órgão lesado – e não ao Ministério Público ou a qualquer outro órgão de controle – decidir sobre a destinação desses valores.[266]

No âmbito da Procuradoria-Geral do Estado de São Paulo, há previsão explícita determinando que os valores decorrentes da reparação do dano, perdimento de bens e da multa civil serão revertidos à pessoa jurídica estadual afetada em eventual acordo de não persecução civil, conforme disposto no artigo 11 da Resolução PGE nº 20/2020.[267] No mesmo sentido dispõe o artigo 6º da Resolução nº 1.193/2020-CPJ do Ministério Público do Estado de São Paulo.[268]

---

[265] NEVES, Daniel Amorim Assumpção; OLIVEIRA, Rafael Carvalho Rezende. *Improbidade administrativa*: direito material e processual. 8. ed. Rio de Janeiro: Forense, 2020. p. 260. Cite-se, ainda: "o destinatário da multa é a pessoa jurídica de direito público atingida pelo ato de improbidade, não havendo qualquer razoabilidade em ser destinado o seu produto para qualquer tipo de fundo (art. 13, da Lei da Ação Civil Pública, p. ex.)" (GAJARDONI, Fernando da Fonseca *et al*. *Comentários à Nova Lei de Improbidade Administrativa*: Lei 8.429/1992, com as alterações da Lei 14.230/2021. 5. ed. São Paulo: Thomson Reuters Brasil, 2021. p. 192).

[266] LANE, Renata. *Acordos na improbidade administrativa*: termo de ajustamento de conduta, acordo de não persecução cível e acordo de leniência. Rio de Janeiro: Lumen Juris, 2021, p. 176.

[267] SÃO PAULO (Estado). Procuradoria-Geral do Estado de São Paulo. Resolução PGE nº 20, de 13 de agosto de 2020. Dispõe sobre procedimento para atuação judicial em matéria de proteção à probidade administrativa. *Diário Oficial do Estado*, São Paulo, 14 ago. 2020. p. 29.

[268] "Art. 6º Os valores decorrentes da reparação do dano patrimonial efetivo, perdimento de bens e da multa civil serão revertidos à pessoa jurídica interessada" (SÃO PAULO (Estado). Ministério Público do Estado de São Paulo. *Resolução nº 1.193/2020-CPJ, de 11 de março de 2020*. Colégio dos Procuradores de Justiça. Órgão Especial. São Paulo: MPSP,

Note-se que o Supremo Tribunal Federal vem adotando, de forma consistente, a tese de que, sendo a pessoa jurídica de direito público a vítima dos ilícitos, é ela a destinatária de eventuais sanções pecuniárias aplicadas, em diversos campos de responsabilização. O entendimento foi consagrado, por exemplo, no julgamento das Arguições de Descumprimento de Preceito Fundamental – ADPFs 568 e 569.

Na primeira Ação, a Procuradoria-Geral da República impugnou a validade de acordo firmado entre o Ministério Público Federal no Paraná e a Petrobrás para efetivar o pagamento de multa objeto de um primeiro acordo celebrado entre a estatal e o Departamento de Justiça dos Estados Unidos.

O primeiro acordo estipulara o pagamento de multa pela Petrobrás, sendo, desse valor, parte destinada ao Tesouro Americano, parte levada à agência federal americana e 80% (oitenta por cento) direcionado ao Brasil. Porém, após a celebração do ajuste entre as autoridades norte-americanas e a Petrobrás, a empresa brasileira e Procuradores da República no Paraná (Força-Tarefa Lava-Jato) optaram pela realização de um segundo acordo, elegendo, discricionariamente, que os valores, até então de titularidade da União, seriam destinados a fundos privados.

Em decisão definitiva na ADPF 568,[269] o STF entendeu que, sendo a pessoa jurídica de direito público a vítima dos atos ilícitos, é ela a destinatária da sanção pecuniária aplicada. Assim, anulou o segundo acordo, porquanto a União era a pessoa jurídica destinatária da multa, não cabendo ao Ministério Público determinar o destino de receita pública, sob pena de violação de princípios e regras orçamentárias, em especial os princípios da unidade e universalidade orçamentária (artigo 165, §5º, da CF), da unidade de caixa (artigo 164, §3º, da CF) e da própria competência constitucional do Congresso Nacional para deliberar sobre orçamento público (artigo 48, I e II, da CF).

Na ADPF 569,[270] a Corte examinou a destinação correta de valores provenientes de restituições e multas decorrentes de

---

2020. Disponível em: http://biblioteca.mpsp.mp.br/phl_img/resolucoes/1193compilado.pdf. Acesso em: 7 out. 2021.

[269] BRASIL. Supremo Tribunal Federal. *ADPF 568*. Rel. Ministro Alexandre de Moraes, julgado em 17-09-2019.

[270] BRASIL. Supremo Tribunal Federal. *Decisão cautelar na ADPF 569*. Rel. Ministro Alexandre de Moraes, julgado em 10-02-2021.

condenações criminais, colaborações premiadas, além de outras sanções análogas, notadamente à luz da legislação penal e penal especial (artigo 91, II, b, do Código Penal,[271] artigo 4º, IV, da Lei nº 12.850/2013[272] e o artigo 7º, I e §1º, da Lei nº 9.613/1998).[273]

O Ministro Relator concedeu a medida cautelar postulada pelos autores para determinar que cabe à União a destinação de valores referentes a restituições, multas e sanções análogas decorrentes de condenações criminais, colaborações premiadas ou outros acordos realizados, desde que não haja vinculação legal expressa e ressalvado o direito de demais entidades lesadas; vedando-se que seus montantes sejam distribuídos de maneira vinculada, estabelecida ou determinada pelo Ministério Público.

Há outros precedentes no mesmo sentido. Cite-se, por exemplo, a decisão proferida pelo Ministro Edson Fachin na Petição

---

[271] "Art. 91. São efeitos da condenação: I – tornar certa a obrigação de indenizar o dano causado pelo crime; II – a perda em favor da União, ressalvado o direito do lesado ou de terceiro de boa-fé: a) dos instrumentos do crime, desde que consistam em coisas cujo fabrico, alienação, uso, porte ou detenção constitua fato ilícito; b) do produto do crime ou de qualquer bem ou valor que constitua proveito auferido pelo agente com a prática do fato criminoso."

[272] "Art. 4º O juiz poderá, a requerimento das partes, conceder o perdão judicial, reduzir em até 2/3 (dois terços) a pena privativa de liberdade ou substituí-la por restritiva de direitos daquele que tenha colaborado efetiva e voluntariamente com a investigação e com o processo criminal, desde que dessa colaboração advenha um ou mais dos seguintes resultados: I – a identificação dos demais coautores e partícipes da organização criminosa e das infrações penais por eles praticadas; II – a revelação da estrutura hierárquica e da divisão de tarefas da organização criminosa; III – a prevenção de infrações penais decorrentes das atividades da organização criminosa; IV – a recuperação total ou parcial do produto ou do proveito das infrações penais praticadas pela organização criminosa; V – a localização de eventual vítima com a sua integridade física preservada."

[273] "Art. 7º São efeitos da condenação, além dos previstos no Código Penal: I – a perda, em favor da União – e dos Estados, nos casos de competência da Justiça Estadual –, de todos os bens, direitos e valores relacionados, direta ou indiretamente, à prática dos crimes previstos nesta Lei, inclusive aqueles utilizados para prestar a fiança, ressalvado o direito do lesado ou de terceiro de boa-fé; II – a interdição do exercício de cargo ou função pública de qualquer natureza e de diretor, de membro de conselho de administração ou de gerência das pessoas jurídicas referidas no art. 9º, pelo dobro do tempo da pena privativa de liberdade aplicada. §1º A União e os Estados, no âmbito de suas competências, regulamentarão a forma de destinação dos bens, direitos e valores cuja perda houver sido declarada, assegurada, quanto aos processos de competência da Justiça Federal, a sua utilização pelos órgãos federais encarregados da prevenção, do combate, da ação penal e do julgamento dos crimes previstos nesta Lei, e, quanto aos processos de competência da Justiça Estadual, a preferência dos órgãos locais com idêntica função. §2º Os instrumentos do crime sem valor econômico cuja perda em favor da União ou do Estado for decretada serão inutilizados ou doados a museu criminal ou a entidade pública, se houver interesse na sua conservação."

nº 6.890.²⁷⁴ O STF apreciou a destinação de multa decorrente da celebração de acordo de colaboração premiada celebrado entre o MPF e particulares e declarou que os valores pagos pelos colaboradores deveriam ser vertidos ao ente público lesado. Vale transcrever o seguinte trecho:

> Assim, o valor deve ser destinado ao ente púbico lesado, ou seja, à vítima, aqui compreendida não necessariamente como aquela que sofreu diretamente o dano patrimonial, mas aquela cujo bem jurídico tutelado foi lesado, no caso, a Administração Pública e os princípios que informam o seu regime jurídico, em especial, o da moralidade (CF, artigo 37, caput, c/c §4º).
>
> Em conclusão, também a multa deve ser destinada à União, cabendo a ela, e não ao Poder Judiciário, inclusive por regras rigorosas de classificação orçamentária, definir, no âmbito de sua competência, como utilizará essa receita.

O fundamento adotado na decisão foi precisamente a circunstância de o ente público ter o respectivo bem jurídico lesado, o qual corresponde, no caso, à Administração Pública e os princípios que informam o seu regime jurídico. Há, inclusive, referência ao artigo 37, §4º, da Constituição.

Dessa forma, o direcionamento correto das obrigações pecuniárias fixadas em acordo de não persecução civil também deve se dar em favor da pessoa jurídica cujo bem jurídico da probidade foi lesado pelos ilícitos. Não compete ao Ministério Público, em conjunto com o infrator colaborador, fixar destinações diversas ou estabelecer vinculações específicas das verbas devidas, salvo se houver concordância do ente público prejudicado.

A conformação do perfil constitucional do Ministério Público, o princípio da Separação dos Poderes e as regras e princípios orçamentários inscritos na Constituição da República não conferem margem de liberdade para o *Parquet* decidir a quem devem ser destinados valores fixados em acordo direcionado a solucionar a responsabilização por ato ímprobo, os quais devem ser vertidos de volta para a sociedade na conformidade do ciclo orçamentário.

---

²⁷⁴ BRASIL. Supremo Tribunal Federal. *PET 6890/DF*. Ministro Edson Fachin, julgado em 28-02-2019.

4.4 Colaboração probatória

Conforme apontado ao longo deste livro, a iniciar no capítulo 1, item 1.5, o acordo de não persecução civil pode prever a colaboração do acusado com as investigações. Embora não se trate de elemento essencial ao ajuste, é viável e até mesmo conveniente que, na medida do possível, o órgão de acusação convencione com o acusado a apresentação de provas comprobatórias do esquema ilícito perpetrado ou a identificação de outros responsáveis pela infração.

O acordo se justifica mesmo ausente contribuição probatória, sendo legítima a simples modulação da aplicação das sanções previstas na LIA, em vista da utilidade ao interesse público da solução rápida, proporcional e segura da responsabilização. Assim, seria possível identificar tanto acordos de "pura reprimenda", marcados pela antecipação das penalidades e acordos "de colaboração", delineados pela efetiva contribuição do colaborador com provas, tal como exposto no capítulo 3, item 3.5, deste livro.

Nessa última modalidade, o instrumento, além de servir para o ajustamento da responsabilidade do celebrante, constitui meio de obtenção de provas (para qualquer ato de improbidade administrativa), em vista da colaboração efetiva com as investigações e o processo, seja na identificação de outros responsáveis, seja na localização de bens, direitos e valores para fim de ressarcimento do dano ao erário ou reversão, à pessoa jurídica lesada, da vantagem indevida obtida, como disciplinam as Resoluções dos Ministérios Públicos dos Estados do Mato Grosso do Sul[275] e do Espírito Santo[276] e a Resolução da Procuradoria-Geral do Estado do Rio de Janeiro,[277] por exemplo.

---

[275] BRASIL. Ministério Público do Estado de Mato Grosso do Sul. Resolução nº 3/2021-CPJ, de 1º-06-2021. Colégio dos Procuradores de Justiça. *Diário Oficial do Ministério Público de Mato Grosso do Sul*, Campo Grande, 1º jun. 2021. Disponível em: https://www.mpms.mp.br/domp/2021/06/01. Acesso em: 7 out. 2021.

[276] ESPÍRITO SANTO. Ministério Público do Estado do Espírito Santo. Resolução COPJ nº 009, de 13 de setembro de 2021. *Diário Oficial do MPES*, Vitória, 14 set. 2021, com retificação no dia subsequente. Disponível em: https://www.mpes.mp.br/Arquivos/Anexos/2336e7cc-798d-4d8b-951c-402bee3367f9.pdf. Acesso em: 15 set. 2021.

[277] RIO DE JANEIRO (Estado). Procuradoria Geral do Estado do Rio de Janeiro. Resolução PGE nº 4703, de 17 de maio de 2021. Dispõe sobre procedimento para atuação judicial e extrajudicial da Procuradoria-Geral do Estado em acordos de não persecução cível quanto a atos de improbidade administrativa. *Diário Oficial do Estado do Rio de Janeiro*, Rio de Janeiro, 26 maio 2021, Parte I, fls. 37-38.

A cooperação com elementos de prova e informações úteis à investigação é traço incidental na fisionomia do instrumento, como alertam José Roberto Pimenta Oliveira e Dinorá Grotti.[278] No entanto, é uma das múltiplas finalidades públicas que podem ser perseguidas pela via consensual e para a qual o acordo de não persecução se revela ferramenta proveitosa, considerando, sobretudo, a dificuldade de coleta de provas em esquemas sofisticados de ilícitos e organizações criminosas complexas.[279]

Wallace Paiva Martins Junior sustenta que, nos casos de coautoria, participação ou benefício ilícito de terceiros, a colaboração processual seria imprescindível para a solução consensual. O simples reconhecimento de culpa, sem a indicação dos demais envolvidos não deveria animar a celebração do ajuste, "sob pena de traição à eficiência que se busca na repressão à improbidade".[280]

Sucede, entretanto, que a Lei nº 8.429/1992 não estabelece qualquer exigência nesse sentido. Ainda que seja oportuna a colaboração com elementos de prova, não há razoabilidade em vedar, de forma prévia e absoluta, a viabilidade de solução consensual se o acusado não se dispuser a contribuir nesse sentido. É possível, por exemplo, que ele não detenha documentação suficiente para amparar as imputações em relação aos demais réus, mas, ainda assim, tenha interesse em resolver a controvérsia pela via do acordo, reconhecendo sua culpa, com sujeição às sanções. Isso pode ocorrer, a título de exemplificação, com acusados com menor participação no esquema ilícito ou na organização criminosa.

De toda forma, compete ao órgão de acusação o exame acerca da indispensabilidade da contribuição probatória em determinado caso concreto e à luz de particularidades que a justifiquem. Trata-se

---

[278] OLIVEIRA, José Roberto Pimenta; GROTTI; Dinorá Adelaide Musetti. Consensualidade no direito administrativo sancionador: breve análise do acordo de não persecução cível, na orientação normativa nº 10/2020, da 5ª CCR-MPF. *In*: SALGADO, Daniel de Resende; KIRCHER, Luis Felipe Schneider; QUEIROZ, Ronaldo Pinheiro de (coord.). *Justiça consensual*: acordos penais, cíveis e administrativos. São Paulo: JusPodivm, 2022. p. 820.

[279] Note-se que, ao apresentar esse traço específico, marcado pela colaboração probatória expansiva, o acordo de não persecução civil se aproxima da figura do acordo de leniência, regido pela Lei nº 12.846/2013.

[280] MARTINS JUNIOR, Wallace Paiva. Acordo de não persecução civil. *In*: DAL POZZO, Augusto Neves; OLIVEIRA, José Roberto Pimenta (coord.). *Lei de Improbidade Administrativa reformada*. São Paulo: Thomson Reuters Brasil, 2022. p. 628.

de matéria que se insere na margem de legítima apreciação discricionária do Estado, a quem compete ponderar a relevância e a utilidade de exigir colaboração do interessado em compor. Eventual regulamentação interna aos órgãos de persecução poderia disciplinar circunstâncias concretas em que o enfrentamento da improbidade, pela via consensual, recomendaria contraprestação do acusado nesse sentido.

No que concerne aos requisitos para celebração, o acordo de não persecução civil com colaboração deve observar as mesmas balizas fixadas pela Lei nº 8.429/1992, notadamente em relação à medida de sancionamento e às obrigações de ressarcir o dano ao erário e de restituir os valores auferidos de forma indevida. Contudo, como o instrumento é colorido pela colaboração, sendo esta a vantagem central buscada pelo órgão legitimado no caso concreto, o alcance das sanções e a mitigação da extensão do poder punitivo devem ser adequados e proporcionais à efetividade da contribuição e seus resultados para a investigação ou para o processo judicial em curso.

A função do acordo nessa modalidade é alavancar a investigação dos ilícitos, de modo que a abrangência da responsabilização de agentes e terceiros envolvidos e a amplitude dos bens e valores identificados devem orientar a medida do benefício concedido ao infrator. Exatamente por isso, os órgãos legitimados devem prestigiar ajustes dessa natureza, conferindo maiores mitigações para os acusados que colaborarem, em oposição aos acordos de pura reprimenda. Note-se que, mesmo em acordo com colaboração, permanece inexistindo autorização na Lei de Improbidade para que haja isenção total das sanções, ao contrário do que consta nos artigos 2º, §2º e 10, VI, da Resolução GPGJ nº 2.469 do Ministério Público do Estado do Rio de Janeiro.[281]

Para conferir segurança ao instrumento, é pertinente a especificação, clara e precisa, seja no acordo ou em termo anexo ao instrumento, das informações trazidas pelo pactuante a respeito do

---

[281] RIO DE JANEIRO (Estado). Ministério Público do Estado do Rio de Janeiro. Resolução GPGJ nº 2.469, de 25 de maio de 2022. *Doe MPRJ*, Rio de Janeiro, 25 maio 2022. Disponível em: http://www.mprj.mp.br/documents/20184/2441401/consolidado_2469.pdf. Acesso em: 10 jul. 2022.

ilícito e, sobretudo, de provas que possua para comprovar as imputações. Deve-se indicar o rol de elementos de prova que o celebrante possui e as que disponibilizará ao órgão de acusação para posterior verificação. Cabe ressaltar, embora pareça evidente, que a mera declaração do colaborador não constitui elemento suficiente para, isoladamente, conduzir à condenação por ato de improbidade.[282]

Se pautado em colaboração, o acordo deve ser precedido ou conter explicitação da densidade, utilidade e pertinência das informações e elementos de prova trazidos pelo colaborador para corroborar, de forma plausível, imputações de ilícitos que serão objeto de persecução pelo Estado.

De acordo com Ronaldo de Pinheiro Queiroz, nesse modelo de acordo haveria uma troca do prêmio pela informação e a premiação dependeria da "performance de colaboração da parte celebrante". Segundo sustenta o autor, não seria viável "antecipar a sua premiação (aplicação imediata da sanção), pois vai depender da colaboração útil e efetiva", a ser aquilatada em sentença.[283]

A lógica apontada pelo autor parece se aproximar da racionalidade aplicada no âmbito da colaboração premiada, nos termos da Lei nº 12.850/2013, notadamente à luz dos posicionamentos adotados pelo Supremo Tribunal Federal na matéria. Na ADI 5.508, cujo objeto era exatamente dispositivo do diploma legal referido, a Corte declarou que os benefícios sinalizados no acordo ficariam submetidos à concretude e eficácia do que versado pelo delator, cabendo a definição final mediante sentença.[284] Além disso, o STF se posiciona no sentido de que a homologação judicial do acordo

---

[282] Sobre o tema, valem os condicionamentos já fixados pelo Supremo Tribunal Federal em matéria de colaboração premiada, sobretudo à luz do art. 4º, §16, da Lei nº 12.850/2013, no sentido de que "os depoimentos do colaborador premiado, sem outras provas idôneas de corroboração, não se revestem de densidade suficiente para lastrear um juízo positivo de admissibilidade de acusação". A despeito de se referir à esfera penal, a mesma noção é aplicável, em evidência, à seara da improbidade (BRASIL. Supremo Tribunal Federal. Inq. 3994, Relator: Edson Fachin, Relator p/ Acórdão: Dias Toffoli, Segunda Turma, julgado em 18/12/2017, Acórdão Eletrônico DJe-065 divulgado em 05-04-2018 e publicado em 06-04-2018).

[283] QUEIROZ, Ronaldo Pinheiro de. Alguns dilemas no acordo de não persecução cível. In: SALGADO, Daniel de Resende; KIRCHER, Luis Felipe Schneider; QUEIROZ, Ronaldo Pinheiro de (coord.). Justiça consensual: acordos penais, cíveis e administrativos. São Paulo: JusPodivm, 2022. p. 675-676.

[284] BRASIL. Supremo Tribunal Federal. ADI 5.508, Rel. Min. Marco Aurélio, j. 20-06-2018, Pleno, DJE de 05-11-2019.

de colaboração, em um primeiro crivo, restringe-se ao juízo de regularidade, legalidade e voluntariedade da avença, nos limites do artigo 4º, §7º, da citada Lei, não representando juízo de valor sobre as declarações prestadas. A aplicação do benefício seria avaliada em momento posterior, conforme decidido, entre outros julgados, no Habeas Corpus 127.483, Rel. Min. Dias Toffoli.[285] No mesmo precedente, assentou-se o direito subjetivo do colaborador à sanção premial estipulada, uma vez cumpridos os termos do acordo, por força dos princípios da segurança jurídica e da proteção da confiança.

No âmbito da Lei nº 8.429/1992, não há disciplina normativa expressa a respeito desse particular tema. Contudo, entende-se que, a princípio, não haveria óbice para que o órgão de acusação, no momento da negociação, avaliasse a utilidade da colaboração probatória fornecida e entendesse plenamente satisfatória para afiançar as imputações contra os demais envolvidos, ajustando, desde então, a extensão do sancionamento atribuível ao colaborador, que será objeto de homologação ou não pelo Poder Judiciário.

Caso a solução consensual demande, além de provas fornecidas no momento da celebração da avença, posterior produção probatória complementar ou colaboração ampla do pactuante ao longo de investigação ou processo judicial, ainda assim parece ser viável o ajustamento das penas mitigadas, condicionado, todavia, ao cumprimento das obrigações pelo colaborador, nos termos fixados no próprio instrumento.

Do que se extrai da proposta do citado autor, na hipótese de acordo de não persecução civil celebrado por um dos réus em ação de improbidade administrativa, com colaboração probatória para corroborar as imputações em relação aos demais demandados, seria possível refletir sobre a viabilidade de, estando em termos o instrumento, o Judiciário homologá-lo, sob o prisma da legalidade e voluntariedade, subordinando a eficácia de eventual benefício estipulado no instrumento à sentença, na qual seriam avaliadas a utilidade e a efetividade da colaboração.

---

[285] BRASIL. Supremo Tribunal Federal. HC 127.483, Relator Min. Dias Toffoli, Tribunal Pleno, j. 27-08-2015, Pleno, *DJe* de 04-02-2016. Cite-se também: Pet 7.509, Rel. Min. Edson Fachin, j. 03-04-2018, 2ª Turma, *DJE* de 14-05-2018; Pet 7.074 QO, Rel. Min. Edson Fachin, j. 29-06-2017, Pleno, *DJE* de 03-05-2018.

Contudo, o autor não indica a forma como se daria a sucessão de atos processuais no bojo da ação de improbidade, se adotada a tese de inviabilidade de antecipação das sanções em acordo com colaboração. A opção de condicionar os benefícios estipulados a eventual sentença e após instrução processual gera, por exemplo, questionamento acerca da recorribilidade das decisões (homologatória e condenatória/absolutória), seja por parte do pactuante, seja por parte dos demais réus, além de amplificar controvérsia acerca da natureza da obrigação a cargo do colaborador, se de meio ou resultado.

Diante da ausência de norma explícita na Lei nº 8.429/1992 a reger o tema, é possível que as soluções sejam construídas ou chanceladas pelo Poder Judiciário, quando instado para efeito da homologação dos ajustes. Em termos de segurança jurídica, parece ser mais adequada, na hipótese de acordo de não persecução civil de colaboração, a fixação, desde logo, da medida de sancionamento atribuível ao celebrante, à luz da avaliação realizada sobre a efetividade da contribuição substancial assumida. Nessa linha, deve constar cláusula rescisória, operativa para hipótese de descumprimento do ANPC, caso o colaborador deixe de apresentar os elementos de prova que se obrigou a fornecer no prazo estipulado, por exemplo.

Por fim, vale lembrar que provas fornecidas ao órgão legitimado podem ser marcadas, por "cláusula de especialidade, de feição objetiva, para restrição de emprego probatório, condicionando-se o seu compartilhamento com os outros órgãos, para outros fins, à adesão do ente interessado aos termos do acordo, com ou sem aditivo obrigacional", conforme destaca Vladimir Aras.[286] O instrumento pode prever disposição dessa natureza, com o objetivo de garantir segurança jurídica e proteção à confiança do celebrante no que concerne ao alcance do objeto de sua colaboração. Assim, ficaria vedada a utilização das provas prestadas ao órgão contra o próprio colaborador por outras instituições não aderentes. A avença, por outro lado, pode autorizar o compartilhamento das provas, com anuência expressa do pactuante.

---

[286] ARAS, Vladimir. Os acordos cíveis da lei de improbidade administrativa e da lei anticorrupção empresarial. *In*: SALGADO, Daniel de Resende; KIRCHER, Luis Felipe Schneider; QUEIROZ, Ronaldo Pinheiro de (coord.). *Justiça consensual*: acordos penais, cíveis e administrativos. São Paulo: JusPodivm, 2022. p. 595-596.

4.5 Convenções materiais acessórias

Além das obrigações principais referidas ao longo deste capítulo e as sanções típicas previstas em lei, cumpre examinar a viabilidade de pactuação de outras obrigações no bojo do acordo de não persecução civil.

A resposta do questionamento é fornecida, de forma indireta, pela própria Lei de Improbidade Administrativa, ao autorizar, no artigo 17-B, §6º, a inclusão no ANPC da obrigação de adotar mecanismos e procedimentos internos de integridade, de auditoria e de incentivo à denúncia de irregularidades e a aplicação efetiva de códigos de ética e de conduta no âmbito da pessoa jurídica, se for o caso, bem como de outras medidas em favor do interesse público e de boas práticas administrativas.

Como cediço, a instituição de programas de integridade não corresponde precisamente às sanções típicas previstas no artigo 12 da LIA. Portanto, a legislação outorga margem de negociação para que sejam convencionadas obrigações adicionais, para além do sancionamento, desde que sejam favoráveis ao interesse público e a boas práticas administrativas.

O dispositivo legal oferece exemplo concreto de obrigação apta a ser ajustada com o pactuante, qual seja, a promoção do chamado *compliance*. Por meio da exemplificação, a norma confere, por consequência, algum grau de densidade normativa à genérica autorização para estabelecimento de medidas adicionais em favor do interesse público. Com efeito, a obrigação elencada diretamente pela norma tem por objetivo aprimorar a tutela da probidade administrativa, fomentando a prevenção da prática de novas condutas ilícitas, por meio da implantação ou do aperfeiçoamento de programas de integridade pelos infratores, notadamente as pessoas jurídicas. A ideia é a realização de mudanças na governança da pessoa jurídica investigada, que mitiguem o risco de reiteração de atos ímprobos e estabeleçam parâmetros de monitoramento dos compromissos firmados na composição. O exemplo fornecido pela Lei põe em evidência os critérios jurídicos que devem balizar o cabimento de obrigações adicionais: a pertinência e a necessidade de sua inclusão para a adequada tutela da probidade administrativa no caso concreto.

O acordo de não persecução civil comporta convenções materiais[287] acessórias à proteção do bem jurídico enredado. O caráter acessório exige que tais medidas digam respeito ao objeto principal do ajuste – responsabilização por ato ímprobo e suas consequências e definição da medida de sancionamento imponível –, devendo ter pertinência lógica com esse escopo. Nessa linha, são viáveis também obrigações acessórias que tenham como finalidade favorecer ou assegurar o adimplemento do objeto central do acordo.

Assim, seria lícito convencionar outras obrigações de fazer, não fazer ou dar relacionadas ao objeto do ANPC. Como exemplo de medidas dessa natureza, é possível citar obrigações que visem à restauração da juridicidade ou legalidade no caso concreto, caso tenham sido identificados atos jurídicos ou contratos afetados pela conduta ímproba, ou, ainda, obrigações reparatórias em favor de terceiros atingidos ou para fazer frente a dano moral coletivo perpetrado.

No âmbito do Ministério Público do Estado do Espírito Santo, há previsão oportuna nesse sentido, dispondo que, além das sanções da LIA, podem ser avençadas, de forma cumulativa, outras obrigações de fazer ou de não fazer que revelem pertinentes para assegurar a tutela adequada, o resultado útil e equivalente do processo e a efetividade da colaboração, desde que expressem prestações de interesse social que levem à tutela do bem jurídico contido na infração imputada e não sejam defesas em lei. É o que consta no artigo 6º, §6º, da Resolução COPJ nº 009/2021 do órgão.[288]

O cabimento de obrigações de fazer e não fazer que se revelem pertinentes ao caso e não sejam defesas em lei também está previsto nas Resoluções dos Ministérios Públicos da Paraíba,[289]

---

[287] Diz-se "materiais" para contrapor eventuais convenções processuais, também acessórias ao ANPC, relacionadas a ônus, direitos e deveres no curso do processo judicial da ação de improbidade administrativa, as quais serão objeto de exame no subtópico seguinte.
[288] ESPÍRITO SANTO. Ministério Público do Estado do Espírito Santo. Resolução COPJ nº 009, de 13 de setembro de 2021. *Diário Oficial do MPES*, Vitória, em 14 set. 2021, com retificação no dia subsequente. Disponível em: https://www.mpes.mp.br/Arquivos/Anexos/2336e7cc-798d-4d8b-951c-402bee3367f9.pdf. Acesso em: 15 set. 2021.
[289] PARAÍBA. Ministério Público do Estado da Paraíba. Resolução CPJ nº 040/2020 de 28 de setembro de 2020. Regulamenta, no âmbito do Ministério Público do Estado da Paraíba, parâmetros procedimentais a serem observados para a celebração do Acordo de Não Persecução Cível – ANPC e do Acordo de Leniência, envolvendo as sanções cominadas aos atos de improbidade administrativa, definidos na Lei nº 8.429, de 02.06.1992,

do Mato Grosso²⁹⁰ e do Mato Grosso do Sul,²⁹¹ conforme artigos 6º, §5º, e 4º, §5º, respectivamente. Como exemplos de obrigações direcionadas a assegurar o cumprimento do ajuste, é possível mencionar o oferecimento de garantias reais ou fidejussórias suficientes para pagamento da multa civil, do ressarcimento do dano e da reversão dos valores auferidos ilicitamente, assim como o estabelecimento de multa cominatória, atendendo a critérios de suficiência e compatibilidade com as obrigações principais, em valor adequado, necessário e proporcional à sua finalidade coercitiva, para a hipótese de descumprimento do acordo.²⁹²

Na jurisprudência do Superior Tribunal de Justiça, há precedente importante relacionado à previsão de obrigações suplementares em acordo de não persecução civil. Ao examinar instrumento específico celebrado entre o Ministério Público paulista e sociedade empresária infratora, a Corte afirmou a viabilidade de serem incluídas no objeto do ajuste, além das sanções previstas no artigo 12 da LIA, "outras medidas que se mostrem necessárias e adequadas à proteção da probidade administrativa, não sendo estas defesas em lei".²⁹³

De acordo com o STJ, a inclusão dessas obrigações deveria levar em conta as circunstâncias, a gravidade e a repercussão social do ato de improbidade praticado pelo agente e as vantagens para o interesse público na rápida solução do caso, conforme já determina o artigo 17-B, §2º, da Lei nº 8.429/1992.

---

e aos atos praticados contra a Administração Pública, definidos na Lei nº 12.846, de 01.08.2013. Disponível em: http://www.mppb.mp.br/index.php/atos-e-normas. Acesso em: 15 set. 2021.

[290] MATO GROSSO. Ministério Público do Estado do Mato Grosso. Resolução nº 080/2020-CSMP. Cuiabá: MPMT, 9 nov. 2020. Disponível em: https://mpmt.mp.br/site/storage/webdisco/arquivos/CSMP/Resolu%C3%A7%C3%A3o%20n%C2%BA%20080-2020-CSMP%20-%20ANPC.pdf. Acesso em: 17 jul. 2022.

[291] MATO GROSSO DO SUL. Ministério Público do Estado de Mato Grosso do Sul. Resolução nº 3/2021-CPJ, de 1/06/2021. Colégio dos Procuradores de Justiça. *Diário Oficial do Ministério Público de Mato Grosso do Sul*, Campo Grande, 1º jun. 2021. Disponível em: https://www.mpms.mp.br/domp/2021/06/01. Acesso em: 7 out. 2021.

[292] A Orientação interna do MPF apresenta esses exemplos como cláusulas necessárias do ANPC, nos termos do art. 26 (BRASIL. Ministério Público Federal. 5ª Câmara de Coordenação e Revisão. *Orientação nº 10*. Brasília, DF: 2020. Disponível em: http://www.mpf.mp.br/atuacao-tematica/ccr5/orientacoes/orientacao-no-10-2020-anpc.pdf. Acesso em: 1º out. 2021).

[293] BRASIL. Superior Tribunal de Justiça. REsp 1.921.272/SP, relator Ministro Francisco Falcão, Segunda Turma, julgado em 03-08-2021, *DJe* de 17-11-2021.

Apesar de se concordar com a tese jurídica, em abstrato, adotada pela Corte – no sentido de ser lícita a estipulação de outras obrigações que se revelem necessárias e apropriadas à tutela da probidade –, no caso concreto a decisão deixou de declarar a ilegalidade de previsão de doação no bojo de acordo de não persecução, estabelecida como encargo da colaboradora e com destinação conferida à pessoa jurídica sem qualquer relação com os ilícitos, o que certamente não reforça a proteção da probidade, sendo imprópria por diversos ângulos.

O Ministério Público convencionou com a sociedade empresária que, além das sanções devidas, esta doaria altíssima quantia para instituição pública de ensino, a despeito de o ente lesado, segundo os próprios acordantes, ter sido outra pessoa jurídica de direito público. A decisão suscita uma série de reflexões e questionamentos, notadamente sobre a correta destinação de obrigações pecuniárias no bojo de ANPC e os limites de atuação do *Parquet*. A menção ao julgado serve para reiterar que a inclusão de obrigações suplementares ou acessórias em acordo dessa natureza só é lícita se as medidas forem necessárias e adequadas para reforçar a proteção da probidade administrativa.

É interesse notar que o cabimento de outras medidas preventivas ou acessórias é também endossado pela doutrina. Beatriz Lopes de Oliveira aponta a necessidade de guardarem pertinência com o dano causado e com o resguardo quanto à prática de novos ilícitos, citando como fundamento o artigo 17-B, §6º, da LIA.[294] José Roberto Pimenta Oliveira e Dinorá Grotti, igualmente, indicam que o dispositivo "abre possibilidades variadas que podem legitimar soluções criativas na prevenção geral e especial, bem como na dissuasão, que são fins legítimos perseguidos pelo ANPC". Sustentam, assim, que a Lei nº 14.230/2021 não encerraria o acordo nas tratativas de sanções, admitindo outras medidas.[295]

---

[294] OLIVEIRA, Beatriz Lopes de. Acordo de não persecução cível no Ministério Público. *In*: SALGADO, Daniel de Resende; KIRCHER, Luis Felipe Schneider; QUEIROZ, Ronaldo Pinheiro de (coord.). *Justiça consensual*: acordos penais, cíveis e administrativos. São Paulo: JusPodivm, 2022. p. 718.

[295] OLIVEIRA, José Roberto Pimenta; GROTTI; Dinorá Adelaide Musetti. Consensualidade no direito administrativo sancionador: breve análise do acordo de não persecução cível, na orientação normativa n. 10/2020, da 5ª CCR-MPF. *In*: SALGADO, Daniel de Resende;

Há autores que defendem a viabilidade de serem pactuadas obrigações adicionais no acordo, suscitando, como exemplos: (i) a inabilitação para o exercício de qualquer função pública por um determinado período;[296] ou (ii) o afastamento, por determinado período, do exercício de atividade profissional ou econômica que tenha sido utilizada para a prática de improbidade, o compromisso de não ocupar certo cargo público ou privado e de não comparecer a determinado lugar ou ter contato com dado agente.[297]

Como se verifica dos exemplos fornecidos, em rigor, se adotado o posicionamento dos autores, as obrigações assumiriam caráter aproximado ou próprio de sanção atípica, impondo-se gravame adicional como resposta ao ilícito. Entretanto, para que sejam consideradas legais, parece razoável exigir, no mínimo, que essas previsões, além de contarem com livre consentimento do acusado, sejam realmente indispensáveis para a apropriada tutela da probidade no caso concreto. Assim, evita-se ônus excessivo ao celebrante e à solução consensual, em especial porque as consequências punitivas devidas pela prática da conduta improba já foram fixadas pelo legislador.

Sustenta-se, então, que a ordem jurídica não alberga o cabimento irrestrito de obrigações adicionais, secundárias ao objeto do acordo, que ostentem natureza de sanção atípica pelos ilícitos. A prevalecer interpretação no sentido de que seria viável a inserção de quaisquer outras convenções, de caráter punitivo, haveria grave problema de insegurança jurídica, pois eventuais parâmetros dessas medidas não estariam fixados na própria Lei de Improbidade Administrativa, como sucede com o tratamento expresso e detalhado das penalidades inscritas no artigo 12 da LIA. Além disso, a margem indefinida de convenções materiais acessórias passíveis de serem ajustadas tornaria o instrumento do acordo de não persecução civil campo fértil para negociações não republicanas, que extrapolam as finalidades legítimas da ferramenta.

KIRCHER, Luis Felipe Schneider; QUEIROZ, Ronaldo Pinheiro de (coord.). *Justiça consensual*: acordos penais, cíveis e administrativos. São Paulo: JusPodivm, 2022. p. 840-841.

[296] ANDRADE, Adriano; MASSON; Cleber; ANDRADE, Landolfo. *Interesses difusos e coletivos*. 11. ed. Rio de Janeiro: Forense; Método, 2021. p. 872. v. 1.

[297] GAJARDONI, Fernando da Fonseca *et al*. *Comentários à Nova Lei de Improbidade Administrativa*: Lei 8.429/1992, com as alterações da Lei 14.230/2021. 5. ed. São Paulo: Thomson Reuters Brasil, 2021. p. 392.

Dessa forma, entende-se serem cabíveis no acordo de não persecução civil eventuais convenções materiais acessórias. No entanto, devem-se adotar como parâmetros para o estabelecimento dessas obrigações adicionais os critérios de necessidade, adequação e indispensabilidade à prevenção e repressão do ato de improbidade, à efetividade das investigações e à garantia dos compromissos assumidos; balizas que precisam estar bem fundamentadas e apontadas pelo órgão legitimado.

4.6 Convenções processuais

O acordo de não persecução civil pode ostentar funcionalidades processuais específicas, atreladas às obrigações materiais supramencionadas. Em outras palavras, o instrumento pode conter convenções estabelecidas entre as partes com fundamento no artigo 190 do CPC, que autoriza a celebração de negócios jurídicos processuais no âmbito do procedimento comum e adotado pela LIA, nos termos do artigo 17, *caput*.

Em rigor, o ajustamento de colaboração probatória em ação de improbidade já configuraria espécie de convenção processual, na medida em que se convenciona a cooperação do celebrante com provas e informações pertinentes ao julgamento da pretensão condenatória exercida em juízo, incidindo, portanto, sobre obrigações e deveres daquele no curso do processo. Neste tópico, busca-se enfatizar, todavia, a pactuação de outras convenções processuais.

Da análise da escassa literatura sobre o tema, é possível encontrar posicionamentos no sentido da viabilidade de o ANPC contemplar negócios jurídicos processuais, figurando exemplos como: a admissão de prova emprestada, acordo de não recorribilidade de decisões interlocutórias, negócio sobre renúncia aos recursos especial e extraordinário pelo demandado, custeio de perícias, comunicações de atos processuais por meio eletrônico ou aplicativos de mensagens, conforme lista fornecida por Beatriz Lopes de Oliveira.[298]

---

[298] OLIVEIRA, Beatriz Lopes de. Acordo de não persecução cível no Ministério Público. *In*: SALGADO, Daniel de Resende; KIRCHER, Luis Felipe Schneider; QUEIROZ, Ronaldo Pinheiro de (coord.). *Justiça consensual*: acordos penais, cíveis e administrativos. São Paulo: JusPodivm, 2022. p. 718.

Em obra anterior à modificação da Lei nº 14.230/2021, Adriano Andrade, Cleber Masson e Landolfo Andrade[299] destacam, como exemplos de convenções processuais passíveis de serem pactuadas, o adiantamento dos honorários periciais pelo investigado/réu e a dispensa da defesa prévia prevista na redação pretérita do artigo 17, §7º, da Lei nº 8.429/1992, entre outros já citados.

Vladimir Aras, por sua vez, focaliza o cabimento da renúncia a direitos processuais na negociação de acordos, à luz do princípio da autonomia da vontade e da liberdade convencional. Defende a compatibilidade dessas renúncias com o devido processo legal, "sempre que animadas por decisão voluntária, após a obtenção de informações precisas sobre suas consequências", com assistência do advogado e efetivo controle judicial.[300] Por essa perspectiva, seria lícito convencionar o não exercício de faculdades processuais como recorrer, entre outras.

Os exemplos fornecidos pelos autores suscitam questionamento antecedente relacionado a eventuais limites para as convenções processuais, considerando que versariam sobre faculdades, ônus e deveres em processo judicial direcionado a concretizar a tutela fundada no artigo 37, §4º, da Constituição da República. Novamente, a Lei nº 14.230/2021 não oferece norma que trate explicitamente da matéria ou gize contornos para a celebração de negócios jurídicos dessa natureza.

De início, parece adequado partir da compreensão de que não serão cabíveis convenções processuais vedadas pela legislação ou pela Constituição Federal. Assim, ficam proibidos ajustes que busquem, por exemplo: (i) afastar o dever de comportamento pautado na boa-fé e lealdade processuais (artigos 5º, 77 e 80, CPC); (ii) remover a publicidade dos atos processuais, fora das hipóteses legais de sigilo (artigos 11 e 189, CPC); (iii) excluir a participação do Ministério Público como fiscal nas ações de improbidade em

---

[299] ANDRADE, Adriano; MASSON; Cleber; ANDRADE, Landolfo. *Interesses difusos e coletivos*. 11. ed. Rio de Janeiro: Forense; Método, 2021. p. 878-879. v. 1.

[300] ARAS, Vladimir. Os acordos cíveis da lei de improbidade administrativa e da lei anticorrupção empresarial. *In*: SALGADO, Daniel de Resende; KIRCHER, Luis Felipe Schneider; QUEIROZ, Ronaldo Pinheiro de (coord.). *Justiça consensual*: acordos penais, cíveis e administrativos. São Paulo: JusPodivm, 2022. p. 584-585.

que não é autor (artigo 178 do CPC); (iv) ou admitir provas ilícitas, protelatórias ou inúteis (artigos 369 e 370, CPC). Da mesma forma, não seria viável convenção destinada a apartar a incidência das regras de direito material aplicáveis ao caso – notadamente da Lei de Improbidade Administrativa –, substituindo-as por outras definidas de comum acordo.

Embora o artigo 190 do CPC outorgue às partes a prerrogativa de estipular mudanças no procedimento para ajustá-lo às especificidades da causa e convencionar sobre os seus ônus, poderes, faculdades e deveres processuais, tais modificações não podem acabar por esvaziar e desprover a adequada tutela judicial da probidade no caso concreto, estando sujeitas a controle de validade pelo juiz, nos termos do próprio dispositivo.

É relevante perceber que a Lei nº 8.429/1992, de forma implícita, abre espaço para eventual convenção processual de distribuição do ônus probatório, conforme se infere do artigo 17, §19, inciso II. O dispositivo prevê que não se aplica à ação de improbidade administrativa a imposição de ônus da prova ao réu, se esta estiver fundamentada nos §§1º e 2º do artigo 373 do CPC.[301] O comando não veda, por consequência, a distribuição diversa do ônus por convenção das partes, prevista no §3º, do mesmo artigo do diploma processual civil. Assim, é lícito às partes alterarem a incumbência da prova, inclusive em relação a imputações ou pontos controvertidos específicos.

Em matéria de indisponibilidade de bens, também seria possível pensar a celebração de negócio jurídico processual para instituição ou ampliação da medida cautelar (alcançando montante que assegure o integral ressarcimento, o pagamento da multa civil e a reversão dos bens auferidos ilicitamente, p. ex.) ou para modificá-la,

---

[301] "Art. 373. O ônus da prova incumbe: I – ao autor, quanto ao fato constitutivo de seu direito; II – ao réu, quanto à existência de fato impeditivo, modificativo ou extintivo do direito do autor. §1º Nos casos previstos em lei ou diante de peculiaridades da causa relacionadas à impossibilidade ou à excessiva dificuldade de cumprir o encargo nos termos do *caput* ou à maior facilidade de obtenção da prova do fato contrário, poderá o juiz atribuir o ônus da prova de modo diverso, desde que o faça por decisão fundamentada, caso em que deverá dar à parte a oportunidade de se desincumbir do ônus que lhe foi atribuído. §2º A decisão prevista no §1º deste artigo não pode gerar situação em que a desincumbência do encargo pela parte seja impossível ou excessivamente difícil. §3º A distribuição diversa do ônus da prova também pode ocorrer por convenção das partes, salvo quando: I – recair sobre direito indisponível da parte; II – tornar excessivamente difícil a uma parte o exercício do direito."

por meio da indicação de outros bens e valores, em ordem diversa daquela indicada no §11 do artigo 16 da LIA, por se tratar de matéria eminentemente patrimonial.

Outro exemplo viável de convenção processual, conatural ao próprio acordo, é à previsão de que as partes renunciam ao direito de impugnar, por qualquer meio, o instrumento homologado, até porque isto configuraria *venire contra factum proprium*, vedado pelos artigos 5º e 276 do CPC. Da mesma forma, é cabível dispor que os pactuantes defenderão perante terceiros e autoridades a validade e eficácia dos termos e condições da composição, seja no âmbito da ação de improbidade em que celebrado acordo, no processo judicial de homologação ou em outros.

No âmbito do Ministério Público do Estado de Goiás, a normativa regente do ANPC oferece exemplo interessante de convenção processual para o caso de descumprimento do ajuste e necessidade de ulterior ajuizamento, pelo órgão, de ações judiciais (de conhecimento e/ou de natureza executiva), envolvendo as mesmas partes. Nessa hipótese, a Resolução nº 01/2021 da instituição dispõe, no artigo 6º, §5º, que o instrumento poderá conter, como cláusula penal, mudanças no procedimento para ajustá-lo às especificidades da causa e convencionar sobre os seus ônus, poderes, faculdades e deveres processuais, inclusive no que tange à redistribuição do ônus da prova e custeio de provas periciais, com fundamento precisamente nos artigos 190 e 373 do CPC.[302]

A previsão é oportuna porque permite a inscrição de cláusula no acordo que fomenta a efetividade da tutela da probidade. Caso descumprido o ajuste pelo celebrante, seria possível convencionar que, em eventual ação judicial contra ele fundada no inadimplemento, restaria invertido o ônus da prova, cabendo ao réu, ainda, o custeio de perícia que se revele necessária.

Cite-se, também, a Resolução COPJ nº 009/2021 do Ministério Público do Estado do Espírito Santo,[303] que prevê, no artigo 4º,

---

[302] GOIÁS. Ministério Público do Estado de Goiás. *Resolução nº 01/2021*. Goiânia: MPGO, 2021. Disponível em: http://www.mpgo.mp.br/portal/arquivos/2021/03/11/17_32_31_51_Resolu%C3%A7%C3%A3o_CPJ_1_2021_ANPC.pdf. Acesso em: 14 out. 2021.

[303] ESPÍRITO SANTO. Ministério Público do Estado do Espírito Santo. Resolução COPJ nº 009, de 13 de setembro de 2021. *Diário Oficial do MPES*, Vitória, 14 set. 2021, com retificação no dia subsequente. Disponível em: https://www.mpes.mp.br/Arquivos/Anexos/2336e7cc-798d-4d8b-951c-402bee3367f9.pdf. Acesso em: 15 set. 2021.

XI, o cabimento de convenções de natureza processual, tais como renúncia ao direito de interpor recurso; custeio de prova pericial e adiantamento de honorários periciais; comunicação de atos processuais por meio eletrônico ou aplicativo de mensagens e anuência quanto à utilização de provas colhidas na investigação em outras instâncias de responsabilização. Os exemplos indicados não encontrariam óbice na legislação.

Enfatizando a perspectiva do celebrante, cumpre destacar que a extensão do sancionamento ajustado também deve levar em consideração eventuais convenções processuais firmadas, que podem contribuir para a mitigação das penas em seu favor, como sucede com a colaboração probatória. Há, na verdade, margem para múltiplas e criativas convenções, atreladas às obrigações materiais principais, que podem ser avaliadas pelas partes, tendo em vista o alcance de solução consensual segura da responsabilização por ato ímprobo.

Por fim, vale acrescer que a interrupção do prazo para a contestação, prevista no artigo 17, §10-A, da LIA, também deve ser passível de ser postulada em busca de convenções processuais adequadas ao caso, ainda que não se alcance acordo de não persecução civil propriamente, com a definição do sancionamento devido. Vale dizer: cabem soluções negociadas de natureza processual de forma independente de eventual instrumento de caráter sancionatório, considerando o teor do artigo 190 do CPC.

CAPÍTULO 5

LEGITIMIDADE E PARTICIPAÇÃO DO ENTE FEDERATIVO LESADO

Como exposto no capítulo 2 deste livro, a Lei nº 14.230/2021 imprimiu significativas alterações nos aspectos processuais da tutela da probidade. Entre tais modificações, o diploma legal excluiu a legitimidade da pessoa jurídica lesada para a propositura de ações de improbidade, reservando essa atribuição institucional ao Ministério Público, conforme previsto no artigo 17, *caput*, da LIA.

Como consequência da mudança na legitimidade ativa, antes disjuntiva e concorrente entre o *Parquet* e o ente público afetado, a Lei nº 14.230/2021 outorgou a competência para celebrar acordo de não persecução civil também de forma exclusiva ao Ministério Público, a quem competiria realizar a negociação e ajustar as condições de eventual instrumento, nos termos do artigo 17-B, *caput*, §5º, da LIA.

Nesse desenho normativo, subsistiu em favor da pessoa jurídica lesada a prerrogativa de intervenção na ação de improbidade administrativa (cf. artigo 17, §14, da LIA) e, no que concerne ao acordo de não persecução civil, a necessária oitiva do ente, em momento anterior ou posterior à propositura da medida judicial, como requisito disposto no §1º, inciso I, da Lei nº 8.429/1992.

Dessa forma, por força da disciplina legal, embora não mais legitimado para propor ações de improbidade ou compor soluções negociadas nessa seara, ao ente federativo lesado ainda caberia a prerrogativa de ser ouvido a respeito da celebração de acordo. A lei fixou essa oitiva como condição obrigatória e da qual depende a validade do ajuste, ao lado da aprovação interna no âmbito do Ministério Público e da homologação judicial; requisitos exigidos de forma cumulativa.

A configuração jurídica da participação do ente público lesado, na forma prevista pela Lei nº 14.230/2021, suscita, no entanto, uma série de questionamentos, que devem ser alvo de percuciente avaliação. Em primeiro lugar, a Lei não explicita qual seria o objeto possível da manifestação a cargo da pessoa jurídica interessada. Em outras palavras, não há delimitação expressa acerca da finalidade do pronunciamento nem sobre o escopo de eventual impugnação passível de ser apresentada.

Na doutrina, sustentou-se que incumbiria ao ente público papel absolutamente restrito aos aspectos patrimoniais, de modo que sua participação diria respeito à definição da extensão do prejuízo ao erário objeto da avença ou a reversão de eventuais vantagens auferidas de forma ilícita. Sob essa perspectiva, ao ente federativo seria permitido opor-se ao acordo apenas se entendesse que este não protege adequadamente o patrimônio público lesado, como sucederia na hipótese de o instrumento contemplar ressarcimento insuficiente ou parcial, em desrespeito ao artigo 17-B, inciso I, da LIA.[304]

Entendimento similar foi adotado pelo Ministério Público Federal na Nota Técnica nº 01/2021, da 5ª Câmara de Coordenação e Revisão. De acordo com o item 121 do documento, embora se afirme que a validade do acordo esteja condicionada ao ato de notificação do ente público para manifestação em prazo razoável, aponta-se, também, que ele "estará adstrito a se manifestar sobre matérias afetas às suas atribuições institucionais, notadamente sobre as consequências administrativas do ANPC e ressarcimento de danos ao erário".[305]

Assim, caberia à pessoa jurídica interessada contribuir com informações para a delimitação da integral reparação e, eventualmente, impugnar o montante avençado entre os celebrantes, com

---

[304] Nesse sentido, *vide*: GAJARDONI, Fernando da Fonseca *et al*. *Comentários à Nova Lei de Improbidade Administrativa*: Lei 8.429/1992, com as alterações da Lei 14.230/2021. 5. ed. São Paulo: Thomson Reuters Brasil, 2021. p. 385-386; NEVES, Daniel Amorim Assumpção; OLIVEIRA, Rafael Carvalho Rezende. *Comentários à reforma da Lei de Improbidade Administrativa*: Lei 14.230, de 25.10.2021 comentada artigo por artigo. Rio de Janeiro: Forense, 2022. p. 100-101.

[305] BRASIL. Ministério Público Federal. *Nota Técnica n. 1/2017*. 5ª Câmara de Coordenação e Revisão – Combate à Corrupção. Brasília, DF: 2017. Disponível em: http://www.mpf.mp.br/atuacao-tematica/ccr5/notas-tecnicas/docs/nt-01-2017-5ccr-acordo-de-leniencia-comissao-leniencia.pdf. Acesso em: 31 mar. 2021.

negativa à quitação do prejuízo. Contudo, é pertinente refletir se esse seria realmente o único objeto da oitiva do ente federativo lesado. A princípio, mesmo diante da retirada da legitimidade para a propositura de ações de improbidade, poder-se-ia cogitar de amplo espectro de manifestação, incluindo eventual oposição à medida de sancionamento convencionada entre o Ministério Público e o infrator, se demonstrada sua insuficiência e inadequação à tutela da probidade, diante das circunstâncias do caso concreto.

Isso porque, a despeito da alteração na legitimidade ativa processual, a tutela da moralidade e da probidade administrativas permanece sendo atribuição comum tanto do *Parquet* quanto da Administração Pública, nos termos dos artigos 23, I; 37, *caput* e §4º, da Constituição da República, assim como da Lei nº 12.846/2013, que conserva a competência dos entes públicos para responsabilizar, administrativa e judicialmente, pessoas jurídicas por atos lesivos à probidade.

Há, nesse sentido, evidente interesse jurídico do ente público em ter agente integrante ou ex-integrante de seus quadros punido de forma consentânea à legislação vigente e em extensão apropriada aos ilícitos praticados.[306] Por esse ângulo, parece razoável afirmar a viabilidade de insurgência do ente federativo em hipóteses de flagrante ilegalidade de disposições do acordo, como a isenção total de sanções sem respaldo legal ou mesmo o próprio descumprimento da obrigatória oitiva determinada no artigo 17-B. Ao Poder Judiciário caberá o exame das impugnações.

De toda forma, ainda que se adote interpretação restritiva a respeito da oitiva do ente federativo, reservando-a a aspectos do ressarcimento ao erário e do perdimento de bens, deve-se reputar que se trata de condição obrigatória, que condiciona a validade do ajuste.[307] Além da clareza da imposição contida na Lei, são manifestos

---

[306] Em acordos celebrados antes da vigência da Lei nº 14.230/2021, nos quais ainda havia responsabilidade culposa por ato ímprobo, o próprio sancionamento com base no elemento subjetivo doloso seria elemento de manifesto interesse da pessoa jurídica lesada para efeito da imprescritibilidade do ressarcimento ao erário, nos termos do Tema 897 do STF.

[307] José Roberto Pimenta Oliveira e Dinorá Grotti apontam que a Lei nº 14.230/2021 não obriga o ente público ou governamental a se manifestar, mas condiciona a validade do acordo ao ato de notificação (OLIVEIRA, José Roberto Pimenta; GROTTI; Dinorá Adelaide Musetti. Consensualidade no direito administrativo sancionador: breve análise do acordo de não persecução cível, na orientação normativa n. 10/2020, da 5ª CCR-MPF. *In*: SALGADO,

tanto a utilidade da participação da pessoa jurídica lesada, que, como regra, detém maiores condições de apurar o dano sofrido como o seu interesse legítimo em ser ouvida, considerando ser ela a credora das obrigações pecuniárias devidas pelo celebrante.

Por esse motivo, discorda-se de autores que entendem se tratar de requisito inadequado ou burocrático. Segundo Augusto Neves Dal Pozzo, Percival José Bariani Junior e João Negrini Neto,[308] a exigência de oitiva do ente federativo seria "mero obstáculo essencialmente formalístico, que não sobrevive a um filtro de operatividade", já que não haveria mais colegitimidade e a atuação do *Parquet* não estaria vinculada à manifestação.

Wallace Paiva Martins Junior defende que não haveria razão lógica para tornar compulsória a oitiva do ente federativo lesado, pois o acordo não estaria subordinado à medida, uma vez que apenas o Ministério Público deteria titularidade para decidir sobre a adoção de solução consensual. Argumenta que não se poderia inferir a obrigatoriedade dessa oitiva, sob pena de violação da independência do Poder Judiciário e do Ministério Público, "considerando que o juiz ou o órgão revisor do Ministério Público podem acolher ou recusar o acordo".[309]

Os argumentos são impróprios, todavia, para afastar a pertinência da exigência legal de oitiva do ente público lesado. De início, não procede a alegação de violação da independência do Poder Judiciário ou do Ministério Público. O dispositivo legal não subordina o conteúdo da decisão do magistrado à exata manifestação da pessoa jurídica afetada, mas determina que as razões apresentadas sejam efetivamente consideradas para efeito da conclusão e homologação do ajuste. O mesmo cenário deveria suceder no âmbito do *Parquet*.

Daniel de Resende; KIRCHER, Luis Felipe Schneider; QUEIROZ, Ronaldo Pinheiro de (coord.). *Justiça consensual*: acordos penais, cíveis e administrativos. São Paulo: JusPodivm, 2022. p. 838).

[308] DAL POZZO; Augusto Neves; BARIANI JUNIOR, Percival Jose; NETO, João Negrini. O regime jurídico do acordo de não persecução civil na lei de improbidade administrativa. *In*: DAL POZZO, Augusto Neves; OLIVEIRA, José Roberto Pimenta (coord.). *Lei de Improbidade Administrativa reformada*. São Paulo: Thomson Reuters Brasil, 2022. p. 614-616.

[309] MARTINS JUNIOR, Wallace Paiva. Acordo de não persecução civil. *In*: DAL POZZO, Augusto Neves; OLIVEIRA, José Roberto Pimenta (coord.). *Lei de Improbidade Administrativa reformada*. São Paulo: Thomson Reuters Brasil, 2022. p. 632-633.

A norma não importa violação de autonomia de qualquer órgão, simplesmente por exigir a oitiva de um dos interessados e afetados pela composição. Na verdade, o objetivo central do comando normativo é preservar os interesses jurídicos relacionados ao acordo, sendo razoável inferir que a exigência, nesse aspecto, favorece a ferramenta consensual, que deve contar com a perspectiva da pessoa jurídica lesada.

Se a Fazenda Pública apresenta eventual discordância com o Ministério Público a respeito de elementos do acordo, em especial – mas não exclusivamente – a obrigação de reparar o patrimônio público, os fundamentos dessa impugnação devem, no mínimo, ser objeto de exame apurado pelo Judiciário, que avaliará a procedência ou não dos apontamentos para efeito da validade do ajuste.

Mesmo afastada a legitimidade concorrente, é descabido supor como inconstitucional a oitiva mencionada, por ofensa à autonomia do Judiciário ou do *Parquet*, se o ente federativo é juridicamente afetado pelo acordo, seja porque é prejudicado pelos ilícitos, tendo o bem jurídico da probidade lesado, seja por ser interessado como credor das obrigações pecuniárias devidas em virtude de e para fazer face ao cometimento das condutas ímprobas. No mais, a própria lisura da destinação dos valores avençados evidencia o interesse de agir do ente público.

É essencial destacar, portanto, a obrigatoriedade da oitiva fixada em Lei. Não cabe ao Ministério Público afastar a norma jurídica ou recusar-lhe efeito, a pretexto de não se vincular aos termos da manifestação do ente federativo no momento de celebrar o ajuste. O acordo passará, necessariamente, por exame do Poder Judiciário, que poderá avaliar se prevalecem ou não os apontamentos realizados pela pessoa jurídica lesada.

Igualmente, não compete ao Ministério Público instituir internamente fluxos de interlocução com o ente federativo que prevejam a oitiva deste (ou ato de notificação e ciência) apenas em casos de "acordos de não persecução civil com dano ao erário", afastando a aplicação da norma para aqueles instrumentos nos quais inexistiria, segundo o próprio *Parquet*, prejuízo ao patrimônio público. Em primeiro lugar, porque a Lei não faz essa distinção e, em segundo, porque, da conduta investigada, pode não ter decorrido dano ao erário na estrita visão do Ministério Público. A Fazenda Pública pode ter elementos de prova ou informações que indiquem o contrário, daí porque é imperativa a sua oitiva em qualquer caso.[310]

Em outras palavras, a oitiva da pessoa jurídica lesada, indicada no artigo 17-B, §1º, I, da Lei nº 8.429/92, é obrigatória – em momento anterior ou posterior à propositura da ação – e deve ser observada independentemente da modalidade de ato ímprobo objeto do acordo. Por essas razões, reputam-se inválidas previsões infralegais que busquem dispensar a notificação do ente público lesado para manifestação ou condicioná-la a juízo de conveniência do membro do Ministério Público.[311]

Com relação aos argumentos no sentido de que a oitiva do ente federativo seria desnecessária em face da inconstitucional retirada da legitimidade no âmbito da Lei nº 8.429/1992, cumpre destacar que a Lei nº 14.230/2021 foi objeto de duas Ações diretas de inconstitucionalidade, autuadas sob os nº 7042 e 7043 e propostas, respectivamente, pela Associação Nacional dos Procuradores dos Estados e do Distrito Federal – ANAPE e pela Associação Nacional dos Advogados Públicos Federais – ANAFE. Por meio das Ações, as Associações autoras questionaram, em conjunto, os artigos 17, *caput* e §14, e 17-B, da Lei 8.429/1992, alterados e incluídos pelo artigo 2º da Lei 14.230/2021, e os artigos 3º e 4º, X, da referida Lei 14.230/2021, entre outros.

Na ADI 7042, a ANAPE apontou que as normas retiraram a legitimidade dos entes públicos lesados para ajuizar ações de improbidade, dificultando, assim, as investigações de atos ímprobos, em ofensa ao princípio da vedação ao retrocesso social, ao direito fundamental à probidade administrativa, ao pacto federativo, à autonomia dos Estados e aos princípios administrativos da eficiência, da segurança jurídica e da moralidade.

---

[310] Pelas mesmas razões, também não caberia ao Poder Judiciário, ao examinar pedido de homologação formulado pelo Ministério Público para acordos sem dano ou reversão de bens auferidos ilicitamente, deixar de determinar a intimação da pessoa jurídica lesada.

[311] No âmbito do Ministério Público paulista, previu-se que a oitiva se daria, "se o caso", conforme disposto no art. 5º, XIV, da Resolução nº 1.193/2021, alterada pela Resolução nº 1.380/2021: "XIV – Oitiva do ente federativo lesado, se o caso, não se exigindo, contudo, sua aquiescência como requisito de validade ou eficácia do acordo" (SÃO PAULO (Estado). Ministério Público do Estado de São Paulo. *Resolução nº 1.193/2020-CPJ, de 11 de março de 2020*. São Paulo: MPSP, 2020. Disponível em: http://biblioteca.mpsp.mp.br/phl_img/resolucoes/1193compilado.pdf. Acesso em: 7 jul. 2022).

No que concerne à competência exclusiva para celebrar acordo de não persecução civil, afirmou ser outro equívoco, uma vez que o ente público, como vítima do ilícito praticado, é quem pode mensurar os prejuízos causados e deve ter participação direta nas negociações. Destacou, ainda, que a ferramenta é importante meio de solução de controvérsias extrajudiciais para a Administração Pública.

Na ADI 7043, seguiu-se linha similar, cabendo citar, na temática do acordo, o destaque realizado para a assimetria gerada pela alteração legislativa, pois um ANPC entabulado unicamente com o Ministério Público e a parte adversa não inibiria, por exemplo, "o ajuizamento da ação civil pública pelo ente interessado para discutir as cláusulas do acordo, especialmente na parte relacionada à mensuração do dano a ser reparado ou aos aspectos funcionais ou operacionais ajustados exclusivamente com o órgão ministerial",[312] razão pela qual o cenário normativo fomenta instabilidade entre órgãos e instituições públicas.

As Associações postularam medida cautelar para a suspensão da eficácia dos dispositivos e, como provimento final, a declaração de inconstitucionalidade material deles, com referência expressa, na inicial da ADI 7042, ao retorno tanto da norma outorgante de legitimidade aos entes públicos para ajuizar ações de improbidade administrativa quanto para firmar acordos de não persecução civil.

Em 17 de fevereiro de 2022, foi deferida parcialmente a medida cautelar pelo Ministro Alexandre de Moraes, para conceder interpretação conforme a Constituição Federal ao *caput* e §§6º-A, 10-C e 14, do artigo 17 da Lei nº 8.429/1992, com a redação dada pela Lei nº 14.230/2021, no sentido da "existência de legitimidade ativa concorrente entre o ministério público e as pessoas jurídicas interessadas para a propositura da ação por ato de improbidade administrativa".[313] No entanto, deixou-se de declarar, expressamen-

---

[312] BRASIL. Supremo Tribunal Federal. *ADI 7042*. Petição inicial da Ação Declaratória de Inconstitucionalidade. Disponível para consulta em: https://portal.stf.jus.br/. Acesso em: 7 jul. 2021.

[313] "Diante do exposto, com fundamento no art. 10, §3º, da Lei 9.868/1999, e no art. 21, V, do RISTF, DEFIRO PARCIALMENTE A CAUTELAR, *ad referendum* do Plenário desta SUPREMA CORTE, para, até julgamento final de mérito: (A) CONCEDER INTERPRETAÇÃO CONFORME A CONSTITUIÇÃO FEDERAL ao *caput* e §§6º-A, 10-C e 14, do art. 17 da

te, a retomada da competência para a celebração de acordo de não persecução civil, o que levou a ANAPE, na ADI 7042, a opor Embargos de Declaração visando suprir a omissão, ainda não julgado.

Consta no voto da cautelar que o combate à improbidade e à corrupção deve ser prioridade absoluta no âmbito de todos os órgãos constitucionalmente institucionalizados, incluindo-se aqueles diretamente atingidos pela conduta ímproba e imoral, que atuam por meio dos agentes incumbidos de sua representação. De acordo com Relator, a supressão da legitimidade ativa das pessoas jurídicas lesadas representaria:

> grave limitação ao amplo acesso à jurisdição (CF, artigo 5º, XXXV), com ferimento ao princípio da eficiência (CF, artigo 37, *caput*) e, no limite, obstáculo ao exercício da competência comum da União, Estados, Distrito Federal e Municípios para "zelar pela guarda da Constituição" e "conservar o patrimônio público" (CF, artigo 23, I), bem como um significativo retrocesso quanto ao imperativo constitucional de combate à improbidade administrativa.[314]

Embora o tema se distancie do objeto central deste livro, de fato, a retirada da legitimidade ativa da pessoa jurídica lesada no âmbito da Lei nº 8.429/1992 contrariaria os dispositivos constitucionais mencionados, pelas razões indicadas no voto. Há, todavia, um fator adicional em abono da inconstitucionalidade: a manifesta violação do devido processo legal substantivo.

Com efeito, o artigo 37, §4º, da Constituição da República instituiu um sistema próprio de responsabilidade para proteção do bem jurídico da probidade administrativa, estabelecendo comando para edição de lei que concretizasse esse sistema. Por força disso, coube ao Poder Legislativo instituir as infrações – justificadas pela tutela do bem jurídico – e as correspondentes sanções, autorizadas

---

Lei nº 8.429/92, com a redação dada pela Lei nº 14.230/2021, no sentido da EXISTÊNCIA DE LEGITIMIDADE ATIVA CONCORRENTE ENTRE O MINISTÉRIO PÚBLICO E AS PESSOAS JURÍDICAS INTERESSADAS PARA A PROPOSITURA DA AÇÃO POR ATO DE IMPROBIDADE ADMINISTRATIVA; (B) SUSPENDER OS EFEITOS do §20, do art. 17 da Lei nº 8.429/92, com a redação dada pela Lei nº 14.230/2021, em relação a ambas as Ações Diretas de Inconstitucionalidade (7042 e 7043); (C) SUSPENDER OS EFEITOS do art. 3º da Lei nº 14.230/2021" (BRASIL. Supremo Tribunal Federal. *ADI 7042 MC*. Relator Min. Alexandre de Moraes, julgamento: 17-02-2022, publicação: 21-02-2022).

[314] *Ibidem*, p. 10-11 do voto.

na medida do cometimento daquelas. Ocorre que, além desses elementos, é tarefa do legislador configurar, também, o procedimento judicial para incidência das penalidades, delimitando os agentes processuais legitimados para inaugurar a pretensão punitiva.

Esse último aspecto, essencial do sistema constitucional de responsabilidade por ato ímprobo, é instrumental para a adequada tutela da probidade administrativa. Isso significa que a conformação legal do aludido procedimento e a definição dos legitimados mencionados precisam estar preordenadas para aprimorar a proteção do bem jurídico enredado, assegurando, ao mesmo tempo, a observância do devido processo legal adjetivo, ampla defesa e contraditório.

A mudança introduzida pela Lei nº 14.230/2021, entretanto, desguarnece essa mesma tutela, excluindo a atuação dos entes públicos diretamente atingidos pelas ofensas e que detêm não só anos de experiência, conhecimento, recursos humanos destacados, mas competência constitucional para proteger o patrimônio público e dever de manter a integridade no exercício de suas atividades.

A alteração suprime o papel de figura importante na tutela da probidade, sem que se possa vislumbrar quais seriam as finalidades públicas ou os valores constitucionais perseguidos ou efetivamente atendidos, que justificassem, sob o ponto de vista da razoabilidade, a supressão imposta. Como pontuam José Roberto Pimenta Oliveira e Dinorá Grotti,[315] se a mudança foi aprovada com o fim de impedir pretensões punitivas indevidas, "a medida é objetivamente desproporcional, pois existem outros meios para atingir esse fim" que não eliminar a legitimidade dos entes vitimados pelos atos ímprobos. Aliás, nas modificações introduzidas pela Lei nº 14.230/2021 já se verificam diversas normas voltadas a tornar mais rigoroso o exercício dessa pretensão, assim como eventual sentença condenatória, a exemplo dos artigos 17, §§6º, 6-B, 11; e 17-C.[316]

---

[315] OLIVEIRA, José Roberto Pimenta; GROTTI; Dinorá Adelaide Musetti. Consensualidade no direito administrativo sancionador: breve análise do acordo de não persecução cível, na orientação normativa n. 10/2020, da 5ª CCR-MPF. In: SALGADO, Daniel de Resende; KIRCHER, Luis Felipe Schneider; QUEIROZ, Ronaldo Pinheiro de (coord.). *Justiça consensual*: acordos penais, cíveis e administrativos. São Paulo: JusPodivm, 2022. p. 70-71.

[316] Além disso, desconhece-se qualquer demonstração empírica de que os entes públicos teriam dado causa a ações de improbidade administrativa arbitrárias em proporção ou quantidade que justificariam a exclusão da própria legitimidade.

Dessa forma, considera-se inconstitucional a retirada da legitimidade ativa para propositura de ações de improbidade e para celebração de acordos pelas pessoas jurídicas lesadas, o que foi confirmado pelo Supremo Tribunal Federal no julgamento das ADIs mencionadas, em 31 de agosto de 2022.[317] O importante precedente

---

[317] Ementa: CONSTITUCIONAL E ADMINISTRATIVO. CONSTITUCIONALIZAÇÃO DE REGRAS RÍGIDAS DE REGÊNCIA DA ADMINISTRAÇÃO PÚBLICA, PROTEÇÃO AO PATRIMÔNIO PÚBLICO E RESPONSABILIZAÇÃO DOS AGENTES PÚBLICOS CORRUPTOS PREVISTAS NO ARTIGO 37 DA CF. VEDAÇÃO À EXCLUSIVIDADE DO MINISTÉRIO PÚBLICO PARA PROPOSITURA DA AÇÃO POR ATO DE IMPROBIDADE ADMINISTRATIVA E DO ACORDO DE NÃO PERSECUÇÃO CIVIL (CF, ARTIGO 129, §1º). LEGITIMIDADE CONCORRENTE E DISJUNTIVA ENTRE FAZENDA PÚBLICA E MINISTÉRIO PÚBLICO. VEDAÇÃO À OBRIGATORIEDADE DE ATUAÇÃO DA ASSESSORIA JURÍDICA NA DEFESA JUDICIAL DO ADMINISTRADOR PÚBLICO. AÇÃO PARCIALMENTE PROCEDENTE. 1. Reconhecida a legitimidade ativa da Associação Nacional dos Procuradores dos Estados e do Distrito Federal – ANAPE e da Associação Nacional dos Advogados Públicos Federais – ANAFE para o ajuizamento das presentes demandas, tendo em conta o caráter nacional e a existência de pertinência temática entre suas finalidades institucionais e o objeto de impugnação. Precedentes. 2. Vedação constitucional à previsão de legitimidade exclusiva do Ministério Público para a propositura da ação por ato de improbidade administrativa, nos termos do artigo 129, §1º da Constituição Federal e, consequentemente, para oferecimento do acordo de não persecução civil. 3. A legitimidade da Fazenda Pública para o ajuizamento de ações por improbidade administrativa é ordinária, já que ela atua na defesa de seu próprio patrimônio público, que abarca a reserva moral e ética da Administração Pública brasileira. 4. A supressão da legitimidade ativa das pessoas jurídicas interessadas para a propositura da ação por ato de improbidade representa uma inconstitucional limitação ao amplo acesso à jurisdição (CF, art. 5º, XXXV) e a defesa do patrimônio público, com ferimento ao princípio da eficiência (CF, art. 37, *caput*) e significativo retrocesso quanto ao imperativo constitucional de combate à improbidade administrativa. 5. A legitimidade para firmar acordo de não persecução civil no contexto do combate à improbidade administrativa exsurge como decorrência lógica da própria legitimidade para a ação, razão pela qual estende-se às pessoas jurídicas interessadas. 6. A previsão de obrigatoriedade de atuação da assessoria jurídica na defesa judicial do administrador público afronta a autonomia dos Estados-Membros e desvirtua a conformação constitucional da Advocacia Pública delineada pelo art. 131 e 132 da Constituição Federal, ressalvada a possibilidade de os órgãos da Advocacia Pública autorizarem a realização dessa representação judicial, nos termos de legislação específica. 7. Ação julgada parcialmente procedente para (a) declarar a inconstitucionalidade parcial, com interpretação conforme sem redução de texto, do *caput* e dos §§6º-A e 10-C do art. 17, assim como do *caput* e dos §§5º e 7º do art. 17-B, da Lei 8.429/1992, na redação dada pela Lei 14.230/2021, de modo a restabelecer a existência de legitimidade ativa concorrente e disjuntiva entre o Ministério Público e as pessoas jurídicas interessadas para a propositura da ação por ato de improbidade administrativa e para a celebração de acordos de não persecução civil; (b) declarar a inconstitucionalidade parcial, com interpretação conforme sem redução de texto, do §20 do art. 17 da Lei 8.429/1992, incluído pela Lei 14.230/2021, no sentido de que não inexiste "obrigatoriedade de defesa judicial"; havendo, porém, a possibilidade de os órgãos da Advocacia Pública autorizarem a realização dessa representação judicial, por parte da assessoria jurídica que emitiu o parecer atestando a legalidade prévia dos atos administrativos praticados pelo administrador público, nos termos autorizados por lei específica; (c) declarar a inconstitucionalidade do art. 3º da Lei 14.230/2021. Em

foi acompanhado de outro igualmente relevante para a matéria, por meio do qual a Suprema Corte examinou a retroatividade ou não das normas mais benéficas introduzidas pela Lei nº 14.230/2021, notadamente as que dizem respeito a elemento subjetivo e prescrição.[318]

Com a confirmação da legitimidade concorrente para a tutela judicial da probidade no âmbito da Lei nº 8.429/1992, ficam rechaçadas, de plano, quaisquer interpretações que visem restringir a efetiva participação dos entes públicos nos acordos firmados pelo Ministério Público. No cenário de colegitimidade, a mera oitiva que se previu na Lei nº 14.230/2021 não se harmoniza com as atribuições plenas das pessoas jurídicas lesadas e das Advocacias Públicas, como alertam também José Roberto Pimenta Oliveira e Dinorá Grotti.[319]

Na verdade, sendo o ente federativo legitimado para a tutela da probidade, deve ele ser notificado ou intimado para integrar o processo de celebração dos acordos de não persecução civil conduzidos no âmbito do *Parquet*, inclusive a negociação dos seus termos, afastando-se a redação do §5º do artigo 17-B. Nesse contexto, não há espaço para simples oitiva para efeito de reparação de dano ou perdimento de bens. A participação do ente público lesado é plena, detendo legitimidade para compor, em conjunto com o

---

consequência, declara-se a constitucionalidade: (a) do §14 do art. 17 da Lei 8.429/1992, incluído pela Lei 14.230/2021; e (b) do art. 4º, X, da Lei 14.230/2021.
(ADI 7042, Relator(a): ALEXANDRE DE MORAES, Tribunal Pleno, julgado em 31/08/2022, PROCESSO ELETRÔNICO DJe-035 DIVULG 27-02-2023 PUBLIC 28-02-2023).

[318] Fixação de tese de repercussão geral para o Tema 1199: "1) É necessária a comprovação de responsabilidade subjetiva para a tipificação dos atos de improbidade administrativa, exigindo-se – nos artigos 9º, 10 e 11 da LIA – a presença do elemento subjetivo – DOLO; 2) A norma benéfica da Lei 14.230/2021 – revogação da modalidade culposa do ato de improbidade administrativa –, é IRRETROATIVA, em virtude do artigo 5º, inciso XXXVI, da Constituição Federal, não tendo incidência em relação à eficácia da coisa julgada; nem tampouco durante o processo de execução das penas e seus incidentes; 3) A nova Lei 14.230/2021 aplica-se aos atos de improbidade administrativa culposos praticados na vigência do texto anterior da lei, porém sem condenação transitada em julgado, em virtude da revogação expressa do texto anterior; devendo o juízo competente analisar eventual dolo por parte do agente; 4) O novo regime prescricional previsto na Lei 14.230/2021 é IRRETROATIVO, aplicando-se os novos marcos temporais a partir da publicação da lei".
(ARE 843989, Relator(a): ALEXANDRE DE MORAES, Tribunal Pleno, julgado em 18/08/2022, PROCESSO ELETRÔNICO REPERCUSSÃO GERAL – MÉRITO DJe-251 DIVULG 09-12-2022 PUBLIC 12-12-2022).

[319] OLIVEIRA, José Roberto Pimenta; GROTTI, Dinorá Adelaide Musetti. Consensualidade no direito administrativo sancionador: breve análise do acordo de não persecução cível, na orientação normativa n. 10/2020, da 5ª CCR-MPF. *In*: SALGADO, Daniel de Resende; KIRCHER, Luis Felipe Schneider; QUEIROZ, Ronaldo Pinheiro de (coord.). *Justiça consensual*: acordos penais, cíveis e administrativos. São Paulo: JusPodivm, 2022. p. 71.

órgão ministerial, todos os aspectos do ajuste, entre eles a medida de sancionamento devida.

Para o fim deste livro, considera-se que esse é o cenário normativo adequado e que prevalece após a decisão do Supremo Tribunal Federal. A colegitimidade para compor ANPCs se harmoniza com as demais atribuições dos entes federativos e das respectivas Advocacias Públicas (artigos 131 e 132 da CF), em especial a competência preservada no âmbito da Lei nº 12.846/2013 para celebrar acordos de leniência. Assegura, portanto, coerência nesse domínio punitivo, fomentando segurança jurídica.

Como consequência lógica e jurídica da retomada das atribuições, deve ser aplicado ao ente federativo lesado e ao Ministério Público tratamento simétrico, com fundamento no artigo 17-B da Lei nº 8.429/1992. Por esse motivo, ambos deverão observar os requisitos fixados no dispositivo, como a homologação judicial e a oitiva do Tribunal de Contas competente para efeito de mensuração do dano, observadas as ponderações indicadas no capítulo 4, item 4.3.2.

A exigência de oitiva deve ser compreendida, nesse contexto, como a necessidade de oportunizar ao colegitimado participação na composição. Assim, havendo interesse em solução consensual de responsabilização por ato ímprobo, seja por proposta do acusado, seja por iniciativa do Estado, no curso de investigação ou de ação de improbidade, os órgãos deverão comunicar-se mutuamente para viabilizar participação, de forma recíproca, no processo de celebração de acordo.

Nesse sentido, vale citar o artigo 9º da Resolução nº 01/21 do Ministério Público do Estado de Goiás, inserido em disciplina específica do procedimento de celebração do ajuste no órgão. De acordo com o dispositivo, a pessoa jurídica lesada será notificada para, querendo, participar do acordo.[320]

Essa cooperação demanda a instituição de fluxos adequados de interlocução, cabendo realçar que a comunicação do colegitimado deve se dar, preferencialmente, antes da conclusão do acordo, embora o artigo 17-B, §1º, da LIA mencione a possibilidade de

---

[320] GOIÁS. Ministério Público do Estado de Goiás. *Resolução nº 01/2021*. Goiânia: MPGO, 2021. Disponível em: http://www.mpgo.mp.br/portal/arquivos/2021/03/11/17_32_31_51_Resolu%C3%A7%C3%A3o_CPJ_1_2021_ANPC.pdf. Acesso em: 14 out. 2021.

oitiva em momento anterior ou posterior à propositura da ação. Isso porque, com ciência e participação desde o início das negociações, evita-se eventual impugnação posterior dos termos do instrumento por um dos órgãos legitimados, deletéria à segurança que se espera da solução consensual.

Conquanto se exija a comunicação para oportunizar participação dos órgãos envolvidos, a celebração do ajuste por um colegitimado não depende da aquiescência do outro, sob pena de violação das respectivas autonomias institucionais. Para conferir maior segurança jurídica e evitar questionamentos judiciais, é recomendável que as instituições busquem celebrar, em conjunto, o acordo de não persecução civil ou ao menos revelem não oposição aos termos firmados por uma delas.[321]

Havendo insuperável divergência entre os colegitimados, colocam-se duas hipóteses principais: (i) a celebração do acordo, a despeito da oposição, ficando a cargo do Judiciário apreciar eventual impugnação do discordante; e (ii) a não finalização do ajuste, remetendo-se a controvérsia ao procedimento judicial e tradicional de responsabilização por ato de improbidade.

Celebrado acordo de não persecução civil por apenas um dos legitimados, nada obsta que outro colegitimado busque, em juízo, impugnar os seus termos, embora não seja este o cenário ideal em termos de segurança jurídica e previsibilidade das soluções consensuais. Excepcionalmente, a medida se revela cabível se o título for impróprio, por incompletude (por estabelecer obrigações insuficientes para a tutela da probidade no caso concreto) ou por vício insanável (por manifesto descumprimento dos requisitos legais).[322]

---

[321] No âmbito do Ministério Público do Estado do Espírito Santo, há previsão expressa no sentido de que o ANPC pode ser firmado, em conjunto, pelo *Parquet* e outros órgãos públicos legitimados, em atuação por atos de cooperação concertada (ESPÍRITO SANTO). Ministério Público do Estado do Espírito Santo. Resolução COPJ nº 009, de 13 de setembro de 2021. *Diário Oficial do MPES*, Vitória, 14 set. 2021, com retificação no dia subsequente. Disponível em: https://www.mpes.mp.br/Arquivos/Anexos/2336e7cc-798d-4d8b-951c-402bee3367f9.pdf. Acesso em: 15 set. 2021).

[322] Nesse sentido, é o escólio de: ANDRADE, Adriano; MASSON; Cleber; ANDRADE, Landolfo. *Interesses difusos e coletivos*. 11. ed. Rio de Janeiro: Forense; Método, 2021. p. 878-879, v. 1.

CAPÍTULO 6

REQUISITO FORMAL DE HOMOLOGAÇÃO DO ACORDO

De acordo com o artigo 17-B, §1º, da Lei nº 8.429/1992, há, ainda, dois outros requisitos formais que precisam ser observados na celebração de acordo de não persecução civil e que se relacionam a âmbitos distintos de exame do ajuste: (i) no próprio órgão legitimado, especificamente o Ministério Público; e (ii) externamente, pelo Poder Judiciário, em via própria.

O primeiro deles é a aprovação do instrumento, no prazo de até 60 (sessenta) dias, pelo órgão do Ministério Público competente para apreciar as promoções de arquivamento de inquéritos civis, se anterior ao ajuizamento da ação. A lei exige a homologação de acordo extrajudicial pelo colegiado superior, correspondente ao Conselho Superior (nos Ministérios Públicos estaduais) e à Câmara de Coordenação e Revisão (no Ministério Público Federal).

Conforme pontua Beatriz Lopes de Oliveira, a homologação do ajuste pelo órgão de controle interno é necessária para "conferir unidade aos diversos tipos de acordo celebrados pelos órgãos da Instituição na tutela dos interesses coletivos".[323] De fato, há razão e utilidade na previsão legal, porque visa proporcionar uniformidade de tratamento aos casos e às respectivas soluções negociadas, aperfeiçoando tanto a legalidade dos instrumentos, mediante revisão, como a imparcialidade no exercício da competência para compor.

---

[323] OLIVEIRA, Beatriz Lopes de. Acordo de não persecução cível no Ministério Público. *In*: SALGADO, Daniel de Resende; KIRCHER, Luis Felipe Schneider; QUEIROZ, Ronaldo Pinheiro de (coord.). *Justiça consensual*: acordos penais, cíveis e administrativos. São Paulo: JusPodivm, 2022. p. 724-728.

O exame realizado internamente deve alcançar aspectos relacionados à legalidade, à razoabilidade e à proporcionalidade do acordo, como: (i) o adequado dimensionamento das sanções, à luz do artigo 17-B, §2º, da LIA; (ii) a reparação integral do dano, a reversão dos valores auferidos ilicitamente e sua correta destinação; (iii) a observância da comunicação com o ente federativo interessado, assim como a procedência de eventuais impugnações por ele apresentadas; e (iv) a viabilidade de eventuais convenções materiais acessórias; entre outros.

Após análise, o órgão de controle interno do Ministério Público poderá homologar o acordo e a promoção de arquivamento do procedimento investigatório (se o primeiro esgotar o objeto do último); converter o julgamento em diligência para a adoção de providências pelo Promotor de Justiça ou Procurador da República oficiante, como a oitiva e manifestação da Fazenda Pública lesada, acaso não notificada para participar; ou rejeitar a homologação do instrumento, hipótese na qual se seguirá na investigação, autorizada a submissão de novo acordo de não persecução com a observância da legislação ou superados os impedimentos apontados pelo colegiado.[324]

Note-se que o controle realizado pelo órgão da Administração Superior do Ministério Público não incluiria, a princípio, hipótese de revisão de negativa de celebração de acordo de não persecução civil, à mingua de previsão legal. Como aponta Emerson Garcia, não se previu, em lei, instância revisora nesse caso e, diante do silêncio, a analogia com o acordo de não persecução penal seria imprópria, em vista das distintas esferas de responsabilização.[325]

---

[324] A maioria dos atos normativos expedidos pelos Ministérios Públicos estaduais contém disposições sobre o procedimento de homologação pelo colegiado, a exemplo das Resoluções do MPPA, MPPE, MPPB, MPMT, MPPI. Há previsão das providências a cargo do Conselho Superior no art. 6º, da Resolução nº 068/2020, do Ministério Público do Estado do Ceará (BRASIL. Ministério Público do Estado do Ceará. *Resolução nº 068/2020, de 11 de novembro de 2020*. Fortaleza: MPCE, 2020. Disponível em: http://www.mpce.mp.br/wp-content/uploads/2020/11/Resolu%C3%A7%C3%A3o-068.2020-acordo-de-nao-persecucao-civel.pdf. Acesso em: 6 jul. 2022). Disposição idêntica foi inserida na Resolução nº 007/2021, do Ministério Público do Pará (BRASIL. Ministério Público do Estado do Pará. *Resolução nº 007/2021, de 10 de setembro de 2021*. Belém: MPPA, 2021. Disponível em: https://www2.mppa.mp.br/data/files/89/14/6D/3E/1F8EE710A7AB4DE7BA618204/ Res007.2021CPJ%20-%20IOEPA%2010.09.2021.pdf. Acesso em: 6 jul. 2022).

[325] GARCIA, Emerson. Acordo de não persecução cível: a negativa de celebração é suscetível de revisão? *In*: CAMBI, Eduardo Augusto Salomão; GARCIA, Emerson; ZANETI JÚNIOR,

Contudo, cumpre citar que, no Ministério Público do Amapá, há previsão explícita de revisão na normativa regente do acordo de não persecução civil. Estabeleceu-se que a recusa em propor o ajuste pelo membro do *Parquet* será fundamentada e certificada nos próprios autos do procedimento investigatório ou peça informativa, com a comprovação da ciência do investigado, que terá, a contar de então, o prazo de 5 (cinco) dias para interposição de recurso nos autos ao Conselho Superior, com vistas ao reexame da decisão, ressalvado o juízo de retratação.[326]

No âmbito dos entes federativos, a celebração do ajuste se dá nos termos das leis que regem as competências para compor, exercidas pelos órgãos de representação judicial, nos termos dos artigos 131 e 132 da Constituição. É comum que a conclusão de acordos dessa natureza esteja condicionada à autorização do Procurador-Geral do Estado ou do Município ou de quem tenha recebido internamente essa atribuição por delegação.[327] Não se aplica à pessoa jurídica lesada, por óbvio, a previsão contida no artigo 17-B, §1º, II, da LIA.

Além da aprovação no âmbito interno do Ministério Público, exigida para acordos extrajudiciais, a Lei nº 8.429/1992 estabeleceu a obrigatoriedade de homologação judicial, independentemente de o ajuste ocorrer antes ou depois do ajuizamento da ação de improbidade administrativa.

Assim, tratando-se de acordo firmado no curso de processo judicial, a aprovação exigida pelo inciso II do §1º do artigo 17-B não seria necessária, bastando a homologação pelo órgão jurisdicional

---

Hermes. *Improbidade administrativa*: principais alterações promovidas pela Lei 14.230/2021. Belo Horizonte; São Paulo: D'Plácido, 2022. p. 619-622.

[326] AMAPÁ. Ministério Público do Estado do Amapá. Colégio de Procuradores de Justiça. Resolução nº 003/2020-CPJ. *Diário Oficial Eletrônico*, Macapá, 22 set. 2020. Disponível em: https://www.mpap.mp.br/intranet/uploads/banco_publicacoes/2021_03/7e42ce95fb8ac70ca4596713c3f18381b3021016.pdf. Acesso em: 12 jul. 2022.

[327] *Vide*, por exemplo, normativa da Procuradoria-Geral do Estado de São Paulo: "Art. 5º. Ultimadas as diligências para instrução processual e classificado o procedimento administrativo correlato para fins de controle interno dos termos prescricionais, o Procurador do Estado oficiante deverá representar à SubProcuradoria-Geral com relato sistematizado do feito, propondo: (...) V – acordo de não persecução cível, sujeito a deferimento pelo Procurador-Geral do Estado, nos termos do art. 7º, desta Resolução" (SÃO PAULO (Estado). Procuradoria-Geral do Estado de São Paulo. Resolução PGE nº 20, de 13 de agosto de 2020. Dispõe sobre procedimento para atuação judicial em matéria de proteção à probidade administrativa. *Diário Oficial do Estado*, São Paulo, 14 ago. 2020. Poder Executivo – Seção I, p. 29).

competente. Por outro lado, a celebração do ajuste pré-processual importará dupla revisão, a ser realizada tanto pelo órgão de controle interno do Ministério Público quanto pelo Poder Judiciário, não se vislumbrando vício de constitucionalidade na previsão.[328]

Cabe destacar que a introdução do artigo 17-B, §1º, III, na Lei de Improbidade encerrou controvérsia até então existente acerca da necessidade ou não de homologação judicial dos acordos extrajudiciais. Essa matéria não foi disciplinada expressamente por meio da Lei nº 13.964/2019, o que levou à adoção de diferentes teses pelos órgãos públicos legitimados, ao editarem normas internas.

A divergência envolvia tanto se a homologação judicial de acordo extrajudicial seria facultativa[329] ou obrigatória,[330] quanto se estaria limitada aos instrumentos que contivessem penas gravosas, como a perda da função pública ou a suspensão dos direitos políticos, com o objetivo de conferir eficácia a essas sanções.[331] Com a mudança

---

[328] Para Leonardo Bellini de Castro, a exigência de dupla revisão do acordo formalizado na fase extrajudicial violaria a autonomia institucional, assegurada no art. 127, *caput* e §1º, da CF. Cita, ainda, que essa interpretação foi adotada na multicitada Nota Técnica expedida pelo Ministério Público Federal (CASTRO, Leonardo Bellini. O novo regramento legal do acordo de não persecução cível. *In*: DAL POZZO, Augusto Neves; OLIVEIRA, José Roberto Pimenta (coord.). *Lei de Improbidade Administrativa reformada*. São Paulo: Thomson Reuters Brasil, 2022. p. 653).

[329] "Art. 12. (...) §2º O acordo de não persecução cível celebrado extrajudicialmente, após homologado pelo Conselho Superior do Ministério Público, poderá ser levado à apreciação judicial" (GOIÁS. Ministério Público do Estado de Goiás. Enunciados do Grupo de Trabalho instituído por meio da Portaria nº 897/2020, de 4 de maio de 2020. *Boletim do MPGO*, Goiânia, set. 2020. Disponível em: http://www.mpgo.mp.br/boletimdompgo/2020/09-set/cao/patrimonio_publico_terceiro_setor/pdfs/pdf2.pdf. Acesso em: 20 set. 2020).

[330] "Art. 14. O Acordo de Não Persecução Cível, após sua aprovação pelo Conselho Superior do Ministério Público, será encaminhado pelo órgão de execução ao Juízo com os seguintes pedidos: I – a homologação do acordo de não persecução cível." (AMAPÁ. Ministério Público do Estado do Amapá. Colégio de Procuradores de Justiça. Resolução nº 003/2020-CPJ. *Diário Oficial Eletrônico*, Macapá, 22 set. 2020. Disponível em: https://www.mpap.mp.br/intranet/uploads/banco_publicacoes/2021_03/7e42ce95fb8ac70ca4596713c3f1838 1b3021016.pdf. Acesso em: 12 jul. 2022).

[331] Na normativa do MPPI, estabeleceu-se que a homologação judicial seria imponível para a eficácia das sanções de perda da função pública e renúncia ao direito de se candidatar a cargos públicos eletivos, ao passo que na norma interna do MPMT, anterior às alterações produzidas em 2022, tal exigência se aplicaria apenas para conferir eficácia à suspensão dos direitos políticos (MATO GROSSO. Ministério Público do Estado do Mato Grosso. *Resolução nº 080/2020-CSMP*. Cuiabá: MPMT, 2020. Disponível em: https://mpmt.mp.br/site/storage/webdisco/arquivos/CSMP/Resolu%C3%A7%C3%A3o%20n%C2%BA%20 080-2020-CSMP%20-%20ANPC.pdf. Acesso em: 17 jul. 2022; PIAUÍ. Ministério Público do Estado do Piauí. Resolução CPJ/PI nº 04, de 17 de agosto de 2020. Teresina: MPPI, 2020. Disponível em: https://www.mppi.mp.br/internet/wp-content/uploads/2020/08/RESOLUCAO-CPJ-04-2020.pdf. Acesso em: 7 out. 2021).

legislativa, fica definitivamente superada essa controvérsia, incidindo a derrogação de previsões infralegais destoantes.

A exigência legal de homologação judicial dos acordos é pertinente e se harmoniza com a lógica da Lei de Improbidade. Como apontado, no cenário de legitimidade disjuntiva e concorrente, a homologação pelo Poder Judiciário desempenha o papel relevante de tornar incontornável a ciência da celebração de acordo na esfera da improbidade pelos órgãos legitimados, que serão necessariamente intimados em juízo. Ademais, é no âmbito do processo judicial de homologação que poderão ser apreciadas eventuais divergências entre tais órgãos acerca dos termos da solução negociada, conferindo-se segurança jurídica para a conclusão do instrumento.

A homologação adjudica, ainda, ao ANPC natureza de título executivo judicial, com a respectiva eficácia que a lei comina (artigo 515, incisos II e III, do CPC), o que enseja vantagens que são correlatas à própria ideia de solução célere e segura do conflito. Em hipótese de descumprimento, por exemplo, podem ser executadas eventuais obrigações pecuniárias pendentes, de forma mais rápida.

Ponto fundamental dessa temática diz respeito ao papel do Poder Judiciário no exame de acordos de não persecução civil, em especial à extensão e à profundidade do controle jurisdicional sobre a homologação ou não do instrumento.

Em primeiro lugar, compete ao juiz incentivar, sempre que possível, a solução consensual do conflito, nos termos do artigo 3º, §2º, do Código de Processo Civil. No âmbito da Lei de Improbidade, há inclusive mecanismo específico para estimular a celebração de acordo, qual seja, o artigo 17, §10-A, que autoriza o magistrado, a pedido das partes, a determinar a interrupção do prazo para contestação, por prazo não superior a 90 (noventa) dias, visando oportunizar a possibilidade de terminação pacífica e negociada da lide. Assim, entende-se que o primeiro papel do juiz seria incentivar, no curso do processo, a solução consensual.

Em segundo lugar, ao Poder Judiciário reserva-se o papel de controle sobre o acordo. Nesse sentido, a homologação teria por finalidade a análise da regularidade e da legalidade dos termos do ajuste, incluindo-se a observância, por exemplo: (i) dos requisitos formais e procedimentais indicados no artigo 17-B, §1º, da LIA; (ii) dos requisitos mínimos de ressarcimento integral do erário e reversão de valores auferidos ilicitamente; (iii) dos limites estabelecidos na legislação para as sanções; (iv) da correta destinação das obrigações pecuniárias, entre outros.

O exame do magistrado teria por escopo, também, a indispensável voluntariedade da avença, tal como sucede com outros instrumentos consensuais no ordenamento jurídico, a exemplo da colaboração premiada (artigo 4º, §7º, da Lei nº 12.850/2013)[332] e do acordo de não persecução penal (artigo 28-A, §4º, do CPP). Sob esse ângulo, a análise recai sobre a livre manifestação de vontade do celebrante, que deve estar indene de vícios de consentimento, valendo, aqui, as observações já postas no capítulo 3, item 3.4.1, deste livro.

Ocorre que o controle do Poder Judiciário não se limita a aspectos de regularidade, legalidade e voluntariedade do ajuste. Na verdade, a homologação de acordo de não persecução civil demanda incursão do órgão jurisdicional sobre a proporcionalidade das medidas ajustadas à eficiente tutela da probidade administrativa no caso concreto, com fundamento no artigo 17-B, §2º, da LIA e demais normas indicadas no capítulo 4, item 4.3.1, que fixam balizas para o alcance das penalidades.[333]

Esse exame, todavia, precisa ser realizado com contenção e deferência às escolhas realizadas pelos órgãos legitimados, a quem a legislação atribuiu o papel de negociação do acordo. A apreciação pelo Judiciário deve resultar em recusa à homologação, se as convenções ajustadas escaparem, de forma patente, dos parâmetros legalmente instituídos para a modulação do sancionamento.

Assim, caberia ao magistrado examinar se as obrigações estipuladas no instrumento desguarnecem, de forma manifesta, a proteção

---

[332] BRASIL. Supremo Tribunal Federal. *Pet 7074 QO/DF*. Rel. Min. Edson Fachin, julgamento em 21, 22, 28 e 29-06-2017.

[333] No sentido de que há controle do Judiciário sobre a adequação das condições fixadas em ANPC, *vide*: ANDRADE, Adriano; MASSON; Cleber; ANDRADE, Landolfo. *Interesses difusos e coletivos*. 11. ed. Rio de Janeiro: Forense; Método, 2021. p. 878. v. 1; OLIVEIRA, Beatriz Lopes de. Acordo de não persecução cível no Ministério Público. *In*: SALGADO, Daniel de Resende; KIRCHER, Luis Felipe Schneider; QUEIROZ, Ronaldo Pinheiro de (coord.). *Justiça consensual*: acordos penais, cíveis e administrativos. São Paulo: Juspodivm, 2022. p. 727-728; e GAJARDONI, Fernando da Fonseca *et al*. *Comentários à nova Lei de Improbidade Administrativa*: Lei 8.429/1992, com as alterações da Lei 14.230/2021. 5. ed. São Paulo: Thomson Reuters Brasil, 2021. p. 388-390.

do bem jurídico lesado, como a isenção total de sanções em caso de elevada gravidade, por exemplo, ou se aquelas se mantêm dentro de margem razoável de avaliação do órgão legitimado, no que concerne à suficiência e adequação para o encerramento da responsabilidade, considerando as circunstâncias do caso concreto.[334]

Adicionalmente, compete ao Poder Judiciário, em casos de acordos de não persecução civil com colaboração probatória, apreciar se houve a apresentação de mínimos elementos de prova (ou assunção de compromisso de produção destas ao longo de investigação ou processo judicial) que justifiquem a mitigação das sanções. Não caberia exame, em profundidade, sobre a utilidade da prova para futura condenação, mas, ao menos, pertinência desta para corroborar imputações de ilícitos descritos na petição inicial.

A extensão defendida do controle jurisdicional é também justificada pela possibilidade de divergência entre colegitimados acerca dos termos do acordo, conforme apontado no capítulo anterior. O exame de eventuais objeções e impugnações formuladas por um dos órgãos legitimados "é impossível de ser feita sem análise, pelo juiz, do próprio conteúdo do caso e do acordo", como alerta Gajardoni.[335]

Considerando o exposto, defende-se que a atuação do juiz se limita ao estímulo e ao controle do acordo, nos termos indicados anteriormente. Não lhe compete participar da negociação ou estabelecer cláusulas, em nome da legalidade ou da proporcionalidade. A construção da solução consensual adequada, proporcional e eficiente é papel das partes. Se as condições do instrumento não se compatibilizam com a legislação nem com a

---

[334] Em sentido que se aproxima do defendido neste livro, José Roberto Pimenta Oliveira e Dinorá Grotti afirmam que, para a preservação da imparcialidade do juiz, compete-lhe apreciar a legalidade formal e material do ANPC, por meio da sentença de homologação, controlando a outorga de benefícios excessivos ou insuficientes. Não lhe caberia, todavia, construir a solução proporcional e razoável, própria das partes (OLIVEIRA, José Roberto Pimenta; GROTTI; Dinorá Adelaide Musetti. Consensualidade no direito administrativo sancionador: breve análise do acordo de não persecução cível, na orientação normativa n. 10/2020, da 5ª CCR-MPF. In: SALGADO, Daniel de Resende; KIRCHER, Luis Felipe Schneider; QUEIROZ, Ronaldo Pinheiro (coord.). *Justiça consensual*: acordos penais, cíveis e administrativos. São Paulo: JusPodivm, 2022. p. 837).

[335] GAJARDONI, Fernando da Fonseca *et al*. *Comentários à nova Lei de Improbidade Administrativa*: Lei 8.429/1992, com as alterações da Lei 14.230/2021. 5. ed. São Paulo: Thomson Reuters Brasil, 2021. p. 389.

apropriada tutela da probidade, é o caso de recusar homologação ao ajuste, com motivação explícita das razões e dos impedimentos, que poderão ser objeto de avaliação pelos órgãos legitimados e pelos acusados, seja para efeito de recursos, seja para entabularem novas negociações.

CAPÍTULO 7

CUMPRIMENTO E DESCUMPRIMENTO DO AJUSTE

Como qualquer outra espécie de avença, o acordo de não persecução civil é celebrado na perspectiva de ter suas condições adimplidas pelas partes signatárias. O objeto central do instrumento é o encerramento adequado, seguro e consensual da responsabilização por ato ímprobo atribuída ao celebrante e que se materializa por meio das condições, obrigações e penalidades estabelecidas.

Com a celebração de ANPC, é necessário o monitoramento, pelos órgãos legitimados, da execução das obrigações e sanções fixadas, para que seja possível confirmar, posteriormente, o cumprimento final do ajuste. Impõe-se verificar o pagamento das obrigações pecuniárias, no tempo, modo e lugar convencionados, assim como a execução específica de sanções ajustadas, como a perda da função pública, a proibição de contratar e receber benefícios com o Poder Público e a suspensão dos direitos políticos, conforme apontado no capítulo 4, item 4.3.1. Nesse sentido, é oportuna a inserção de cláusula no ANPC que indique o modo de fiscalização do acordo, servindo como baliza para ambas as partes durante a execução.

Embora a Lei nº 14.230/2021 não tenha disciplinado expressamente as consequências do cumprimento do ANPC, deve-se reconhecer que, uma vez cumpridas as cláusulas do ajuste pelo celebrante, põe-se fim à responsabilização prevista na Lei nº 8.429/1992, impedindo-se a instauração de novo processo pelos mesmos fatos tratados no instrumento. Além disso, outros órgãos legitimados não podem exercer a mesma espécie de pretensão punitiva em virtude das condutas já versadas na solução consensual, cabendo-lhes, em casos de divergência com os termos convencionados, impugnar judicialmente a avença.

Em atos normativos expedidos pelos Ministérios Públicos estaduais, verifica-se, igualmente, tímido tratamento da matéria, sendo possível localizar disposição reiterada no sentido de que, cumpridas as condições estabelecidas, o acordo de não persecução será declarado definitivamente adimplido, mediante ato de membro da instituição.[336]

Com relação aos efeitos jurídicos do descumprimento do ANPC, também não há tratamento adequado e explícito na Lei nº 14.230/2021, o que suscita uma série de questionamentos.

De início, vale registrar que a única consequência expressamente cominada pela Lei ao inadimplemento do ajuste é um impedimento subjetivo para que o acusado celebre novamente ANPC. Consta no artigo 17-B, §7º, da LIA, que, em caso de descumprimento do acordo, o investigado ou o demandado ficará impedido de celebrar novo acordo pelo prazo de 5 (cinco) anos, contado do conhecimento pelo Ministério Público do efetivo descumprimento.

A norma contempla, em rigor, sanção própria pelo descumprimento, cuja aplicação deve ser precedida da observância do devido processo legal. Conquanto o dispositivo não indique a via procedimental em que se daria a declaração da sanção, reputa-se que a punição deverá ser imposta no bojo de processo administrativo ou judicial, em que se realiza o cumprimento do acordo.

A regra derroga disposições infralegais anteriores à Lei nº 14.230/2021 e produzidas nos âmbitos dos Ministérios Públicos estaduais, que estipulavam, como consequência do inadimplemento, o impedimento para celebrar novo acordo por prazo de 3 (três) anos.[337]

Afora a previsão acima, a Lei nº 14.230/2021 não fornece disciplina expressa a respeito dos efeitos concretos do descumprimento do acordo pelo acusado, em termos de exigibilidade e execução das obrigações pactuadas e das sanções estipuladas de comum acordo.

---

[336] Conforme previstos nas Resoluções do MPPI, MPES, MPMS, MPPE, MPGO, MPPB e MPCE, já citadas.

[337] Conforme Resoluções do MPPE e MPMT, esta última antes das alterações produzidas pela Resolução nº 092/2022, que buscou ajustar o ato normativo às disposições da Lei nº 14.230/2021.

Reputa-se que o inadimplemento do ANPC importa (i) a perda, pelo compromissário, dos benefícios pactuados e (ii) o vencimento antecipado das obrigações pecuniárias. Tratando-se de título executivo judicial, o descumprimento do acordo enseja a cobrança direta dos valores ajustados a título de ressarcimento ao erário, perdimento de bens e multa civil, com desconto do que já houver sido pago pelo celebrante ao longo da execução. Além desse montante, seria possível exigir, ainda, eventual multa ou outra espécie de cominação convencionada pelas partes para a hipótese de descumprimento do acordo.

Consta na doutrina[338] e na regulamentação dos Ministérios Públicos estaduais[339] que o descumprimento do ANPC poderia levar, também, se o caso, à retomada (i) de inquérito civil ou procedimento preparatório referente aos fatos ou (ii) da correspondente ação de improbidade, sendo o acordo celebrado no processo, (iii) sem prejuízo da utilização das informações prestadas e dos documentos fornecidos pelo responsável pelo inadimplemento da composição.

Há grande divergência sobre as providências cabíveis na hipótese de descumprimento do acordo, diante da viabilidade ventilada acima de retomada da pretensão punitiva. Seria possível compreender, por um lado, que caberia ao órgão legitimado apenas executar o ANPC, isto é, buscar, em juízo, a execução forçada das obrigações e sanções convencionadas.[340] Assim, em caso de acordo judicial, retomar-se-ia a correspondente ação tão somente para o

---

[338] OLIVEIRA, Beatriz Lopes de. Acordo de não persecução cível no Ministério Público. *In*: SALGADO, Daniel de Resende; KIRCHER, Luis Felipe Schneider; QUEIROZ, Ronaldo Pinheiro de (coord.). *Justiça consensual*: acordos penais, cíveis e administrativos. São Paulo: JusPodivm, 2022. p. 728; ARAS, Vladimir. Os acordos cíveis da lei de improbidade administrativa e da lei anticorrupção empresarial. *In*: SALGADO, Daniel de Resende; KIRCHER, Luis Felipe Schneider; QUEIROZ, Ronaldo Pinheiro de (coord.). *Justiça consensual*: acordos penais, cíveis e administrativos. São Paulo: JusPodivm, 2022. p. 598-599.

[339] Há previsão normativa com redação similar reproduzida no âmbito dos Ministérios Públicos estaduais no sentido exposto (MPPI, MPES, MPMS, MPGO, MPMT, MPRO, MPPA, MPAP).

[340] Note-se que, com exceção da multa civil, cujo valor pode ser objeto de pagamento a tempo diferido, a implementação das demais penalidades deveria se dar de forma imediata e contemporânea ao ajuste, o que, na prática, tornaria desnecessária a execução forçada das sanções. Contudo, não se pode descartar a utilidade, em abstrato, desse caminho, em vista das múltiplas particularidades de cada caso ou mesmo para abarcar a sanção de multa e o perdimento de bens.

cumprimento da sentença homologatória, observadas as regras de cumprimento de sentença do Código de Processo Civil. Por esse ângulo, competiria ao órgão de acusação requerer a imposição da medida de sancionamento já fixada em negociação e chancelada por homologação judicial.

Essa interpretação estaria albergada, por exemplo, na normativa do Ministério Público paulista que dispõe, no artigo 5º, §4º, que o descumprimento do acordo, ainda que parcial, acarretará o vencimento antecipado das obrigações em sua totalidade, competindo ao órgão do *Parquet*, no prazo de sessenta dias, promover a execução do título, inclusive da cláusula cominatória específica para inadimplemento.[341]

No entanto, sob outra perspectiva, caberia sustentar que o descumprimento do ANPC resultaria na viabilidade tanto da execução forçada das obrigações ajustadas, em especial as de natureza pecuniária, quanto da submissão da medida de sancionamento à apreciação pelo Poder Judiciário no rito próprio da ação de improbidade, com requerimento de ampliação das espécies de sanções ou majoração daquelas fixadas, cuja dosimetria ficaria a cargo do magistrado.

Essa alternativa parece ter sido adotada pela Resolução que rege a matéria no âmbito do Ministério Público do Ceará. Consta no artigo 15 do ato normativo que, no caso de descumprimento do ANPC, o Promotor de Justiça oficiante ajuizará a ação de improbidade pertinente ao caso ou peticionária pela retomada da ação judicial, nas hipóteses em que a ação não houver sido extinta. Em todo caso, previu-se que o pedido da ação judicial não ficará adstrito aos tipos, normas e montantes versados no acordo anterior, mas deverá fazer referência à ação executiva e aos termos acordados, de forma a evitar o *bis in idem* e preconizando as justas compensações, conforme o caso concreto.[342]

---

[341] SÃO PAULO (Estado). Ministério Público do Estado de São Paulo. *Resolução nº 1.193/2020-CPJ, de 11 de março de 2020*. São Paulo, MPSP, 2020. Disponível em: http://biblioteca.mpsp.mp.br/phl_img/resolucoes/1193compilado.pdf. Acesso em: 7 jul. 2022.

[342] CEARÁ. Ministério Público do Estado do Ceará. Resolução nº 068/2020 – OECPJ, de 11 de novembro de 2020. *Diário Oficial Eletrônico*, Fortaleza, 11 nov. 2020. Disponível em: http://www.mpce.mp.br/wp-content/uploads/2020/11/Resolu%C3%A7%C3%A3o-068.2020-acordo-de-nao-persecucao-civel.pdf. Acesso em: 7 jul. 2022.

Para o fim deste livro, entende-se que o descumprimento do ANPC implica, como regra, a consequência jurídica de viabilizar a execução forçada das obrigações convencionadas, considerando que, após a homologação pelo Poder Judiciário, exigida para os acordos pré-processuais e judiciais, o instrumento passa a deter natureza jurídica de título executivo judicial, sendo esta funcionalidade apropriada para assegurar a efetividade do sancionamento e das demais obrigações.

Deve haver a perda dos benefícios pactuados e o vencimento antecipado das obrigações de cunho pecuniário, se essas consequências estiverem disciplinadas no instrumento, seguindo-se a execução das medidas ajustadas, sem nova discussão acerca da responsabilidade pelo ato de improbidade em si e vedada impugnação do infrator a respeito da medida de sancionamento reputada adequada e suficiente ao caso concreto. Em outras palavras, não há necessidade de formação de culpa por meio de processo judicial, o que foi feito por meio da própria solução negociada.

Com efeito, em acordos de pura reprimenda, nos quais há a antecipação das sanções devidas ao celebrante, a celebração de ANPC é necessariamente precedida de juízo de adequação da extensão do sancionamento imponível, à luz das circunstâncias do caso concreto. Assim, seria questionável pretender retomar a pretensão punitiva em sua totalidade, visando alterar a ponderação já realizada na modulação das sanções, em virtude de descumprimento de obrigações pontuais, em especial as de natureza pecuniária que podem ser ajustadas com pagamento diferido ao longo de determinado período.

Por outro lado, em princípio, seria viável a previsão, no próprio instrumento, de cláusula resolutiva do ajuste para a hipótese de descumprimento substancial dele, caindo, por consequência, o arranjo de sanções convencionado, que pressuporia o cumprimento das obrigações pelo celebrante, a tempo e em modo e lugar estipulados.

A resolução do acordo poderia ser pertinente para hipóteses de má-fé no descumprimento, sendo operativa, também, para solucionar casos de ausência de colaboração efetiva do celebrante. Tratando-se de acordo marcado pela colaboração, o inadimplemento da principal finalidade do ajuste, que é alavancar a investigação ou o procedimento judicial com elementos de prova, tornaria inadequadas eventuais mitigações de pena concedidas ao acusado com base na expectativa da contribuição probatória, de tal sorte que a simples execução forçada do acordo poderia desprover a tutela da probidade. Assim, seria possível refletir sobre a resolução do ANPC, retomando-se a persecução da responsabilidade por ato de improbidade.

As alternativas apontadas foram incorporadas, de forma expressa, no âmbito do Ministério Público do Estado do Rio de Janeiro, constando, no artigo 17 da Resolução nº GPGJ nº 2469,[343] que o descumprimento do acordo, ainda que parcial, acarretará o vencimento antecipado das medidas convencionadas em sua totalidade, devendo o órgão de execução do Ministério Público promover a execução do título, inclusive da cláusula cominatória, ou, na hipótese de acordo de colaboração, requerer, se for o caso, a rescisão do ajuste junto ao órgão homologador, retornando-se à investigação ou ao processo para continuidade da persecução.

Nesse sentido, Ronaldo Pinheiro de Queiroz sustenta que, diante do descumprimento do ANPC, será possível tanto "a execução do acordo, na condição de título executivo, como requerer a sua rescisão, pelo inadimplemento culposo ou voluntário de um negócio jurídico bilateral".[344] Segundo o autor, a análise da relevância do inadimplemento deveria orientar a saída mais razoável para a situação, pois o cumprimento substancial da composição não recomendaria que se postulasse a resolução, mas sim o seu cumprimento restante, com fundamento na doutrina do adimplemento substancial (artigo 421 do Código Civil).

Conforme já decidido pelo Superior Tribunal de Justiça, a referida teoria visa impedir o uso desequilibrado do direito de resolução

---

[343] RIO DE JANEIRO (Estado). Ministério Público do Estado do Rio de Janeiro. Resolução GPGJ nº 2.469, de 25 de maio de 2022. *DOe MPRJ*, Rio de Janeiro, 25 maio 2022. Disponível em: http://www.mprj.mp.br/documents/20184/2441401/consolidado_2469.pdf. Acesso em: 10 jul. 2022.

[344] QUEIROZ, Ronaldo Pinheiro de. Alguns dilemas no acordo de não persecução cível. *In*: SALGADO, Daniel de Resende; KIRCHER, Luis Felipe Schneider; QUEIROZ, Ronaldo Pinheiro de (coord.). *Justiça Consensual*: Acordos Penais, Cíveis e Administrativos. São Paulo: Editora Juspodivm, 2022, p. 685-686.

por parte do credor, preterindo desfazimentos desnecessários em prol da preservação da avença, com vistas à realização dos princípios da boa-fé e da função social do contrato.[345]

Contudo, mesmo nessa hipótese surgem questionamentos, como a manutenção ou não da culpa assumida pelo investigado no acordo e a invalidação ou não da prova por ele fornecida ou dela derivada, efeitos que podem ser objeto de convenção expressa no acordo.

Diante da ausência de disciplina adequada da matéria na Lei nº 14.230/2021, é fundamental que a formalização de acordo de não persecução civil conte com cláusulas de rescisão ou resolução do ajuste bem definidas, assim como as consequências específicas do descumprimento. O regramento detalhado entre os signatários orienta a execução do instrumento, além de conferir previsibilidade às partes acerca das consequências da composição.[346]

Vale citar, nesse contexto, a regra contida na Resolução nº 080/2020, do Ministério Público do Mato Grosso,[347] que dispõe, no artigo 3º, incisos XIV e XV, como condição obrigatória do ANPC, a previsão de que o ajuste pode ser rescindido no caso de não veracidade, imprecisão ou eventual omissão das informações prestadas; em razão do descumprimento das condições, das cláusulas ou dos compromissos assumidos; da constatação de ato tendente ao esvaziamento patrimonial do devedor como forma de fraudar o seu cumprimento, ainda que realizado anteriormente à sua celebração; da ocorrência de alguma das hipóteses rescisórias adicionalmente previstas no respectivo termo de acordo; e que eventual resolução, perda de efeito ou rescisão do acordo, por responsabilidade do

---

[345] BRASIL. Superior Tribunal de Justiça. REsp 1.051.270. Rel. Min. Luis Felipe Salomão, julgado em 04-08-2011. DJE 05-09-2011.

[346] Outro questionamento relevante diz respeito à consequência do descumprimento de acordo de não persecução civil na hipótese de ter sido firmado judicialmente em segunda instância. Importa saber se, acaso descumprido, caberia a execução forçada das obrigações e sanções fixadas no ANPC ou o retorno à medida de sancionamento determinada em sentença condenatória. Como já exposto, entende-se que o caminho adequado, como regra, é a execução do título formado pela avença.

[347] MATO GROSSO. Ministério Público do Estado do Mato Grosso. *Resolução nº 080/2020-CSMP*. Cuiabá: MPMT, 2020. Disponível em: https://mpmt.mp.br/site/storage/webdisco/arquivos/CSMP/Resolu%C3%A7%C3%A3o%20n%C2%BA%20080-2020-CSMP%20-%20ANPC.pdf. Acesso em: 17 jul. 2022.

compromissário, não implicará a invalidação da prova por ele fornecida ou dela derivada.

Por fim, outra questão relevante não disciplinada pela Lei nº 14.230/2021 diz respeito ao caminho a ser seguido no processo judicial, após a homologação do ANPC, para efeito da execução das obrigações.

De um lado, seria possível vislumbrar que, depois da sentença homologatória, o processo ficaria suspenso, na pendência do cumprimento ou não das condições impostas. Assim, findo o acompanhamento da execução ou não acordo, a correspondente ação poderia, então, ser julgada extinta ou retomada, caso descumprido.

Contudo, entende-se que, inexistindo disposição específica na Lei nº 8.429/1992, a homologação implica efeito extintivo da demanda, solucionando-se a controvérsia com a formação de título executivo judicial, nos termos dos artigos 487, III, b) e 515, incisos I e II, do CPC. A Lei de Improbidade poderia, a princípio, ter previsto rito diferenciado nessa matéria, de modo que, não o tendo feito, se aplicam as regras do procedimento comum disposto no diploma processual civil.

CAPÍTULO 8

PRESCRIÇÃO

Como cediço, a Lei nº 14.230/2021 imprimiu nova feição ao regime prescricional incidente sobre a pretensão punitiva para responsabilização por ato de improbidade. Instituiu prazo de prescrição único de 8 (oito) anos, contado a partir da ocorrência do fato ou, no caso de infrações permanentes, do dia em que cessou a permanência, abolindo a disciplina anterior, que vinculava a prescrição à espécie de vínculo entretido pelo agente público, permanente ou precário, conforme previsto no artigo 23, *caput*.

A Lei inaugurou prescrição intercorrente, estabeleceu momentos processuais em que se daria a respectiva interrupção e determinou que esta última implicaria o reinício da contagem do prazo mencionado, mas contado pela metade (artigo 23, §§4º e 5º). A alteração legislativa previu, ainda, hipótese específica de suspensão do lapso prescricional, por, no máximo, 180 (cento e oitenta) dias, iniciada com a instauração de inquérito civil ou de processo administrativo para apuração dos ilícitos (artigo 23, §1º).

No entanto, a Lei nº 14.230/2021 nada disciplinou acerca da prescrição no âmbito do acordo de não persecução civil, não constando na Lei de Improbidade qualquer disposição sobre o tema.

Como se pode deduzir, a matéria prescricional detém relevância para o exame das consequências do ANPC, sobretudo quando focalizado eventual descumprimento do ajuste e a necessidade de exigir sanções do acusado ou exercer ou retomar a pretensão punitiva em juízo pelos fatos versados na solução consensual. Em outras palavras, importaria saber questões como o termo inicial do prazo prescricional e a aplicação ou não de causas de suspensão ou interrupção de prazo.

A negociação de solução consensual entre órgão de acusação e acusado não é simples, podendo demandar longo decurso de tempo até sua conclusão. A demora pode advir da definição de aspectos basilares do ANPC, a exemplo da quantificação do prejuízo ao erário – com complexidades próprias –, que demanda não só a oitiva da perspectiva da pessoa jurídica lesada, em prazo razoável, como do Tribunal de Contas competente, no prazo de noventa dias fixado em lei. Além disso, a passagem do tempo, embora seja natural para a formação de convicção de ambas as partes negociantes, pode também ser resultado de conduta dolosa, eivada de má-fé, justamente para resultar em eventual prescrição da pretensão punitiva.

Em vista da lacuna normativa na LIA, são diversas as soluções apresentadas no âmbito doutrinário e em atos normativos expedidos por órgãos legitimados.

Leonardo Bellini de Castro argumenta que, embora a legislação não tenha estabelecido a suspensão da prescrição, esta decorreria da "sistemática inerente à boa-fé objetiva e em especial do princípio geral de direito que impede que alguém se beneficie da própria torpeza".[348] Aponta, ainda, que essa conclusão encontraria amparo no artigo 16, §9º, da Lei nº 12.846/2013, o qual dispõe, na verdade, sobre hipótese de interrupção do prazo prescricional com a celebração de acordo de leniência. Ao fim, sustenta a incidência, em alegado paralelismo, de suspensão da prescrição na pendência do cumprimento de acordos de não persecução civil. Esse caminho foi adotado, por exemplo, no âmbito do Ministério Público do Estado do Amapá, que previu, em resolução, a suspensão da prescrição enquanto não cumprido o ANPC, com fundamento no artigo 17, parágrafo único, da Lei Federal nº 13.140/2015.[349]

Beatriz Lopes de Oliveira, por sua vez, afirma que, para evitar o perecimento do direito antes da formalização do acordo, seria possível a adoção de medidas como o protesto judicial (artigo 202, II,

---

[348] CASTRO, Leonardo Bellini. O novo regramento legal do acordo de não persecução cível. *In*: DAL POZZO, Augusto Neves; OLIVEIRA, José Roberto Pimenta (coord.). *Lei de Improbidade Administrativa reformada*. São Paulo: Thomson Reuters Brasil, 2022. p. 654.

[349] AMAPÁ. Ministério Público do Estado do Amapá. Colégio de Procuradores de Justiça. Resolução nº 003/2020-CPJ. *Diário Oficial Eletrônico*, Macapá, 22 set. 2020. Disponível em: https://www.mpap.mp.br/intranet/uploads/banco_publicacoes/2021_03/7e42ce95fb8ac70ca4596713c3f18381b3021016.pdf. Acesso em 12 jul. 2022.

do Código Civil). Além disso, sustenta que a prescrição poderia ser interrompida, durante a fase extrajudicial, pela declaração inequívoca do autor do ato ilícito, que importe reconhecimento de sua prática, com fundamento no artigo 202, VI, do Código Civil.[350]

A tese suscitada pela autora encontra ressonância na disciplina normativa expedida pelo Ministério Público do Estado do Mato Grosso,[351] a qual prevê, no artigo 3º, IX, que a celebração de ANPC dependerá do estabelecimento de prazo razoável para o cumprimento do acordo, observada a necessidade de afastamento do risco da ocorrência da prescrição, inclusive mediante o ajuizamento de protesto judicial específico para esse fim.

O protesto, ainda que cabível, não resolve, de forma adequada, entretanto, o cenário de lacuna, em especial porque a solução negociada, pacífica, ficaria dependente de nova atuação em juízo do órgão legitimado, com a propositura de protesto judicial, em lógica contrária ao encerramento não contencioso, menos custoso e célere da controvérsia, que deveria orientar a celebração de ANPC.

Reputa-se que essa matéria deveria ser objeto de tratamento legal explícito. À lei estaria reservada a definição de prazo de prescrição e correspondentes causas de interrupção e prescrição, notadamente envolvendo o exercício de pretensões punitivas gravosas. Portanto, é necessária urgente modificação legislativa para disciplina adequada da prescrição, seja para o período em que se entabula negociação, seja após a celebração do instrumento.

Com a ausência de norma expressa nessa temática, é questionável sustentar hipótese de suspensão enquanto se negocia o acordo ou na pendência da sua execução, considerando inexistir disposição legal apta a amparar essa interpretação. No máximo, seria possível aplicar a suspensão do prazo prescricional para as obrigações patrimoniais de reparação do dano e perdimento de bens, quando

---

[350] OLIVEIRA, Beatriz Lopes de. Acordo de não persecução cível no Ministério Público. In: SALGADO, Daniel de Resende; KIRCHER, Luis Felipe Schneider; QUEIROZ, Ronaldo Pinheiro de (coord.). *Justiça consensual*: acordos penais, cíveis e administrativos. São Paulo: JusPodivm, 2022. p. 729-731.

[351] MATO GROSSO. Ministério Público do Estado do Mato Grosso. *Resolução nº 080/2020-CSMP*. Cuiabá: MPMT, 2020. Disponível em: https://mpmt.mp.br/site/storage/webdisco/arquivos/CSMP/Resolu%C3%A7%C3%A3o%20n%C2%BA%20080-2020-CSMP%20-%20ANPC.pdf. Acesso em: 17 jul. 2022.

estas forem objeto de parcelamento, com fundamento no artigo 199, II, do Código Civil, por cuja força não corre a prescrição enquanto não vencido o prazo. Já para sanções típicas fixadas no ajuste, não se localiza dispositivo da Lei de Improbidade, da Lei Anticorrupção ou do diploma civil, que autorize suspensão nesses termos.

Uma alternativa possível seria aplicar ao acordo de não persecução civil o disposto no artigo 16, §9º, da Lei nº 12.846/2013, que determina a interrupção do prazo prescricional com a celebração do acordo de leniência. A analogia com o dispositivo serviria para colmatar a lacuna normativa, justificando-se pela comunhão de domínio punitivo que une a LAC à LIA, além da racionalidade que aproxima ambas as ferramentas consensuais. Por essa interpretação, a celebração de ANPC interromperia o prazo prescricional da LIA.

Note-se que a referida analogia foi adotada no âmbito da Procuradoria-Geral do Estado do Rio de Janeiro. De acordo com o artigo 18 da Resolução PGE/RJ nº 4703/2021, aplica-se ao acordo de não persecução civil, quanto à prescrição, o disposto no artigo 16, §9º, da Lei nº 12.846/2013.

Em reforço à interpretação suscitada, caberia sustentar que a subscrição do ANPC teria o condão de interromper a prescrição, com fundamento no artigo 202, VI, do Código Civil, segundo o qual há interrupção do lapso prescricional por qualquer ato inequívoco, ainda que extrajudicial, que importe reconhecimento do direito pelo devedor. Como o acordo pressupõe a formação da culpa e a incursão em tipo específico da LIA, sua celebração implicaria o reconhecimento da incidência das sanções para efeito do dispositivo legal.

Esse caminho, por sua vez, foi acatado no âmbito das Resoluções dos Ministérios Públicos dos Estados do Ceará e do Espírito Santo, nos artigos 14 e 9º, respectivamente. No entanto, a tese também poderia ser objeto de questionamento, por buscar transpor, para o domínio da improbidade, hipótese de interrupção disciplinada no Código Civil, quando a própria LIA não tratou da matéria.

Diante do cenário normativo ilustrado, é recomendável e prudente que os órgãos legitimados na tutela da probidade certifiquem, de forma segura e responsável, que a adoção de solução consensual não ensejará risco de prescrição, devendo observá-lo tanto na negociação do acordo quanto no momento da fixação das obrigações e da definição de prazo para o celebrante adimpli-las.

CONCLUSÃO

As principais conclusões alcançadas no presente livro serão sintetizadas nos seguintes apontamentos:

1. O contexto normativo precedente à autorização expressa a acordo no âmbito da Lei de Improbidade Administrativa já fundamentava a possibilidade de composição nessa seara, tendo em vista a edição de um conjunto de normas preordenadas a viabilizar a solução consensual de conflitos, inclusive no âmbito do Direito Administrativo Sancionador.

2. A previsão do acordo de leniência na Lei Anticorrupção teve o condão de derrogar a proibição contida no artigo 17, parágrafo primeiro, da LIA, explicitando a absoluta incongruência da vedação a acordo para conformar as sanções por ato ímprobo.

3. Contudo, apesar de a tese defendida ter sido adotada por órgãos legitimados, ainda persistia divergência institucional, doutrinária e jurisprudencial nesse tema, o que gerava efeitos negativos sobre a eficácia e a previsibilidade do instrumento consensual, sendo este o contexto fático investigado.

4. A criação do acordo de não persecução civil no âmbito da LIA insere-se no contexto teórico da consensualidade no Direito Administrativo e no Direito Administrativo Sancionador, o que explica compreendê-lo como instrumento legítimo à disposição do Estado para conferir eficiência à tutela da probidade, em vista de múltiplas finalidades públicas que podem ser perseguidas.

5. A introdução de instrumento consensual próprio na Lei nº 8.429/1992 por meio da edição da Lei nº 13.964/2019 e a ratificação da viabilidade dessa ferramenta pela Lei nº 14.230/2021 desempenharam importantes papéis no cenário jurídico.

6. A alteração legislativa adaptou o domínio da improbidade administrativa ao contexto normativo vigente, autorizando a possibilidade de soluções consensuais eficazes à prevenção e repressão de atos ímprobos e com possibilidade de colaboração com as investigações conduzidas pelo Estado.

7. A previsão de ANPC no bojo da LIA teve por objetivo, ainda, conferir segurança jurídica à celebração de acordos, por impor o reconhecimento, no plano da legalidade, da validade de acordos voltados à conformação das sanções previstas na Lei nº 8.429/1992.

8. A alteração alinha-se ao contexto teórico da consensualidade no Direito Administrativo e no Direito Administrativo Sancionador, adequando o domínio da Lei nº 8.429/1992 à ideia de consenso para terminação de conflitos (e à teoria correspondente apurada pela Ciência Jurídica), adotada há tempo no campo da atividade sancionatória não penal exercida pelo Estado.

9. Por meio da modificação legislativa, positivou-se, de forma expressa, o valor do consenso para solução de conflitos decorrentes da prática de atos ímprobos. Essa positivação explícita é singular para o sistema jurídico, pois tem o condão de sinalizar que a celebração de acordo em matéria de improbidade administrativa pode significar, em cada caso, eficiente tutela do interesse público.

10. Por esse motivo, cabe aos órgãos legitimados na aplicação da Lei nº 8.429/1992 o dever de efetivamente avaliar se o acordo se revela idôneo ou mais eficaz para tutela desse interesse, diante do caso concreto e em oposição ao caminho da judicialização do sancionamento.

11. A modificação legislativa introduzida na Lei nº 8.429/1992 detém relevância adicional, pois consolida a adoção de outras ferramentas consensuais possíveis no domínio da improbidade, além do acordo de não persecução civil, por força do artigo 17, §10-A.

12. Contudo, não constaram na Lei nº 13.964/2019 contornos que balizassem a celebração do instrumento consensual inserido na LIA. Em virtude da ausência de disciplina legal para a hipótese,

haveria, a princípio, um universo amplo de normas jurídicas, de distintas áreas do Direito, que poderia servir como meio supletivo de pontuais lacunas.

13. A colmatação de eventuais lacunas na disciplina do instituto deve partir, todavia, das normas que integram as Leis nº 8.429/1992 e nº 12.846/2013, e não da analogia a regras e princípios estranhos a esse domínio, como aquelas inseridas do Direito Penal ou Processual Penal ou as regentes do TAC.

14. Além dos dispositivos inseridos na LIA e na LAC, aplicam-se, também, normas integrantes do Direito Administrativo Sancionador, sobretudo os princípios constitucionais da legalidade, proporcionalidade, razoabilidade, eficiência e culpabilidade.

15. Em virtude do cenário de diminuta disciplina explícita sobre o objeto do acordo de não persecução civil na Lei nº 13.964/2019, verificou-se ampla produção de atos normativos pelos órgãos públicos legitimados visando estabelecer parâmetros para a celebração da ferramenta.

16. O extenso conjunto de atos e orientações que foram produzidos após a promulgação do Pacote Anticrime demonstra nova atividade hermenêutica empreendida pelos órgãos legitimados na temática de autocomposição em improbidade. As instituições procuraram estabelecer balizas para orientar o novo instrumento criado, desta vez com remissão a diferentes fontes legais e construções normativas.

17. Com a edição da Lei nº 14.230/21, o regramento do acordo de não persecução civil foi robustecido com maior detalhamento, havendo indicação de parâmetros para as sanções e de resultados mínimos e requisitos formais para sua celebração, como a homologação judicial.

18. Contudo, mesmo com a disciplina normativa fornecida, remanescem vários pontos não tratados diretamente pela Lei nº 14.230/2021 e que precisam ser enfrentados para a adequada aplicação do instituto, a exemplo de: (i) necessidade ou não de reconhecimento do ilícito; (ii) sanções passíveis de serem aplicadas; (iii) natureza do ajuste e

das obrigações imponíveis; (iv) quantificação do dano e divergências de apurações pelos órgãos estatais; (v) consequências jurídicas do descumprimento; (vi) lapso prescricional com a celebração do instrumento, entre outros.

19. No que concerne à natureza jurídica do instituto, também se localiza candente divergência doutrinária e institucional, havendo diferentes classificações, com recurso à figura do Termo de Ajustamento de Conduta e ao conceito de negócio jurídico material ou processual. O acordo não pode ser equiparado ao TAC, que possui funcionalidade não sancionatória e distinta.

20. O ANPC é ato jurídico convencional, classificação que destaca duas características relevantes para a compreensão do instrumento: o livre consentimento do pactuante para se submeter às sanções legais e a negociação regrada nos termos da Lei. O ajuste deve ser enquadrado e interpretado como ato jurídico convencional de caráter sancionatório, havendo consequências jurídicas advindas desse enquadramento.

21. Em primeiro lugar, o ajuste se insere no exercício da atividade punitiva do Estado, especificamente aquela voltada à responsabilização prevista na Lei nº 8.429/1992. Bem por isso, a ferramenta se destina a atingir finalidades úteis a essa tarefa estatal e a alcançar vantagens que não seriam obtidas com a tradicional judicialização do sancionamento.

22. Em segundo lugar, o acordo versa sobre sanções, constituindo composição no que concerne ao alcance do sancionamento previsto abstratamente na LIA. Por esse motivo, rechaça-se a tese de que se trata de negócio jurídico estritamente processual, relacionado apenas ao exercício da pretensão punitiva em juízo.

23. O acordo pressupõe a configuração formal e material da improbidade, o que significa a verificação da prática de conduta que, de forma cumulativa, amolde-se à noção jurídico-constitucional de improbidade, esteja recoberta por tipo descrito na Lei nº 8.429/1992 e importe ofensa relevante aos bens jurídicos tutelados na tipificação realizada pelo diploma legal.

24. A compreensão da necessidade de caracterização formal e material da conduta ímproba afasta eventual tentativa indevida de direcionar o uso do acordo para a solução de casos que não configuram sequer lesão à noção de improbidade (como a mera quebra da legalidade).

25. Em terceiro lugar, a inserção da modalidade consensual no sistema de responsabilização por ato ímprobo implica, ainda, reconhecê-la como acordo com repercussão sancionatória, nos termos do artigo 37, §4º, da Constituição.

26. O escopo do acordo de não persecução civil não pode se limitar à obrigação de recomposição do patrimônio público lesado, exigindo alguma medida adicional de sancionamento para solucionar adequadamente a atividade punitiva.

27. Embora a Lei nº 14.230/2021 tenha atribuído ao ajuste o nome de "acordo de não persecução civil", deve-se conferir ao termo "civil" sentido estrito de oposição à esfera de responsabilidade "penal", como dispõe o artigo 37, §4º, da Constituição, ao apartar os aludidos domínios punitivos.

28. A compreensão acertada do caráter sancionatório do ajuste passa também pela preservação do princípio *ne bis in idem* ou *non bis in idem*, em relação às sanções aplicáveis ao mesmo fato por violação ao mesmo sistema de improbidade (identidade de fato e fundamento jurídico/bem jurídico).

29. Afora o caráter sancionatório do acordo de não persecução civil, o instrumento pode assumir funcionalidades específicas, sendo possível diferenciar acordos de "pura reprimenda", em que o acusado aceita a aplicação imediata das medidas sancionatórias convencionadas, abreviando-se o processo de responsabilização; e "acordos de colaboração" ou que contemplam contribuição probatória.

30. Como condições mínimas do instrumento, cabe elencar as seguintes: (i) o compromisso de cessação das condutas ilícitas; (ii) a assunção da participação nos ilícitos, com indicação do tipo incurso e suas

circunstâncias concretas; (iii) a demonstração do dano e de valores acrescidos ilicitamente, quando for o caso; (iv) o compromisso de cooperação permanente com as investigações; e (v) a sanção aplicável.

31. Além desses requisitos, é conveniente a previsão (v) de cláusula penal (compensatória ou moratória) e cláusula resolutiva expressa na hipótese de descumprimento; (vi) contribuição probatória, se o caso, com detalhamento dos elementos de informação fornecidos e indicação do destino das provas acaso descumprido o ajuste; (vii) especificação de bens para garantia do cumprimento das obrigações; (viii) e implementação de programas de integridade, a teor do artigo 17-B, §6º, da Lei.

32. Há, todavia, um pressuposto adicional, implícito ao ajuste: a constatação, no caso concreto, da vantajosidade da resolução consensual ao interesse público.

33. Cabe ao órgão legitimado a tarefa apurada de avaliar não só se a solução consensual, em oposição à judicialização, apresenta-se como medida oportuna e adequada para a tutela da probidade no caso concreto (considerando eventual cenário processual alcançado, caso já proposta ação de improbidade), como também se os termos e obrigações contidos na proposta de acordo atendem a esse mesmo fim de interesse público, à luz de condicionantes indicadas no artigo 17-B da Lei nº 8.429/1992.

34. A configuração legal do acordo no âmbito da LIA explicita ampla margem de apreciação discricionária do órgão legitimada no exercício da competência para compor, não sendo possível afirmar, como regra, a existência de direito subjetivo público do acusado à celebração do ajuste.

35. Por outro lado, há direito subjetivo do infrator à apreciação de sua proposta de acordo, assim como a correspondente resposta fundamentada pelo órgão legitimado.

36. Além disso, o investigado detém direito a tratamento isonômico pelo Estado no que diz respeito à celebração de acordo de não

persecução civil, de tal sorte que a competência para compor deve ser exercida com observância dos critérios adotados em decisões anteriores para casos análogos.

37. Para assegurar a observância da isonomia na atividade negocial do Estado, é obrigatório o cumprimento do dever de publicidade. Cumpre dar transparência aos acordos pretéritos, assim como às decisões e precedentes administrativos acerca de propostas de ajuste, sem prejuízo de hipóteses legais de sigilo ou eventual ocultação de parcela sigilosa, se o caso.

38. O acordo de não persecução civil tem em seu objeto as sanções indicadas na Lei nº 8.429/1992, passíveis de serem impostas pela prática de ato de improbidade. Além delas, o instrumento deve conter em seu escopo, na hipótese de haver dano ao erário e enriquecimento indevido, as obrigações de reparação integral do erário e de perdimento dos bens ilicitamente acrescidos. Essas são as obrigações centrais do ajuste.

39. No que concerne à dosimetria das sanções, cabe a observância dos parâmetros igualmente prescritos na Lei, notadamente no artigo 17-B, §2º, que remete a elementos como a personalidade do agente, a natureza, as circunstâncias, a gravidade e a repercussão social do ato de improbidade.

40. Além desses critérios, cabe a aplicação, em matéria de acordo, das balizas indicadas no artigo 17-C da Lei nº 8.429/1992, assim como a observância dos princípios da proporcionalidade e da razoabilidade. Podem ser acrescidos, ainda, elementos previstos no artigo 7º da Lei nº 12.846/2013, em especial para as pessoas jurídicas infratoras.

41. Nos termos do artigo 12, §3º, da Lei nº 8.429/1992, aplicável também para a solução negocial, no caso de responsabilização de pessoa jurídica, devem ser considerados os efeitos econômicos e sociais das sanções, de modo a viabilizar a manutenção de suas atividades.

42. Na fixação das obrigações pecuniárias, é relevante também que o órgão de acusação verifique a capacidade de pagamento (*ability*

to pay) da pessoa física ou jurídica celebrante, constituindo dado fundamental para que se tenha previsibilidade acerca do adimplemento por parte do infrator.

43. Com relação às sanções específicas, devem ser observados os limites mínimos e máximos já fixados na LIA e o alcance determinado pelo legislador, notadamente em relação à perda da função pública e à proibição de contratar com o Poder Público.

44. No que diz respeito à suspensão de direitos políticos, a imposição, via acordo, da grave sanção tratada é compatível com a Constituição da República.

45. O instrumento comporta a estipulação da sanção de suspensão de direitos políticos, mesmo quando versar sobre ato doloso de improbidade administrativa que importe lesão ao patrimônio público e enriquecimento ilícito, sob pena de se conferir, por via oblíqua, interpretação ampliativa de hipótese de inelegibilidade prevista na Lei Complementar nº 64/1990, inciso I, alínea "l".

46. O artigo 17-B, inciso I, da Lei, prevê que o instrumento deve ter como resultado o integral ressarcimento do dano. Trata-se de condição indispensável, mínima, do ajuste e não computável como sanção autônoma para encerrar a responsabilização por ato de improbidade.

47. O dispositivo legal não autoriza a celebração de acordo de não persecução com a mera previsão da obrigação reparatória.

48. A exigência legal é legítima, não cabendo aos órgãos de acusação desfazer (ou alterar) o juízo já realizado pela norma, sob pena de violação da legalidade.

49. É pertinente refletir, por outro lado, sobre eventual modelo normativo alternativo, que contemple mitigação excepcional da obrigação de reparar integralmente o erário, em hipóteses específicas e quando presentes razões de interesse público. A exceção, todavia, depende de modificação legislativa.

50. A previsão da obrigação de ressarcir o erário em acordo de não persecução civil está sujeita à existência de dano efetivo, concreto, decorrente da prática ilícita e atribuível ao infrator.

51. A pretensão de reparação do erário depende da configuração de dano material passível de ser ressarcido, que observa, como regra, os requisitos da lei civil.

52. Há necessidade de quantificação do dano ao erário. Contudo, é lícito que as partes convencionem a obrigação de reparar com base em estimativa do valor correspondente ao dano causado, caso não seja possível definir a totalidade do montante, à vista dos elementos de prova e informações disponíveis.

53. O artigo 17-B, §3º, da LIA, ao dispor sobre a oitiva do Tribunal de Contas competente para apuração do valor do dano a ser ressarcido, institui requisito formal-procedimental do acordo, que deve ser observado pelos órgãos legitimados.

54. O comando legal impõe a manifestação do TC, sem fazer distinções quanto à gravidade, à complexidade e à extensão do prejuízo nos casos, para efeito de determinar a oitiva, e acaba por gerar mais atuação dos órgãos estatais, sem que dela advenha, necessariamente, ganho de eficiência, tendo em vista a capacidade de delimitação do dano pelo próprio órgão de acusação, em conjunto com o celebrante e a pessoa jurídica lesada.

55. Em casos de baixa complexidade, nos quais o montante possa ser mensurado por simples cálculo aritmético, seria possível sustentar, em princípio, apenas a ciência ao Tribunal de Contas competente para eventual impugnação, se o caso, facilitando-se o deslinde do ajuste.

56. Interpretação razoável do dispositivo legal conduz à oitiva do Tribunal de Contas competente quando este tiver informações, elementos de prova e dados produzidos em sua atividade constitucionalmente estabelecida, capazes de contribuir com a delimitação do prejuízo.

57. No que concerne à ausência de oitiva do Tribunal de Contas em determinado caso concreto, esta não significa, necessariamente, nulidade do acordo. Se houver delimitação do prejuízo com base em dados e parâmetros sólidos, demonstrados pelo órgão de acusação e pelo infrator, descabe pretender cominar invalidade ao ajuste, em virtude de não manifestação do TC competente.

58. Na hipótese de controvérsia entre o valor apurado pela Corte de Contas e o estabelecido no acordo, deve prevalecer o último, caso tenha sido definido de forma conjunta entre órgão de acusação e acusado e com a concordância da pessoa jurídica lesada, que detém o maior interesse em delimitar, de forma adequada e percuciente, a extensão do dano sofrido.

59. Não há impedimento legal para que o Ministério Público e o ente lesado demonstrem a ocorrência de dano superior àquele apurado pelo Tribunal de Contas.

60. O perdimento de bens não pode ser afastado do objeto do ajuste, sendo lícita apenas a composição em relação ao prazo e à forma de pagamento do respectivo montante. A medida não é computável de forma autônoma para o encerramento adequado da responsabilização por ato ímprobo, devendo ser acompanhado de outra sanção.

61. O direcionamento correto das obrigações pecuniárias fixadas em acordo de não persecução civil deve se dar em favor da pessoa jurídica cujo bem jurídico da probidade foi lesado pelos ilícitos. Não compete ao Ministério Público, em conjunto com o infrator colaborador, fixar destinações diversas ou estabelecer vinculações específicas das verbas devidas, salvo se houver concordância do ente público prejudicado;

62. A colaboração probatória é traço incidental na fisionomia do ANPC, podendo constar ou não no instrumento. É conveniente que os órgãos de acusação convencionem com o acusado a apresentação de provas comprobatórias do esquema ilícito perpetrado ou a identificação de outros responsáveis pela infração.

63. Compete ao órgão de acusação o exame acerca da indispensabilidade da contribuição probatória em determinado caso concreto e à luz de particularidades que a justifiquem. Trata-se de matéria que se insere na margem de legítima apreciação discricionária do Estado, a quem compete ponderar a relevância e a utilidade de exigir colaboração do interessado em compor.

64. Eventual regulamentação interna aos órgãos de persecução poderia disciplinar circunstâncias concretas em que o enfrentamento da improbidade, pela via consensual, recomendaria contraprestação do acusado nesse sentido.

65. A função do acordo nessa modalidade é alavancar a investigação dos ilícitos, de modo que a abrangência da responsabilização de agentes e terceiros envolvidos e a amplitude dos bens e valores identificados devem orientar a medida do benefício concedido ao infrator. Exatamente por isso, os órgãos legitimados devem prestigiar ajustes dessa natureza, conferindo maiores mitigações para os acusados que colaborarem, em oposição aos acordos de pura reprimenda.

66. O ANPC comporta convenções materiais acessórias. Contudo, o estabelecimento dessas obrigações adicionais está sujeito aos critérios de necessidade e adequação à prevenção e repressão do ato de improbidade, à efetividade das investigações e à garantia dos compromissos assumidos; balizas que precisam estar bem fundamentadas e apontadas pelo órgão legitimado.

67. O acordo de não persecução civil pode ostentar funcionalidades processuais específicas, atreladas às obrigações materiais, com fundamento no artigo 190 do CPC.

68. Não são cabíveis convenções processuais vedadas pela legislação ou pela Constituição Federal, como as que pretenda: (i) afastar o dever de comportamento pautado na boa-fé e lealdade processuais (artigos 5º, 77 e 80, CPC); (ii) remover a publicidade dos atos processuais, fora das hipóteses legais de sigilo (artigos 11 e 189, CPC); (iii) excluir a participação do Ministério Público como fiscal

nas ações de improbidade em que não é autor (artigo 178 do CPC); (iv) ou admitir provas ilícitas, protelatórias ou inúteis (artigos 369 e 370, CPC).

69. Da mesma forma, não seria viável convenção destinada a apartar a incidência das regras de direito material aplicáveis ao caso – notadamente da Lei de Improbidade Administrativa –, substituindo-as por outras definidas de comum acordo.

70. O artigo 17-B, §1º, I, da LIA, ao exigir a oitiva do ente federativo lesado, institui requisito obrigatório do acordo de não persecução civil, que condiciona a validade do ajuste.

71. Mesmo no cenário normativo de exclusão da legitimidade disjuntiva e concorrente, a oitiva do ente federativo lesado não se restringe a aspectos patrimoniais, relacionados ao ressarcimento devido ao erário.

72. O ente federativo lesado detém interesse jurídico na adequada tutela da probidade administrativa por meio da via negocial, devendo ter sua perspectiva ouvida e efetivamente considerada para a celebração de ANPC.

73. Não cabe ao Ministério Público afastar o conteúdo do artigo 17-B, §1º, inciso I, da LIA, ou recusar-lhe efeito, a pretexto de não se vincular aos termos da manifestação do ente federativo no momento de celebrar o ajuste. O acordo passará, necessariamente, por exame do Poder Judiciário, que poderá avaliar se prevalecem ou não os apontamentos realizados pela pessoa jurídica lesada.

74. Reputam-se inválidas previsões infralegais que busquem dispensar a notificação do ente público lesado para manifestação ou condicioná-la a juízo de conveniência do membro do Ministério Público.

75. Considera-se inconstitucional a retirada da legitimidade ativa para propositura de ações de improbidade e para celebração de acordos pelas pessoas jurídicas lesadas.

76. Com a confirmação da legitimidade concorrente para a tutela judicial da probidade no âmbito da Lei nº 8.429/1992, ficam rechaçadas quaisquer interpretações que visem restringir a efetiva participação dos entes públicos nos acordos firmados pelo Ministério Público.

77. No cenário de colegitimidade, a mera oitiva que se previu na Lei nº 14.230/2021 não se harmoniza com as atribuições plenas das pessoas jurídicas lesadas e das Advocacias Públicas.

78. Sendo o ente federativo legitimado para a tutela da probidade, deve ele ser notificado ou intimado para integrar o processo de celebração dos acordos de não persecução civil conduzidos no âmbito do *Parquet*, inclusive a negociação dos seus termos, afastando-se a redação do §5º do artigo 17-B.

79. Nesse contexto, não há espaço para simples oitiva para efeito de reparação de dano ou perdimento de bens. A participação do ente público lesado é plena, detendo legitimidade para compor, em conjunto com o órgão ministerial, todos os aspectos do ajuste, entre eles a medida de sancionamento devida.

80. Como consequência jurídica da retomada da legitimidade, deve ser aplicado ao ente federativo lesado e ao Ministério Público tratamento simétrico, com fundamento no artigo 17-B da Lei nº 8.429/1992. A exigência de oitiva deve ser compreendida como a necessidade de oportunizar ao colegitimado participação plena na composição.

81. A celebração do ajuste por um colegitimado não depende da aquiescência do outro, sob pena de violação das respectivas autonomias institucionais.

82. Além da aprovação no âmbito interno do Ministério Público, exigida para acordos extrajudiciais, a Lei nº 8.429/1992 estabeleceu a obrigatoriedade de homologação judicial, independentemente de o ajuste ocorrer antes ou depois do ajuizamento da ação de improbidade administrativa.

83. A exigência legal de homologação judicial dos acordos é pertinente e se harmoniza com a Lei nº 8.429/1992.

84. A homologação pelo Poder Judiciário desempenha o papel relevante de tornar incontornável a ciência da celebração de acordo na esfera da improbidade pelos órgãos legitimados, que poderão suscitar eventuais apontamentos e divergências, com segurança jurídica para a conclusão do instrumento.

85. A homologação adjudica ao ANPC natureza de título executivo judicial, com a respectiva eficácia que a lei comina (artigo 515, incisos II e III, do CPC).

86. Compete ao juiz incentivar, sempre que possível, a solução consensual do conflito, nos termos do artigo 3º, §2º, do Código de Processo Civil.

87. Ao Poder Judiciário reserva-se, também, o papel de controle sobre o acordo. Nesse sentido, a homologação teria por finalidade a análise da regularidade e da legalidade dos termos do ajuste e a indispensável voluntariedade da avença.

88. A homologação de acordo de não persecução civil demanda incursão do órgão jurisdicional sobre a proporcionalidade das medidas ajustadas à eficiente tutela da probidade administrativa no caso concreto, com fundamento no artigo 17-B, §2º, da LIA e demais normas indicadas no capítulo 4, item 4.3.1, que fixam balizas para o alcance das penalidades.

89. Esse exame, todavia, precisa ser realizado com contenção e deferência às escolhas realizadas pelos órgãos legitimados, a quem a legislação atribuiu o papel de negociação do acordo.

90. A apreciação pelo Judiciário deve resultar em recusa à homologação, se as convenções ajustadas escaparem, de forma patente, dos parâmetros legalmente instituídos para a modulação do sancionamento.

91. Não competiria ao Poder Judiciário participar da negociação ou estabelecer cláusulas, em nome da legalidade ou da proporcionalidade.

A construção da solução consensual adequada, proporcional e eficiente é papel das partes.

92. Embora a Lei nº 14.230/2021 não tenha disciplinado expressamente as consequências do cumprimento do ANPC, deve-se reconhecer que, uma vez cumpridas as cláusulas do ajuste pelo celebrante, põe-se fim à responsabilização prevista na Lei nº 8.429/1992, impedindo-se a instauração de novo processo pelos mesmos fatos tratados no instrumento.

93. Além disso, outros órgãos legitimados não podem exercer a mesma espécie de pretensão punitiva em virtude das condutas já versadas na solução consensual, cabendo-lhes, em casos de divergência com os termos convencionados, impugnar judicialmente a avença.

94. Com relação aos efeitos jurídicos do descumprimento do ANPC, não há tratamento adequado e explícito na Lei nº 14.230/2021.

95. A única consequência cominada explicitamente pela Lei ao inadimplemento do ajuste é um impedimento subjetivo para que o acusado celebre novamente o ANPC, no prazo fixado no artigo 17-B, §7º, da LIA.

96. O descumprimento do ANPC implica, como regra, a consequência jurídica de viabilizar a execução forçada das obrigações convencionadas, considerando que, após a homologação pelo Poder Judiciário, o instrumento passa a deter natureza jurídica de título executivo judicial, sendo essa funcionalidade apropriada para assegurar a efetividade do sancionamento e das demais obrigações.

97. Deve haver a perda dos benefícios pactuados e o vencimento antecipado das obrigações de cunho pecuniário, se essas consequências estiverem disciplinadas no instrumento, seguindo-se a execução das medidas ajustadas, sem nova discussão acerca da responsabilidade pelo ato de improbidade em si e vedada impugnação do infrator a respeito da medida de sancionamento reputada adequada e suficiente ao caso concreto.

98. Em acordos de pura reprimenda, nos quais há a antecipação das sanções devidas ao celebrante, a celebração de ANPC é necessariamente precedida de juízo de adequação da extensão do sancionamento imponível, à luz das circunstâncias do caso concreto. Assim, seria questionável pretender retomar a pretensão punitiva em sua totalidade, visando alterar a ponderação já realizada na modulação das sanções, em virtude de descumprimento de obrigações pontuais, em especial as de natureza pecuniária que podem ser ajustadas com pagamento diferido ao longo de determinado período.

99. Por outro lado, em princípio, seria viável a previsão, no próprio instrumento, de cláusula resolutiva do ajuste para a hipótese de descumprimento substancial dele, caindo, por consequência, o arranjo de sanções convencionado, que pressuporia o cumprimento das obrigações pelo celebrante, a tempo e em modo e lugar estipulados.

100. A resolução do acordo poderia ser pertinente para hipóteses de má-fé no descumprimento, sendo operativa, também, para solucionar casos de ausência de colaboração efetiva do celebrante.

101. Inexistindo disposição específica na Lei nº 8.429/1992, a homologação implica efeito extintivo da demanda, solucionando-se a controvérsia com a formação de título executivo judicial, nos termos dos artigos 487, III, b) e 515, incisos I e II, do CPC.

102. A Lei nº 14.230/2021 nada disciplinou acerca da prescrição no âmbito do acordo de não persecução civil, não constando na Lei de Improbidade nenhuma disposição sobre o tema.

103. Reputa-se que essa matéria deveria ser objeto de tratamento legal explícito. À lei estaria reservada a definição de prazo de prescrição e correspondentes causas de interrupção e prescrição, notadamente envolvendo o exercício de pretensões punitivas gravosas.

104. Portanto, é necessária urgente modificação legislativa para disciplina adequada da prescrição, seja para o período em que se entabula negociação, seja após a celebração do instrumento.

105. Com a ausência de norma expressa nessa temática, é questionável sustentar hipótese de suspensão enquanto se negocia o acordo ou na pendência da sua execução, considerando inexistir disposição legal apta a amparar essa interpretação.

106. Uma alternativa possível seria aplicar ao acordo de não persecução civil o disposto no artigo 16, §9º, da Lei nº 12.846/2013, que determina a interrupção do prazo prescricional com a celebração do acordo de leniência.

107. Em reforço à interpretação suscitada, caberia sustentar que a subscrição do ANPC teria o condão de interromper a prescrição, com fundamento no artigo 202, VI, do Código Civil, segundo o qual há interrupção do lapso prescricional por qualquer ato inequívoco, ainda que extrajudicial, que importe reconhecimento do direito pelo devedor.

108. Diante do cenário normativo ilustrado, é recomendável e prudente que os órgãos legitimados na tutela da probidade certifiquem, de forma segura e responsável, que a adoção de solução consensual não ensejará risco de prescrição, devendo observá-lo tanto na negociação do acordo quanto no momento da fixação das obrigações e da definição de prazo para o celebrante adimpli-las.

REFERÊNCIAS

AMAPÁ. Ministério Público do Estado do Amapá. Colégio de Procuradores de Justiça. Resolução nº 003/2020-CPJ. *Diário Oficial Eletrônico*, Macapá, 22 set. 2020. Disponível em: https://www.mpap.mp.br/intranet/uploads/banco_publicacoes/2021_03/7e42ce95fb8ac7 0ca4596713c3f18381b3021016.pdf. Acesso em 12 jul. 2022.

ANDRADE, Adriano; MASSON; Cleber; ANDRADE, Landolfo. *Interesses difusos e coletivos*. 11. ed. Rio de Janeiro: Forense; Método, 2021. v. 1.

ANDRADE, Landolfo. Acordo de não persecução cível: primeiras reflexões. *Genjurídico*, [s. l.], 5 mar. 2020. Disponível em: http://genjuridico.com.br/2020/03/05/acordo-de-nao-persecucao-civel/. Acesso em: 15 set. 2020.

ARAGÃO, Alexandre Santos de. A consensualidade no direito administrativo: acordos regulatórios e contratos administrativos. *Revista de Informação Legislativa*, [Brasília, DF], v. 42, n. 167, p. 293-310, jul./set. 2005.

ARAS, Vladimir. Os acordos cíveis da lei de improbidade administrativa e da lei anticorrupção empresarial. *In*: SALGADO, Daniel de Resende; KIRCHER, Luis Felipe Schneider; QUEIROZ, Ronaldo Pinheiro de (coord.). *Justiça consensual*: acordos penais, cíveis e administrativos. São Paulo: JusPodivm, 2022.

ATALIBA, Geraldo. *República e Constituição*. 3. ed. São Paulo: Malheiros, 2011.

BAHIA. Ministério Público do Estado da Bahia. Centro de Apoio Operacional às Promotorias de Proteção à Moralidade Administrativa – CAOPAM/MPBA. *Nota Técnica CAOPAM/MPBA nº 01/20*. Salvador: CAOPAM; MPBA, 2020. Disponível em: https://infomail.mpba.mp.br/wp-content/uploads/2020/03/Nota-T%c3%a9cnica-01-20-CAOPAM-acordo-de-n%c3%a3o-persecu%c3%a7%c3%a3o-c%c3%advel.pdf. Acesso em: 14 jun. 2020.

BANDEIRA DE MELLO, Celso Antônio. *Curso de direito administrativo*. 35. ed. São Paulo: Malheiros, 2021.

BATISTA JÚNIOR, Onofre Alves; CAMPOS, Sarah. A Administração Pública consensual na modernidade líquida. *Fórum Administrativo – FA*, Belo Horizonte, ano 14, n. 155, p. 31-43, jan. 2014.

BEZNOS, Clovis; FRITOLI, Fernanda Ghiuro Valentini. O princípio do *ne bis in idem* e as normas jurídicas de natureza sancionatória. *Revista Eletrônica de Direito do Centro Universitário Newton Paiva*, Belo Horizonte, n. 45, p. 60-70, set./dez. 2021. Disponível em: https://revistas.newtonpaiva.br/redcunp/wp-content/uploads/2022/01/DIR45-04.pdf. Acesso em: 6 jun. 2022.

BINENBOJM, Gustavo. A consensualidade administrativa como técnica juridicamente adequada de gestão eficiente de interesses sociais. *Revista Eletrônica da Procuradoria Geral do Estado do Rio de Janeiro – PGE-RJ*, Rio de Janeiro, v. 3, n. 3, set./dez. 2020. Disponível em: https://revistaeletronica.pge.rj.gov.br/pge/article/download/190/123/. Acesso em: 29 abr. 2021.

BRASIL. Advocacia-Geral da União. Portaria Normativa AGU nº 18, de 16 de julho de 2021. *Diário Oficial da União*, Brasília, DF, 19 jul. 2021. Disponível em: https://www.in.gov.br/en/web/dou/-/portaria-normativa-agu-n-18-de-16-de-julho-de-2021-332609935. Acesso em: 7 out. 2021.

BRASIL. AGU. CGU. *Processo nº 00190.103765/2018-48*. Brasília, DF: AGU; CGU. Disponível em: https://www.gov.br/cgu/pt-br/assuntos/combate-a-corrupcao/acordo-leniencia/acordos-firmados/odebrecht.pdf.

BRASIL. Controladoria-Geral da União. [Sítio eletrônico oficial], [Brasília, DF], [201-?]. Disponível em: https://www.gov.br/cgu/pt-br/assuntos/combate-a-corrupcao/acordo-leniencia/acordos-celebrados. Acesso em: 20 abr. 2022.

BRASIL. *Lei nº 6.385, de 7 de dezembro de 1976*. Dispõe sobre o mercado de valores mobiliários e cria a Comissão de Valores Mobiliários. Brasília, DF: Presidência da República, 1976. Disponível em: http://www.planalto.gov.br/ccivil_03/leis/l6385.htm. Acesso em: 15 set. 2021.

BRASIL. *Lei nº 8.429, de 2 de julho de 1992*. Dispõe sobre as sanções aplicáveis em virtude da prática de atos de improbidade administrativa, de que trata o §4º do art. 37 da Constituição Federal; e dá outras providências. Brasília, DF: Presidência da República, 1992. Disponível em: http://www.planalto.gov.br/ccivil_03/leis/l8429.htm. Acesso em: 15 set. 2021.

BRASIL. *Lei nº 8.666, de 21 de junho de 1993*. Regulamenta o Art. 37, inciso XXI, da Constituição Federal, institui normas para licitações e contratos da Administração Pública e dá outras providências. Brasília, DF: Presidência da República, 1993. Disponível em: https://www.gov.br/saude/pt-br/acesso-a-informacao/banco-de-precos/legislacao/lei-no-8-666-de-21-de-junho-de-1993.pdf/view. Acesso em: 15 set. 2021.

BRASIL. *Lei nº 9.656, de 3 de junho de 1998*. Dispõe sobre os planos e seguros privados de assistência à saúde. Brasília, DF: Presidência da República, 1998. Disponível em: http://www.planalto.gov.br/ccivil_03/leis/l9656.htm. Acesso em: 15 set. 2021.

BRASIL. *Lei nº 9.784, de 29 de janeiro de 1999*. Regula o processo administrativo no âmbito da Administração Pública Federal. Brasília, DF: Presidência da República, 1999. Disponível em: http://www.planalto.gov.br/ccivil_03/leis/l9784.htm. Acesso em: 15 set. 2021.

BRASIL. *Lei nº 12.529, de 30 de novembro de 2011*. Estrutura o Sistema Brasileiro de Defesa da Concorrência; dispõe sobre a prevenção e repressão às infrações contra a ordem econômica; altera a Lei nº 8.137, de 27 de dezembro de 1990, o Decreto-Lei nº 3.689, de 3 de outubro de 1941 – Código de Processo Penal, e a Lei nº 7.347, de 24 de julho de 1985; revoga dispositivos da Lei nº 8.884, de 11 de junho de 1994, e a Lei nº 9.781, de 19 de janeiro de 1999; e dá outras providências. Brasília, DF: Presidência da República, 2011. Disponível em: http://www.planalto.gov.br/ccivil_03/_ato2011-2014/2011/lei/l12529.htm. Acesso em: 15 set. 2021.

BRASIL. *Lei nº 12.846, de 1º de agosto de 2013*. Dispõe sobre a responsabilização administrativa e civil de pessoas jurídicas pela prática de atos contra a administração pública, nacional ou estrangeira, e dá outras providências. Brasília, DF: Presidência da República, 2013. Disponível em: http://www.planalto.gov.br/ccivil_03/_ato2011-2014/2013/lei/l12846.htm. Acesso em: 15 set. 2021.

BRASIL. *Lei nº 12.850, de 2 de agosto de 2013*. Define organização criminosa e dispõe sobre a investigação criminal, os meios de obtenção da prova, infrações penais correlatas e o procedimento criminal; altera o Decreto-Lei nº 2.848, de 7 de dezembro de 1940 (Código Penal); revoga a Lei nº 9.034, de 3 de maio de 1995; e dá outras providências. Brasília, DF: Presidência da República, 2013. Disponível em: http://www.planalto.gov.br/ccivil_03/_ato2011-2014/2013/lei/l12850.htm. Acesso em: 15 set. 2021.

BRASIL. *Lei nº 13.105, de 16 de março de 2015*. Brasília, DF: Presidência da República, 2015. Disponível em: http://www.planalto.gov.br/ccivil_03/_ato2015-2018/2015/lei/l13105.htm. Acesso em: 15 set. 2021.

BRASIL. *Lei nº 13.140, de 26 de junho de 2015*. Dispõe sobre a mediação entre particulares como meio de solução de controvérsias e sobre a autocomposição de conflitos no âmbito da administração pública; altera a Lei nº 9.469, de 10 de julho de 1997, e o Decreto nº 70.235, de 6 de março de 1972; e revoga o §2º do art. 6º da Lei nº 9.469, de 10 de julho de 1997. Brasília, DF: Presidência da República, 2015. Disponível em: http://www.planalto.gov.br/ccivil_03/_ato2015-2018/2015/lei/l13140.htm. Acesso em: 15 set. 2021.

BRASIL. *Lei nº 13.506, de 13 de novembro de 2017*. Dispõe sobre o processo administrativo sancionador na esfera de atuação do Banco Central do Brasil e da Comissão de Valores Mobiliários. Brasília, DF: Presidência da República, 2017. Disponível em: http://www.planalto.gov.br/ccivil_03/_ato2015-2018/2017/lei/L13506.htm. Acesso em: 15 set. 2021.

BRASIL. *Lei nº 13.655, de 25 de abril de 2018*. Inclui no Decreto-Lei nº 4.657, de 4 de setembro de 1942 (Lei de Introdução às Normas do Direito Brasileiro), disposições sobre segurança jurídica e eficiência na criação e na aplicação do direito público. Brasília, DF: Presidência da República, 2018. Disponível em: http://www.planalto.gov.br/ccivil_03/_ato2015-2018/2018/lei/l13655.htm. Acesso em: 15 set. 2021.

BRASIL. *Lei nº 13.964, de 24 de dezembro de 2019*. Aperfeiçoa a legislação penal e processual penal. Brasília, DF: Presidência da República, 2019. Disponível em: http://www.planalto.gov.br/ccivil_03/_ato2019-2022/2019/lei/l13964.htm. Acesso em: 15 set. 2021.

BRASIL. *Lei nº 14.230, de 25 de outubro de 2021*. Altera a Lei nº 8.429, de 2 de junho de 1992, que dispõe sobre improbidade administrativa. Brasília, DF: Presidência da República, 2021. Disponível em: http://www.planalto.gov.br/ccivil_03/_ato2019-2022/2021/lei/L14230.htm. Acesso em: 15 set. 2021.

BRASIL. Medida Provisória nº 703 de 18 de dezembro de 2015. Altera a Lei nº 12.846, de 1º de agosto de 2013, para dispor sobre acordos de leniência. *Portal da Legislação*, Brasília, DF, dez. 2015. Disponível em: http://www.planalto.gov.br/ccivil_03/_ato2015-2018/2015/mpv/mpv703.htm. Acesso em: 20 ago. 2021.

BRASIL. Mensagem nº 726, de 24 de dezembro de 2019. *Portal da legislação*, Brasília, DF, dez. 2019. Disponível em http://www.planalto.gov.br/ccivil_03/_ato2019-2022/2019/Msg/VEP/VEP-726.htm. Acesso em: 15-08-2021.

BRASIL. Ministério Público Federal. 5ª Câmara de Coordenação e Revisão. *Orientação nº 10*. Brasília, DF: MPF, 2020. Disponível em: http://www.mpf.mp.br/atuacao-tematica/ccr5/orientacoes/orientacao-no-10-2020-anpc.pdf. Acesso em: 1º dez. 2021.

BRASIL. Ministério Público Federal. Nota Técnica nº 1/2017 – 5ª CCR. 5ª Câmara de Coordenação e Revisão – Combate à Corrupção. Brasília, DF: MPF, 2017. Disponível em: http://www.mpf.mp.br/atuacao-tematica/ccr5/notas-tecnicas/docs/nt-01-2017-5ccr-acordo-de-leniencia-comissao-leniencia.pdf. Acesso em: 31 mar. 2021.

BRASIL. Ministério Público Federal: Procuradoria da República no Paraná. *Termo de acordo de Leniência*. Curitiba: MPF, 2016. Disponível em: https://www.conjur.com.br/dl/acordo-leniencia-odebrecht-mpf.pdf.

BRASIL. Superior Tribunal de Justiça. AgInt no AREsp 791.744/SP. Relator: Ministro Sérgio Kukina, Primeira Turma, julgado em 23-11-2021. *DJe* de 25 nov. 2021.

BRASIL. Superior Tribunal de Justiça. AgInt no REsp 1.654.462/MT. Relator: Ministro Sérgio Kukina, Primeira Turma, julgado em 07-06-2018. *DJe* 14 jun. 2018.

BRASIL. Superior Tribunal de Justiça. EDcl no REsp 1.021.851/SP. Relatora: Ministra Eliana Calmon, Segunda Turma, julgado em 23/6/2009. *DJe* de 6 ago. 2009; EDcl no AgInt no AREsp 1.470.633/SP. Relator: Ministro Og Fernandes, Segunda Turma, julgado em 22/6/2021. *DJe* de 30 jun. 2021.

BRASIL. Superior Tribunal de Justiça. EDv nos EREsp 1.701.967/RS. Relator: Ministro Gurgel de Faria, relator para acórdão Ministro Francisco Falcão, Primeira Seção, julgado em 09-0902020. *DJe* de 2 fev. 2021.

BRASIL. Superior Tribunal de Justiça. EREsp 1.496.347/ES, Rel. p/ acórdão Ministro Benedito Gonçalves, Primeira Seção. *DJe* de 28 abr. 2021.

BRASIL. Superior Tribunal de Justiça. REsp 1.019.555-SP. Relator: Ministro Castro Meira, julgado em 16-06-2009. *DJe* de 29 jun. 2009.

BRASIL. Superior Tribunal de Justiça. REsp 1.217.554/SP. Relatora: Ministra Eliana Calmon, Segunda Turma. *DJe* de 22 ago. 2013.

BRASIL. Superior Tribunal de Justiça. REsp Eleitoral 060062698, Acórdão. Relator: Ministro Luis Felipe Salomão. *PSESS – Publicado em Sessão*, 10 dez. 2020.

BRASIL. Superior Tribunal de Justiça. *AgInt no RtPaut no AgInt no RE nos EDcl no AgInt no Ag em REsp 1.341.323*. Relatora: Ministra Maria Thereza de Assis Moura, julgado em 05-05-2020.

BRASIL. Superior Tribunal de Justiça. *AgRg no Ag em REsp 606.352-SP*. Relatora: Ministra Assusete Magalhães, julgado em 15-12-2015.

BRASIL. Superior Tribunal de Justiça. HC 566.684/SP, Quinta Turma. Relator: Ministro Ribeiro Dantas. *DJe* de 17 jun. 2020.

BRASIL. Superior Tribunal de Justiça. REsp 1.051.270. Relator: Ministro Luis Felipe Salomão, julgado em 04-08-2011. *DJE* de 5 set. 2011.

BRASIL. Supremo Tribunal Federal. ADI 5.508. Relator: Ministro Marco Aurélio, julgado em 20-06-2018, Pleno. *DJE* de 5 nov. 2019.

BRASIL. Supremo Tribunal Federal. ADI 6678/DF Medida cautelar. Relator: Ministro Marco Aurélio. Decisão proferida pelo Ministro Gilmar Mendes, julgamento em 01-10-2021. *DJE* de 5 out. 2021.

BRASIL. Supremo Tribunal Federal. *ADI 7156/DF*. Requerente: Confederação Nacional dos Servidores e Funcionários Públicos das Fundações, Autarquias e Prefeituras Municipais. Relator: Ministro André Mendonça, autuada em 3 de maio de 2022.

BRASIL. Supremo Tribunal Federal. *ADI n. 7236/DF*. Requerente: Associação Nacional dos Membros do Ministério Público – CONAMP. Relator: Ministro Alexandre de Moraes, autuada em 5 de setembro de 2022.

BRASIL. Supremo Tribunal Federal. *ADPF 568*. Relator: Ministro Alexandre de Moraes, julgado em 17-09-2019.

BRASIL. Supremo Tribunal Federal. ARE 1175650 RG. Relator: Ministro Alexandre de Moraes, Tribunal Pleno, julgado em 25-04-2019. *DJe*-093 de 6 maio 2019, publicado em 7 maio 2019.

BRASIL. Supremo Tribunal Federal. *Decisão cautelar na ADPF 569*. Relator: Ministro Alexandre de Moraes, julgado em 10-02-2021.

BRASIL. Supremo Tribunal Federal. HC 127.483. Relator: Ministro Dias Toffoli, Tribunal Pleno, j. 27-08-2015, Pleno. *DJe* de 4 fev. 2016.

BRASIL. Supremo Tribunal Federal. Inq 3994. Relator: Edson Fachin. Relator p/ Acórdão: Dias Toffoli, Segunda Turma, julgado em 18-12-2017. *DJe*-065 de 5 abr. 2018, publicado em 06 abr. 2018.

BRASIL. Supremo Tribunal Federal. *PET 6890/DF*, Ministro Edson Fachin, julgado em 28-02-2019.

BRASIL. Supremo Tribunal Federal. Pet 7.074 QO. Relator: Ministro Edson Fachin, j. 29-06-2017, Pleno. *DJE* de 3 maio 2018.

BRASIL. Supremo Tribunal Federal. Pet 7.509. Relator: Ministro Edson Fachin, julgado em 03-04-2018, 2ª Turma. *DJE* de 14 maio 2018.

BRASIL. Tribunal de Contas da União. *Acórdão nº 3089/2015*, Plenário. Relator: Min. Benjamin Zymler, julgado em 02-12-2015.

CAMBI, Eduardo; LIMA, Diogo de Araújo; NOVAK; Mariana Sartori. Reflexões sobre regime jurídico do acordo de não persecução cível. *In*: CAMBI, Eduardo; SILVA, Danni Sales; MARINELA, Fernanda (org.). *Pacote anticrime*. Curitiba: Escola Superior do MPPR, 2020. v. 1.

CARDOSO, Raphael de Matos. Acordo de não persecução cível: limites e condições. *Boletim Científico – Escola Superior do Ministério Público da União*, Brasília, DF, ano 20, n. 56, p. 310-337, jan./jun. 2021.

CARDOZO, José Eduardo Martins. Princípios constitucionais da administração pública (de acordo com a emenda constitucional nº 19/98). *In*: MORAES, Alexandre (coord.) *Os 10 anos da Constituição Federal*. São Paulo: Atlas, 1999.

CASTRO, Leonardo Bellini. O novo regramento legal do acordo de não persecução cível. *In*: DAL POZZO, Augusto Neves; OLIVEIRA, José Roberto Pimenta (coord.). *Lei de Improbidade Administrativa reformada*. São Paulo: Thomson Reuters Brasil, 2022.

CASTRO, Renato de Lima. Acordo de não persecução cível na lei de improbidade administrativa. *In*: CAMBI, Eduardo; SILVA, Danni Sales; MARINELA, Fernanda (org.). *Pacote anticrime*. Curitiba: Escola Superior do MPPR, 2020. v. 1.

CEARÁ. Ministério Público do Estado do Ceará. Centro de Apoio Operacional da Defesa do Patrimônio Público e da Moralidade Administrativa – CAODPP. *Nota Técnica CAODPP/MPCE nº 001/2020*. Fortaleza: MPCE, 2020. Disponível em: http://www.mpce.mp.br/wp-content/uploads/2020/02/11fev20_CAODPP_nota-tecnica-acordo-n%C3%A3o-persecu%C3%A7%C3%A3o-civel.pdf. Acesso em: 14 jun. 2020.

CEARÁ. Ministério Público do Estado do Ceará. Resolução nº 068/2020 – OECPJ, de 11 de novembro de 2020. *Diário Oficial Eletrônico*, Fortaleza, 11 nov. 2020. Disponível em: http://www.mpce.mp.br/wp-content/uploads/2020/11/Resolu%C3%A7%C3%A3o-068.2020-acordo-de-nao-persecucao-civel.pdf. Acesso em: 7 jul. 2022.

CUNHA, Leonardo Carneiro da. *A Fazenda Pública em juízo*. 14. ed. Rio de Janeiro: Forense, 2017.

DAL POZZO; Augusto Neves; BARIANI JUNIOR, Percival Jose; NETO, João Negrini. O regime jurídico do acordo de não persecução civil na lei de improbidade administrativa. *In*: DAL POZZO, Augusto Neves; OLIVEIRA, José Roberto Pimenta (coord.). *Lei de Improbidade Administrativa reformada*. São Paulo: Thomson Reuters Brasil, 2022.

DI PIETRO, Maria Sylvia Zanella. *Parcerias na Administração Pública*: concessão, permissão, franquia, terceirização, parceria público-privada. 12. ed. Rio de Janeiro: Forense, 2019.

DIDIER JR., Fredie. *Curso de direito processual civil*: introdução ao direito processual civil, parte geral e processo de conhecimento. 22. ed. Salvador: JusPodivm, 2020.

DIDIER JR., Fredie; BOMFIM, Daniela Santos. A colaboração premiada como negócio jurídico processual atípico nas demandas de improbidade administrativa. *A&C – Revista de Direito Administrativo & Constitucional*, Belo Horizonte, ano 17, n. 67, p. 105-120, jan./mar. 2017. DOI: 10.21056/aec.v17i67.475.

DIDIER JR., Fredie; ZANETI JR., Hermes. *Curso de direito processual civil*: processo coletivo. 14. ed. Salvador: JusPodivm, 2020.

DINIZ, Maria Helena. *As lacunas no direito*. 7. ed. São Paulo: Saraiva, 2002.

DOBROWOLSKI, Samantha Chantal. Aspectos da aplicação adequada da lei de improbidade administrativa no atual enfrentamento à corrupção no Brasil. *In*: TULIO, Denise Vinci *et al*. *Coletânea de artigos*: avanços e desafios no combate à corrupção após 25 anos da Lei de Improbidade Administrativa. 5ª Câmara de Coordenação e Revisão, Criminal. Brasília, DF: MPF, 2018.

ESPÍRITO SANTO. Ministério Público do Estado do Espírito Santo. Resolução COPJ nº 009, de 13 de setembro de 2021. *Diário Oficial do MPES*, Vitória, 14 set. 2021, com retificação no dia subsequente. Disponível em: https://www.mpes.mp.br/Arquivos/Anexos/2336e7cc-798d-4d8b-951c-402bee3367f9.pdf. Acesso em: 15 set. 2021.

FARIA, Luzardo. *O princípio da indisponibilidade do interesse público e a consensualidade no direito administrativo*. Orientador: Daniel Wunder Hachem. 2019. 338 f. Dissertação (Mestrado em Direito) – Universidade Federal do Paraná, Curitiba, 2019.

FERRAZ, Luciano. Acordos de não persecução na improbidade administrativa – o início, o fim e o meio. *Revista Consultor Jurídico*, [São Paulo], 9 abr. 2020. Disponível em: https://www.conjur.com.br/2020-abr-09/interesse-publico-acordos-nao-persecucao-civel-improbidade-administrativa. Acesso em: 15 set. 2021.

FREIRE JUNIOR; Americo Bedê; LEMBRUGER, Letícia. Os acordos de não persecução penal e cível: permissões e vedações. *In*: BARROS, Francisco Dirceu *et al*. (coord.). *Acordos de não persecução penal e cível*. Salvador: JusPodivm, 2021.

GAJARDONI, Fernando da Fonseca *et al*. *Comentários à Lei de Improbidade Administrativa*: Lei 8.429, de 02 de junho de 1992. 4. ed. São Paulo: Thomson Reuters Brasil, 2020.

GAJARDONI, Fernando da Fonseca *et al*. *Comentários à Nova Lei de Improbidade Administrativa*: Lei 8.429/1992, com as alterações da Lei 14.230/2021. 5. ed. São Paulo: Thomson Reuters Brasil, 2021.

GARCIA, Emerson. A consensualidade no direito sancionador brasileiro: potencial de incidência no âmbito da Lei nº 8.429/1992. *Revista do Ministério Público do Rio de Janeiro*, [Rio de Janeiro], n. 66, p. 29-82, out./dez. 2017.

GOIÁS. Ministério Público do Estado de Goiás. *Enunciados do Grupo de Trabalho instituído por meio da Portaria nº 897/2020, de 4 de maio de 2020*. Goiânia: MPGO, 2020. Disponível em: http://www.mpgo.mp.br/boletimdompgo/2020/09-set/cao/patrimonio_publico_terceiro_setor/pdfs/pdf2.pdf. Acesso em: 20 set. 2020.

GOIÁS. Ministério Público do Estado de Goiás. *Resolução nº 01/2021*. Goiânia: MPGO, 2021. Disponível em: http://www.mpgo.mp.br/portal/arquivos/2021/03/11/17_32_31_51_Resolu%C3%A7%C3%A3o_CPJ_1_2021_ANPC.pdf. Acesso em: 14 out. 2021.

GOMES JÚNIOR, Luiz Manoel (coord.); ALMEIDA, Gregório Assagra de *et al*. (equipe). *Lei de improbidade administrativa*: obstáculos à plena efetividade do combate aos atos de improbidade. Brasília, DF: Conselho Nacional de Justiça, 2015.

GRECO, Rodrigo Azevedo; SADDY, André. Termo de Ajustamento de Conduta em procedimentos sancionatórios regulatórios. *Revista de Informação Legislativa*, [Brasília, DF], ano 52, n. 206, p. 165-203, abr./jun. 2015.

GROTTI, Dinorá. A participação popular e a consensualidade na administração pública. *In*: MOREIRA NETO, Diogo Figueiredo (coord.). *Uma avaliação das tendências contemporâneas do direito administrativo*. Rio de Janeiro: Renovar, 2003.

GUERRA, Sérgio; PALMA, Juliana Bonacorsi. Art. 26 da LINDB – Novo regime jurídico de negociação com a Administração Pública. *Revista Direito Administrativo*, Rio de Janeiro, edição especial: Direito Público na Lei de Introdução às Normas de Direito Brasileiro – LINDB (Lei nº 13.655/2018), p. 135-169, nov. 2018.

LANE, Renata. *Acordos na improbidade administrativa*: termo de ajustamento de conduta, acordo de não persecução cível e acordo de leniência. Rio de Janeiro: Lumen Juris, 2021.

LANE, Renata. *Acordos no domínio da improbidade administrativa*. Orientador: José Roberto Pimenta Oliveira. 2020. 256 f. Dissertação (Mestrado em Direito) – Pontifícia Universidade Católica de São Paulo, 2020.

LANE, Renata. Consensualidade no direito administrativo sancionador. *In*: OLIVEIRA, José Roberto Pimenta (coord.). *Direito Administrativo sancionador*: estudos em homenagem ao professor emérito da PUC/SP Celso Antônio Bandeira de Mello. São Paulo: Malheiros, 2019.

MARQUES NETO, Floriano de Azevedo; CYMBALISTA, Tatiana Matiello. Os acordos substitutivos do procedimento sancionatório e da sanção. *Revista Eletrônica de Direito Administrativo Econômico (REDAE)*, Salvador, Instituto Brasileiro de Direito Público, n. 27, ago./out. 2011. Disponível em: http://www.direitodoestado.com.br/artigo/floriano-de-azevedo-marques-neto/os-acordos-substitutivos-do-procedimento-sancionatorio-e-da-sancao. Acesso em: 10 abr. 2021.

MARRARA, Thiago. Acordos de leniência no processo administrativo brasileiro: modalidades, regime jurídico e problemas emergentes. *Revista Digital de Direito Administrativo*, [Ribeirão Preto], v. 2, n. 2, p. 509-527, 2015.

MARTINS JUNIOR, Wallace Paiva. Acordo de não persecução cível. *In*: BARROS, Francisco Dirceu *et al*. (coord.). *Acordos de não persecução penal e cível*. Salvador: JusPodivm, 2021.

MARTINS JUNIOR, Wallace Paiva. Acordo de não persecução civil. *In*: DAL POZZO, Augusto Neves; OLIVEIRA, José Roberto Pimenta (coord.). *Lei de Improbidade Administrativa reformada*. São Paulo: Thomson Reuters Brasil, 2022.

MARTINS JUNIOR, Wallace Paiva. Comentários ao art. 30. *In*: DI PIETRO, Maria Sylvia Zanella; MARRARA, Thiago. *Lei Anticorrupção comentada*. 2. ed. Belo Horizonte: Fórum, 2018.

MATO GROSSO DO SUL. Ministério Público do Estado de Mato Grosso do Sul. Resolução nº 3/2021-CPJ, de 1/06/2021. Colégio dos Procuradores de Justiça. *Diário Oficial do Ministério Público de Mato Grosso do Sul*, Campo Grande, 1º jul. 2021. Disponível em: https://www.mpms.mp.br/domp/2021/06/01. Acesso em: 7 out. 2021.

MATO GROSSO DO SUL. Tribunal de Contas do Estado do Mato Grosso do Sul. Resolução TCE-MS nº 161, de 16 de março de 2022. *DOETC/MS nº 3082*, Campo Grande, 17 mar. 2022. Disponível em: http://www.tce.ms.gov.br/portalservices/files/arquivo/nome/19605/9fda4053b118fa8204feade3af14a850.pdf. Acesso em: 20 jun. 2022.

MATO GROSSO. Ministério Público do Estado do Mato Grosso. *Resolução nº 080/2020-CSMP*. Cuiabá: MPMT, 2020. Disponível em: https://mpmt.mp.br/site/storage/webdisco/arquivos/CSMP/Resolu%C3%A7%C3%A3o%20n%C2%BA%20080-2020-CSMP%20-%20ANPC.pdf. Acesso em: 17 jul. 2022.

MEDAUAR, Odete. *O Direito Administrativo em evolução*. 2. ed. São Paulo: Revista dos Tribunais, 1992.

MELLO, Oswaldo Aranha Bandeira de. *Princípios gerais de direito administrativo*. 3. ed. São Paulo: Malheiros, 2010. v. 1.

MINISTÉRIO PÚBLICO FEDERAL. Painel eletrônico reúne informações sobre acordos de leniência e de colaboração premiada firmados pelo MPF desde 2014. *Ministério Público Federal*, Brasília, DF, 20 abr. 2020. Disponível em: http://www.mpf.mp.br/pgr/noticias-pgr/painel-eletronico-reune-informacoes-sobre-acordos-de-leniencia-e-de-colaboracao-premiada-firmados-pelo-mpf-desde-2014.

MOREIRA NETO, Diogo de Figueiredo. Novos institutos consensuais da ação administrativa. *Revista de Direito Administrativo*, Rio de Janeiro, v. 231, p. 129-156, jan./mar. 2003.

MOREIRA, Egon Bockmann; CAGGIANO, Heloísa Conrado. O controle da corrupção e a Administração Pública: o dever de negociar como regra. *In*: CYRINO, André; MIGUEIS, Anna Carolina; PIMENTEL, Fernanda Morgan (coord.). *Direito administrativo e corrupção*. Belo Horizonte: Fórum, 2020.

MUDROVITSCH, Rodrigo de Bittencourt; NÓBREGA, Guilherme Pupe da. Acordos de não persecução cível e o TCU. *Revista Consultor Jurídico*, [São Paulo], 13 maio 2022. Disponível em: https://www.conjur.com.br/2022-mai-13/improbidade-debate-acordos-nao-persecucao-civel-tcu. Acesso em: 20 jun. 2022.

NEVES, Cleuler Barbosa das; FERREIRA FILHO, Marcílio da Silva. Contrapesos de uma Administração Pública consensual: legalidade versus eficiência. *Interesse Público – IP*, Belo Horizonte, ano 19, n. 103, p. 49-77, maio/jun. 2017.

NEVES, Cleuler Barbosa das; FERREIRA FILHO, Marcílio da Silva. Dever de consensualidade na atuação administrativa. *Revista de Informação Legislativa*, [Brasília, DF], v. 55, n. 218, p. 63-84, abr./jun. 2018. Disponível em: http://www12.senado.leg.br/ril/edicoes/55/218/ril_v55_n218_p63. Acesso em: 12 abr. 2021.

NEVES, Daniel Amorim Assumpção; OLIVEIRA, Rafael Carvalho Rezende. *Comentários à reforma da Lei de Improbidade Administrativa*: Lei 14.230, de 25.10.2021 comentada artigo por artigo. Rio de Janeiro: Forense, 2022.

NEVES, Daniel Amorim Assumpção; OLIVEIRA, Rafael Carvalho Rezende. *Improbidade administrativa*: direito material e processual. 8. ed. Rio de Janeiro: Forense, 2020.

OLIVEIRA, Beatriz Lopes de. Acordo de não persecução cível no Ministério Público. *In*: SALGADO, Daniel de Resende; KIRCHER, Luis Felipe Schneider; QUEIROZ, Ronaldo Pinheiro de (coord.). *Justiça consensual*: acordos penais, cíveis e administrativos. São Paulo: JusPodivm, 2022.

OLIVEIRA, Gustavo Henrique Justino de. A arbitragem e as Parcerias Público-Privadas. *Revista de Direito Administrativo*, Rio de Janeiro, n. 241, p. 241-271, jul./set. 2005.

OLIVEIRA, Gustavo Justino de. Governança pública e parcerias do Estado: a relevância dos acordos administrativos para a nova gestão pública. *Revista Eletrônica sobre a Reforma do Estado (RERE)*, Salvador, Instituto Brasileiro de Direito Público, n. 23, set./nov. 2010. Disponível em: http://www.direitodoestado.com.br/artigo/gustavo-henrique-justino-de-oliveira/governanca-publica-e-parcerias-do-estado-a-relevancia-dos-acordos-administrativos-para-a-nova-gestao-publica. Acesso em: 10 mar. 2021.

OLIVEIRA, Gustavo Justino; BARROS FILHO, Wilson Accioli. 3. Inquérito civil público e acordo administrativo: apontamentos sobre o devido processo legal adequado, contraditório, ampla defesa e previsão de cláusula de segurança nos Termos de Ajustamento de Conduta (TACS). In: BARROS FILHO, Wilson Accioli de (org.). Acordos administrativos no Brasil: teoria e prática. São Paulo: Almedina, 2020.

OLIVEIRA, José Roberto Pimenta. Comentários ao art. 2º. In: DI PIETRO, Maria Sylvia Zanella; MARRARA, Thiago (coord.). Lei Anticorrupção comentada. 2. ed. Belo Horizonte: Fórum, 2018.

OLIVEIRA, José Roberto Pimenta. Desafios e avanços na prevenção e no combate à corrupção, na atuação cível do Ministério Público Federal, nos 30 anos da Constituição Federal. In: HIROSE, Regina Tamami (coord.). Carreiras típicas de Estado: desafios e avanços na prevenção e no combate à corrupção. Belo Horizonte: Fórum, 2019.

OLIVEIRA, José Roberto Pimenta. Improbidade administrativa e sua autonomia constitucional. Belo Horizonte: Fórum, 2009.

OLIVEIRA, José Roberto Pimenta; GROTTI, Dinorá Adelaide Musetti. Consensualidade no direito administrativo sancionador: breve análise do acordo de não persecução cível, na orientação normativa nº 10/2020, da 5ª CCR-MPF. In: SALGADO, Daniel de Resende; KIRCHER, Luis Felipe Schneider; QUEIROZ, Ronaldo Pinheiro de (coord.). Justiça consensual: acordos penais, cíveis e administrativos. São Paulo: JusPodivm, 2022.

OLIVEIRA, José Roberto Pimenta; GROTTI, Dinorá Adelaide Musetti. Sistema de responsabilização pela prática de atos de improbidade administrativa: críticas ao Projeto de Lei do Senado nº 2505/2021. Brasília, DF: ANPR, [2021]. Disponível em: https://www. anpr. org.br/images/2021/08/Sistema_de_Improbidade_e_Criticas_ao_Projeto_de_ Reforma.pdf. Acesso em: 1º nov. 2021.

OLIVEIRA, José Roberto Pimenta; GROTTI, Dinorá Adelaide Musetti. Direito administrativo sancionador brasileiro: breve evolução, identidade, abrangência e funcionalidades. Interesse Público – IP, Belo Horizonte, ano 22, n. 120, p 83-126, mar./abr. 2020.

OLIVEIRA, Rafael Carvalho Rezende. A releitura do direito administrativo à luz do pragmatismo jurídico. Revista de Direito administrativo, Rio de Janeiro, v. 256, p. 129-163, jan./abr. 2011.

OSÓRIO, Fábio Medina. Natureza jurídica do instituto da não persecução cível previsto na lei de improbidade administrativa e seus reflexos na lei de improbidade empresarial. [S. l.]: [s. n.], [2020?]. Disponível em: https://www.migalhas.com.br/arquivos/2020/3/8A049E343B44ED_ Artigopacoteanti crimeeimprobid.pdf. Acesso em: 19 out. 2021.

PALMA, Juliana Bonacorsi de. Sanção e acordo na Administração Pública. São Paulo: Malheiros, 2015.

PARAÍBA. Ministério Público do Estado da Paraíba. Resolução CPJ nº 040/2020, de 28 de setembro de 2020. Regulamenta, no âmbito do Ministério Público do Estado da Paraíba, parâmetros procedimentais a serem observados para a celebração do Acordo de Não Persecução Cível – ANPC e do Acordo de Leniência, envolvendo as sanções cominadas aos atos de improbidade administrativa, definidos na Lei nº 8.429, de 02.06.1992, e aos atos praticados contra a Administração Pública, definidos na Lei nº 12.846, de 01.08.2013. João Pessoa: MPPB, 2020. Disponível em: http://www.mppb.mp.br/index.php/atos-e-normas. Acesso em: 15 set. 2021.

PARANÁ. Ministério Público do Estado do Paraná. Resolução nº 01/2017. Curitiba: MPPR, 2017. Disponível em: https://mppr.mp.br/arquivos/File/Restaurativo/Resolucao_01_2017_ CSMP_MPPR.pdf. Acesso em: 15 set. 2021.

PARECER. *Boletim CEPGE*, São Paulo, v. 43, n. 2, p. 25-40, mar./abr. 2019. Disponível em: http://www.pge.sp.gov.br/servicos/centrodeestudos/bibliotecavirtual.aspx.

PEREIRA, Leydomar Nunes. *Solução consensual na improbidade administrativa*: acordo de não persecução civil. Belo Horizonte: Dialética, 2020.

PERNAMBUCO. Ministério Público do Estado de Pernambuco. Conselho Superior do Ministério Público. *Resolução nº 01/2020*. Recife: MPPE, 2020. Disponível em: https://www.mppe.mp.br/mppe/institucional/caops/caop-patrimonio-publico/material-apoio-caop-patrimonio-publico/category/84-legislacao?download=10289:resolucao-csmp-n-01-2020. Acesso em: 15 set. 2021.

PIAUÍ. Ministério Público do Estado do Piauí. *Resolução CPJ/PI nº 04, de 17 de agosto de 2020*. Teresina, PI: MPPI, 2020. Disponível em: https://www.mppi.mp.br/internet/wp-content/uploads/2020/08/RESOLUCAO-CPJ-04-2020.pdf. Acesso em: 7 out. 2021.

PINHEIRO, Igor Pereira. Acordo de não persecução cível. *In*: CAVALCANTE, André Clark Nunes *et al*. *Lei anticrime comentada*. Leme, SP: JH Mizuno, 2020.

PINHEIRO, Igor Pereira; MESSIAS, Mauro. *Acordos de não persecução penal e cível*. Leme, SP: Mizuno, 2021.

PINTO, José Guilherme Berman Correa. Direito administrativo consensual, acordo de leniência e ação de improbidade. *Fórum Administrativo – FA*, Belo Horizonte, ano 16, n. 190, p. 49-56, dez. 2016.

PRADO, Fabiana Lemes Zamalloa do. A ouvida prévia do Tribunal de Contas na celebração do Acordo de não persecução cível. *In*: CAMBI, Eduardo Augusto Salomão; GARCIA, Emerson; ZANETI JÚNIOR, Hermes. *Improbidade administrativa*: principais alterações promovidas pela Lei 14.230/2021. Belo Horizonte; São Paulo: D'Plácido, 2020.

QUEIROZ, Ronaldo Pinheiro de. Alguns dilemas no acordo de não persecução cível. *In*: SALGADO, Daniel de Resende; KIRCHER, Luis Felipe Schneider; QUEIROZ, Ronaldo Pinheiro de (coord.). *Justiça consensual*: acordos penais, cíveis e administrativos. São Paulo: JusPodivm, 2022.

RIO DE JANEIRO (Estado). Ministério Público do Estado do Rio de Janeiro. Resolução GPGJ nº 2.469, de 25 de maio de 2022. *DOe MPRJ*, Rio de Janeiro, 25 maio 2022. Disponível em: http://www.mprj.mp.br/documents/20184/2441401/consolidado_2469.pdf. Acesso em: 10 jul. 2022.

RIO DE JANEIRO (Estado). Procuradoria-Geral do Estado do Rio de Janeiro. Resolução PGE nº 4703, de 17 de maio de 2021. Dispõe sobre procedimento para atuação judicial e extrajudicial da Procuradoria-Geral do Estado em acordos de não persecução cível quanto a atos de improbidade administrativa. *Diário Oficial do Estado do Rio de Janeiro, Rio de Janeiro, 26 maio 2021*.

RIO GRANDE DO NORTE. Tribunal de Contas do Estado do Rio Grande do Norte. *Resolução nº 010/2022-TCE*. Natal: Tribunal de Contas do Estado do Rio Grande do Norte, 17 maio 2022. Disponível em: http://www.tce.rn.gov.br/as/Legislacao_site/download/resolucoes_tce_rn/3_000010_2022_CGP_19.05.2022.1216.pdf. Acesso em: 6 jun. 2022.

RIO GRANDE DO SUL. Ministério Público do Estado do Rio Grande do Sul. Provimento nº 16/2021 – PGJ. Porto Alegre: MPRS, 2021. Disponível em: https://www.mprs.mp.br/legislacao/provimentos/14578/. Acesso em: 5 jun. 2022.

RIO GRANDE DO SUL; SANTA CATARINA; PARANÁ. TRF4. *AG 5023972-66.2017.4.04.0000*. Relatora: Vânia Hack de Almeida, Terceira Turma, juntado aos autos em 24-08-2017.

SANTOS, Christiano Jorge; MARQUES, Silvio Antonio. Pacote anticrime (Lei 13.964/2019) e acordo de não persecução cível na fase pré-processual: entre o dogmatismo e o pragmatismo. *Revista de Processo*, São Paulo, v. 303, p. 291-314, maio 2020.

SANTOS, Kleber Bispo dos. *Acordo de leniência na Lei de Improbidade Administrativa e na Lei Anticorrupção*. Rio de Janeiro: Lumen Juris, 2018.

SÃO PAULO (Estado). Ministério Público do Estado de São Paulo. Centro Apoio Operacional Cível e Tutela Coletiva. *Nota Técnica CAOPP/MPSP nº 02/2020*. São Paulo: MPSP, 2020. Disponível em: http://www.mpsp.mp.br/portal/pls/portal/!PORTAL.wwpob_page.show?_docname=2678080.PDF. Acesso em: 15 set. 2021.

SÃO PAULO (Estado). Ministério Público do Estado de São Paulo. *Resolução nº 1.193/2020-CPJ, de 11 de março de 2020*. São Paulo: MPSP, 2020. Disponível em: http://biblioteca.mpsp.mp.br/phl_img/resolucoes/1193compilado.pdf. Acesso em: 7 out. 2021.

SÃO PAULO (Estado). Prefeitura de São Paulo. *Parecer Procuradoria Geral do Município – PGM nº 11.799, de 19 de outubro de 2017*. São Paulo: Prefeitura de São Paulo, 2017. Disponível em: http://legislacao.prefeitura.sp.gov.br/leis/parecer-procuradoria-geral-do-municipio-pgm-11799-de-19-de-outubro-de-2017/consolidado.

SÃO PAULO (Estado). Procuradoria-Geral do Estado de São Paulo. Resolução PGE nº 20, de 13 de agosto de 2020. Dispõe sobre procedimento para atuação judicial em matéria de proteção à probidade administrativa. *Diário Oficial do Estado*, São Paulo, 14 ago. 2020. Poder Executivo – Seção I.

SÃO PAULO (Estado). TJSP. *Agravo de Instrumento 2192659-75.2018.8.26.0000*. Relator: Marcelo Berthe; Órgão Julgador: 5ª Câmara de Direito Público; Foro Central – Fazenda Pública/Acidentes – 9ª Vara de Fazenda Pública; Data do Julgamento: 08-04-2019; Data de Registro: 12-04-2019.

SÃO PAULO (Estado). TJSP. *Agravo de Instrumento 2216000-33.2018.8.26.0000*. Relator: Osvaldo Magalhães; Órgão Julgador: 4ª Câmara de Direito Público; Foro Central – Fazenda Pública/Acidentes – 3ª Vara de Fazenda Pública; Data do Julgamento: 05-11-2018; Data de Registro: 07-11-2018.

SÃO PAULO (Estado). TJSP. *Apelação Cível 0041369-29.2011.8.26.0053*. Relator: Des. Luís Francisco Aguilar Cortez, julgado em 16-10-2019.

SÃO PAULO (Estado). TJSP. *Apelação Cível 1000023-33.2020.8.26.0646*. Relator: Sidney Romano dos Reis; Órgão Julgador: 6ª Câmara de Direito Público; Foro de Urânia – Vara Única; Data do Julgamento: 28-06-2021; Data de Registro: 29-06-2021.

SÃO PAULO (Estado). TJSP. *Embargos de Declaração Cível 0005274-82.2010.8.26.0037*. Relator: Rebouças de Carvalho; Órgão Julgador: 9ª Câmara de Direito Público; Foro de Araraquara – 1ª Vara da Fazenda Pública; Data do Julgamento: 09-04-2014; Data de Registro: 10-04-2014.

SÃO PAULO (Estado). Tribunal de Contas do Estado de São Paulo. Processo SEI nº 13122/2021-07. *Diário Oficial do Poder Legislativo*, São Paulo, 7 maio 2022.

SILVA, Victor Carvalho Pessoa de Barros e. *Acordos administrativos substitutivos de sanção*. Orientador: Jacintho Silveira Dias de Arruda Câmara. 2019. 135 f. Dissertação (Mestrado em Direito) – Pontifícia Universidade Católica de São Paulo, 2019.

SILVEIRA, Mateus Camilo Ribeiro da. Acordo de não persecução cível: contexto, lacunas e momento oportuno para celebração. *Brazilian Journal of Development*, Curitiba, v. 7, n. 12, p. 112561-112576, dez. 2021.

SILVEIRA, Mateus Camilo Ribeiro da. Nova Lei de Improbidade e a solidariedade ao ressarcir o patrimônio público. *JOTA – Coluna Advocacia Pública em Estudo*, São Paulo, 26 abr. 2022. Disponível em: https://www.jota.info/opiniao-e-analise/artigos/nova-lei-de-improbidade-e-a-solidariedade-ao-ressarcir-patrimonio-publico-lesado-26042022. Acesso em: 30 jun. 2022.

SILVEIRA, Mateus Camilo Ribeiro da. Primeiro acordo de não persecução cível celebrado pela PGE-SP. *JOTA – Coluna Advocacia Pública em Estudo*, São Paulo, 19 ago. 2021. Disponível em: https://www.jota.info/opiniao-e-analise/colunas/advocacia-publica-em-estudo/primeiro-acordo-de-nao-persecucao-civel-celebrado-pela-pge-sp-19082021. Acesso em: 6 jun. 2022.

SIMÃO, Calil. *Improbidade administrativa*: teoria e prática. 5. ed. Leme, SP: Mizuno, 2021.

TAVARES, João Paulo Lordelo Guimarães. A colaboração premiada nas ações de improbidade administrativa: o estado da arte após a Lei nº 13.964/2019 (Pacote "anticrime"). *In*: TAVARES, João Paulo Lordelo G. (coord.). *Pacote "Anticrime" – Lei 13.964/2019 na visão de Procuradores da República*. Salvador: JusPodivm, 2020.

TRINDADE JÚNIOR, Julizar Barbosa. A pactuação da sanção de suspensão de direitos políticos no acordo de não persecução civil (ANPC). *In*: DAL POZZO, Augusto Neves; OLIVEIRA, José Roberto Pimenta (coord.). *Lei de Improbidade Administrativa Reformada*. São Paulo: Thomson Reuters Brasil, 2022.

VORONOFF, Alice; CYRINO, André; KOATZ, Rafael; DEFANTI, Francisco; KNEBEL, Luísa. Improbidade administrativa e consensualidade. *Jota – Tribuna da Advocacia Pública*, [*s. l.*], 8 nov. 2019. Disponível em: https://www.jota.info/opiniao-e-analise/colunas/tribuna-da-advocacia-publica/improbidade-administrativa-e-consensualidade-08112019. Acesso em: 31 mar. 2021.

VORONOFF, Alice. *Direito administrativo sancionador no Brasil*: justificação, interpretação e aplicação. Belo Horizonte: Fórum, 2018.

ZARDO, Francisco. Validade dos acordos de leniência em ações de improbidade. *Revista Consultor Jurídico*, [São Paulo], 25 de setembro de 2017. Disponível em: https://www.conjur.com.br/2017-set-25/francisco-zardo-validade-acordos-acoes-improbidade. Acesso em: 15 mar. 2021.

ZOCKUN, Maurício. A participação popular como forma de atendimento ao princípio da eficiência no direito administrativo brasileiro. *Revista Internacional de Direito Público – RIDP*, Belo Horizonte, ano 1, n. 1, p. 129-136, jul./dez. 2015.

ZOCKUN, Maurício. Aspectos gerais da Lei Anticorrupção. *In*: CAMPILONGO, Celso Fernandes; GONZAGA, Alvaro de Azevedo; FREIRE, André Luiz (coord.). *Enciclopédia jurídica da PUC-SP*. Tomo: Direito administrativo e constitucional. São Paulo: Pontifícia Universidade Católica de São Paulo, 2017. Disponível em: https://enciclopediajuridica.pucsp.br/verbete/6/edicao-1/aspectos-gerais-da-lei-anticorrupcao. Acesso em: 31 mar. 2021.

ZOCKUN, Maurício; CASTELLA, Gabriel Morettini e. Programas de leniência e integridade como novos instrumentos no direito administrativo sancionador hodierno. *In*: OLIVEIRA, José Roberto Pimenta (coord.). *Direito Administrativo sancionador*: estudos em homenagem ao professor emérito da PUC/SP Celso Antônio Bandeira de Mello. São Paulo: Malheiros, 2019.

ZOCKUN, Maurício. Comentários ao art. 1º. *In*: DI PIETRO, Maria Sylvia Zanella; MARRARA, Thiago (coord.). *Lei Anticorrupção comentada*. 2. ed. Belo Horizonte: Fórum, 2018.

ZOCKUN, Maurício. Vinculação e discricionariedade no acordo de leniência. *Revista Colunista de Direito de Estado*, [s. l.], n. 142, 2016. Disponível em: http://www.direitodoestado.com.br/colunistas/Mauricio-Zockun/vinculacao-e-discricionariedade-no-acordo-de-leniencia. Acesso em: 10 jul. 2021.

Esta obra foi composta em fonte Palatino Linotype, corpo 10,5
e impressa em papel Chambril Avena 70g (miolo) e
Supremo 250g (capa) pela Gráfica Star7.